PATRON DU RAID

Jean-Michel Fauvergue

avec Caroline de Juglart

PATRON DU RAID

FACE AUX ATTENTATS TERRORISTES

MAREUIL
ÉDITIONS

Chez Mareuil Éditions

Histoire du 36, quai des Orfèvres, Claude Cances, 2015.

Dans le secret de l'action, Jean-Louis Fiamenghi, 2016.

Le Souffleur, Dans l'ombre des négociateurs du RAID, Danielle Thierry et Christophe Baroche, 2016.

Commissaire à la Crim, Claude Cances, 2017.

James Bond n'existe pas, Mémoires d'un officier traitant, François Waroux, 2017.

Histoire du 36 illustrée, Charlez et Claude Cances, 2017.

Le RAID : comment manager une unité d'élite, Jean-Michel Fauvergue, 2018.

ISBN : 978-2-37254-068-1

Pour vous tenir informé des prochaines publications de Mareuil Éditions, rendez-vous sur : www.mareuil-editions.com

« Servir sans faillir. »
Devise du RAID

Aux hommes en noir,
sur la Terre comme au ciel.
À leur famille.
À tous ceux qui défendent
les valeurs démocratiques, où qu'ils soient.
À tous ceux que l'on aime.

Aux victimes des attentats et à leurs proches.

Sommaire

Préface
d'Ange Mancini, premier chef du RAID [1]

Lorsque Jean-Michel Fauvergue m'a demandé quelques lignes pour la préface de son livre en cours d'écriture qui s'appellerait *Patron du RAID*, j'ai immédiatement dit « oui » pour trois raisons : mon amitié pour Jean-Michel ; parler du RAID ; et évoquer ce que représente la notion de « Patron » pour un flic.

Mon amitié pour Jean-Michel est ancienne et, comme on dit maintenant, « durable » puisqu'elle remonte pratiquement à la création du RAID en 1985-1986.

Jean-Michel m'a été présenté par un ami commun, Charly Diaz, qui avait été mon collaborateur comme jeune inspecteur de police à la Brigade criminelle au 36, quai des Orfèvres, et qui est maintenant devenu, en plus d'un ami cher, une autorité littéraire et scientifique de la police… Mais pas seulement, car c'est toujours un grand flic [2] !

Très vite, Jean-Michel a été attiré par cette nouvelle unité et il en rêvait… réellement, concrètement. Je dirais même qu'il en rêvait éveillé !

Les circonstances de la vie et de la profession ont fait qu'il a mis un certain temps avant de rejoindre le RAID comme « Patron ». Mais entre-temps, il n'est pas resté inactif, loin de là.

Il a participé au début des années 1990 à la création du GIPN (Groupe d'Intervention de la Police Nationale) de Nouvelle-Calédonie.

En 1995, à la Direction centrale de la Sécurité publique, il s'est attaché à élaborer pour les différents GIPN une doctrine d'emploi et

1. Ange Mancini a dirigé le RAID depuis sa création, en 1985, jusqu'à 1990.
2. Il est actuellement commissaire général de la Police.

une cohérence dans le recrutement, la formation et l'organisation de ces services créés en 1972, au lendemain des événements tragiques des Jeux olympiques de Munich.

Parler du RAID est également pour moi un immense plaisir pour l'avoir créé dans un formidable élan d'équipe en juin 1985 puis pour avoir participé à l'extraordinaire aventure du recrutement des 80 premiers « Raiders ». Et pour l'avoir commandé pendant cinq ans. Cette émotion perdure toujours…

Je profite de l'occasion qui m'est donnée ici pour rendre un hommage appuyé et sincère à tous les Raiders qui ont partagé un moment de la vie du RAID.

Le seul fait d'y repenser me rappelle tous les beaux moments de cette aventure mais aussi les moments de tristesse infinie lors de la mort de Kiki, Fernand, René…, gloires éternelles et respectées de cette belle histoire du RAID depuis 37 ans. Je n'oublie pas bien sûr tous les hommes qui furent blessés et meurtris dans l'exercice de leur si dangereuse mission.

Enfin, que signifie le mot « Patron » pour un flic ?

Dans le langage courant, ce terme recouvre de très nombreuses significations et désigne généralement celui qui commande, qui dirige : un chef, un employeur, un supérieur hiérarchique. Le terme « Patron » peut aussi avoir des connotations plus argotiques ou populaires : le « tenancier », le « big boss », le « grand manitou », etc. Dans le langage liturgique, un « Patron » désigne un saint qu'un groupe reconnaît comme étant leur protecteur, sens également présent dans l'emploi de ce terme au sein de la police.

À mes débuts à la Préfecture de police, on ne disait pas « *je suis de la police* » mais « *je suis de la maison* » avec le sentiment d'appartenir à une institution connue, respectée et dirigée justement par des « Patrons ».

Les journalistes de l'époque appelaient même ceux de la Police judiciaire « les seigneurs du 36 » et si, dans ce qualificatif, demeure un côté un peu souverain, un peu monarque, la dimension protectrice est aussi certaine.

Pour un flic, c'est une notion très forte, un peu mystérieuse, une alchimie très complexe qui confère aux détenteurs de ce titre une aura invisible, silencieuse mais réelle, et parfaitement comprise et admise par tous.

Pour un commissaire de police, être reconnu comme le « Patron » marque une étape importante de sa carrière, quel que soit le service. C'est le moment où il atteint un équilibre entre ses connaissances, théoriques comme pratiques, et son humanité, un équilibre entre l'esprit et le cœur.

C'est une notion que le groupe ou le service ressent instinctivement et qui donne toute sa plénitude à la fonction de commandement.

Le « Patron » ne dirige pas seulement par sa position hiérarchique mais par tout ce qui fait sa personnalité : son intelligence, sa sensibilité, son attention aux autres, quels que soient leur grade ou leurs responsabilités.

Dans un groupe comme le RAID, j'avais l'habitude de dire que peu importe la place occupée dans un dispositif opérationnel, chacun est important, qu'il soit en tête de la colonne d'assaut ou à la protection des véhicules d'intervention. Cette notion d'égalité dans les risques imprègne tous les membres du service et permet une cohésion et une force homogènes, comme celles d'un « pack » au rugby.

Je n'aime pas la formule « policiers d'élite », trop galvaudée par les médias. Je lui préfère celle de « Formule 1 », qui traduit mieux l'état d'esprit comme la réalité d'une équipe dont l'entraînement, les procédures d'intervention et les moyens techniques lui permettent de maîtriser toutes les situations difficiles et complexes, en ayant toujours à l'esprit que le meilleur combattant est celui qui sait le mieux se protéger pour rester opérationnel le plus longtemps possible.

Le Raider est un combattant puissant mais il doit toujours rester humain et humble. Cette humilité est une vertu essentielle depuis la création du RAID et elle est toujours aussi présente, vivante, dans le cœur de tous les Raiders d'aujourd'hui qui œuvrent dans la vraie vie, celle où les risques sont bien réels et parfois mortels, au contraire des mondes virtuels toujours plus glorifiés de nos jours.

Je veux témoigner ici personnellement de la transmission de ces valeurs humaines entre les différents « Patrons » du RAID. Ils ont su adapter en permanence le service, les hommes, les matériels et les techniques aux évolutions de la société et de sa dangerosité dans le but de neutraliser la brutalité la plus sauvage, la plus cruelle ou la plus féroce.

Le RAID est l'un des remparts vivants de notre civilisation contre la barbarie.

Être « Patron du RAID » est un moment unique dans la vie d'un commissaire, un moment remarquable qui s'accompagne d'intenses responsabilités. Lorsqu'on quitte ce commandement puis que l'on revient à Bièvres, on est toujours très ému de retrouver des hommes qui vous appellent toujours « Patron », même de nombreuses années plus tard. Même ceux qui ne vous ont pas connu comme chef vous appellent « Patron » ! Vous avez l'impression qu'un peu de vous flotte toujours dans cette enceinte si singulière.

Jean-Michel Fauvergue, qui a quitté le RAID après quatre années de commandement, vient d'être brillamment élu député de Seine-et-Marne et siège désormais à l'Assemblée nationale. De toute l'histoire de nos différentes Républiques, c'est le premier policier en activité à avoir été élu député !

Je lui souhaite dans ces fonctions électorales la même réussite que comme « Patron » du RAID.

Je suis sûr qu'il défendra toujours avec force l'intérêt général et celui de la République.

Paris, le 15 juin 2017.

Prologue

Le premier rendez-vous…

Jeudi 5 novembre 2015

J'ai rendez-vous demain matin à 9 h 30 avec Jean-Michel Fauvergue, le patron du RAID[3]*, pour parler de notre projet d'écriture. Notre rendez-vous se déroulera dans le domaine de Bel Air, à Bièvres, où est situé le RAID. J'ai préparé cette rencontre, noté des axes à développer, des idées, j'ai recherché des livres que je souhaite lui remettre, notamment* En quête de l'Orient perdu *d'Olivier Roy interviewé par Jean-Louis Schlegel. Il s'agit du récit des aventures de l'un des plus grands spécialistes de l'islam politique. Un livre d'entretiens dont j'apprécie particulièrement la forme.*

Ce rendez-vous est pris depuis plus de quinze jours. La veille, je lui adresse un SMS : « Bonjour Jean-Michel, est-ce toujours Ok pour notre rendez-vous prévu demain ? » « Ok pour moi ! » me répond-il aussi sec.

Dialoguer avec cet homme, qui a toujours rêvé d'être policier, et écrire son histoire est un beau projet. Il me permettra notamment de comprendre pourquoi c'est lui, et nul autre, qui s'est retrouvé à la tête du RAID le 9 janvier 2015, le jour de la prise d'otages dans la supérette Hyper Cacher, *porte de Vincennes à Paris.*

Vendredi 6 novembre

Je reçois un SMS du chef du RAID à 5 h 10 : « Je pars pour une mission (non prévue). Je reporte notre rendez-vous. Désolé. J.-M. »

---

3. RAID : Recherche Assistance Intervention Dissuasion. (Pour les sigles, le lecteur pourra se reporter à la liste des sigles placée à la fin de l'ouvrage.)

Pour quel type de mission est-il parti de si bonne heure ? Un retranché qui menace de faire exploser une bombe dans une barre HLM ? Un exercice de sécurité à trois semaines de la Cop21 (il paraît que ça risque de chauffer et que toutes les unités de sécurité sont mobilisées pour assurer la venue des 138 chefs d'État et de gouvernement) ? Une prise d'otages ?

J'ai alors une pensée pour les familles de ces hommes en noir qui, à chaque fois, doivent appréhender leur départ et attendre leur retour…

L'idée d'écrire ce livre est venue de Jean-Michel Fauvergue : « Je voudrais évoquer le rôle du RAID et la façon dont ont été vécus les attentats du mois de janvier. Mais pas seulement dire : "On a fait ci, on a fait ça"… Je voudrais raconter les choses autrement, montrer que derrière chaque intervention, aussi importante soit-elle, il y a des êtres humains. Des opérateurs, des familles, des victimes, mais aussi des forcenés que l'on tente d'interpeller avec le minimum de violence et sans faire de blessés. »

Puis il m'a demandé si cela m'intéressait. Si je pouvais l'aider. J'ai réfléchi toute une semaine et j'ai répondu « oui ».

Comme tous les journalistes de la chaîne de télévision à laquelle j'appartiens, j'ai travaillé sur l'attentat contre Charlie Hebdo *puis sur la série d'attaques terroristes qui a sévi les jours suivants.*

Bref rappel des faits… Le 7 janvier 2015, les frères Kouachi, deux terroristes se revendiquant d'Al-Qaïda du Yémen, font un massacre dans les locaux parisiens du journal satirique Charlie Hebdo. *Ils abattent froidement et méthodiquement 11 personnes, dont des figures historiques du journal, puis ils tuent un policier en prenant la fuite. Le lendemain, un troisième terroriste, Amédy Coulibaly, fait son apparition. Il assassine une policière municipale à Montrouge, dans la banlieue parisienne. Le surlendemain, il prend en otage les clients de l'*Hyper Cacher *de la porte de Vincennes. Dans la supérette, il tue 4 otages mais en garde 26 autres en vie avec lui. Pendant ce temps-là, Chérif et Saïd Kouachi, en fuite, se retranchent dans une imprimerie à Dammartin-en-Goële.*

Le GIGN [4] *mène l'assaut à Dammartin-en-Goële tandis que la FIPN (Force d'intervention de la Police nationale), composée du RAID et de*

4. GIGN : Groupe d'Intervention de la Gendarmerie Nationale.

*la BRI [5], sont à la manœuvre à la porte de Vincennes sous les ordres de Jean-Michel Fauvergue. Ce double assaut a lieu en direct, sous l'œil des caméras de presque toutes les chaînes de télévision françaises. Armés jusqu'aux dents, les trois djihadistes, que ce soit à l'*Hyper Cacher *ou à Dammartin-en-Goële, ne veulent ni négocier, ni se rendre. Ils chargent les forces de l'ordre et meurent sous les tirs des unités d'élite. Les 26 otages de l'*Hyper Cacher *sont libérés.*

Ces attentats du mois de janvier coûtent la vie à 17 personnes. Sous le choc, le 11 janvier, 4 millions de personnes défilent en France avec pour principal slogan : « Je suis Charlie. » Une grande marche républicaine sans précédent. Quarante-quatre chefs d'État participent au cortège. Les flics sont applaudis dans les rues.

J'ai fait la connaissance de Jean-Michel Fauvergue quelques mois après ces événements sanglants. Le patron du RAID avait accepté de venir rencontrer les journalistes de ma rédaction pour faire un débriefing des opérations du mois de janvier et nous expliquer le fonctionnement de son unité d'élite. C'est moi qui avais organisé cette rencontre. Le courant était passé et nous étions restés en contact…

Lundi 9 novembre

Jean-Michel Fauvergue m'appelle pour que nous fixions un nouveau rendez-vous. Non sans mal (son agenda est serré), nous retenons la date du vendredi 20 novembre. Sur le ton de la plaisanterie, je clos notre échange en lui disant : « Ok pour la date mais, cette fois-ci, espérons qu'il n'y aura pas de contretemps ! » « Je ferai de mon mieux ! » lâche-t-il du tac au tac avant de raccrocher, déjà happé par son travail.

Vendredi 13 novembre

Je dîne chez des amis quand tombe un premier « urgent » sur mon portable.

---

5. BRI : Brigade de Recherche et d'Intervention. Dans ce cadre précis, il s'agit de la BRI de la Préfecture de Police (BRI-PP). Il existe d'autres BRI en France, dépendantes de la Direction Centrale de la Police Judiciaire (DCPJ). Celles-ci ne procèdent pas à des interventions en milieux clos comme le font le RAID ou le GIGN.

21 h 34 : Une fusillade a éclaté dans le Xe arrondissement de Paris, près de la rue Bichat. Certains témoins évoquent plusieurs blessés.

Puis les « urgents » tombent les uns après les autres sur tous les sites d'information et ceux qui les relaient...

22 heures : BFM TV annonce plusieurs morts dans la fusillade.

22 h 05 : iTélé annonce plusieurs explosions près du Stade de France à Saint-Denis.

22 h 08 : François Hollande a quitté la tribune officielle quelques minutes après la déflagration.

22 h 12 : Des tirs ont été entendus à proximité du métro Goncourt.

22 h 14 : *L'Express* confirme deux explosions près du Stade de France.

22 h 16 : Une fusillade a également éclaté près du *Bataclan*, où une vingtaine de coups de feu ont été entendus par un témoin sur place.

22 h 30 : BFM TV évoque des grenades au Stade de France et parle de corps déchiquetés.

22 h 31 : François Hollande se rend au ministère de l'Intérieur.

22 h 35 : Une autre fusillade dans le XIe arrondissement aurait fait au moins 18 morts selon la Préfecture.

22 h 36 : BFM TV évoque une prise d'otages en cours à l'intérieur de la salle du *Bataclan*.

22 h 59 : l'*AFP* annonce un nouveau bilan de 30 morts.

23 h 09 : Le public, qui était en train d'évacuer le Stade de France, est désormais ramené à l'intérieur du stade.

23 h 15 : Le bilan s'alourdit et serait désormais de 40 morts, selon BFM TV.

23 h 24 : Un témoin cité par BFM TV dit qu'un tireur aurait crié : « *C'est pour la Syrie !* »

23 h 36 : La BRI, le RAID et le GIGN sont mobilisés, précise une source proche du Ministère.

23 h 38 : La mairie de Paris demande aux habitants de ne pas sortir de chez eux.

23 h 40 : À cette heure, on parle de 6 attaques simultanées dans Paris et d'un bilan de 60 morts.

23 h 55 : François Hollande prend la parole pour déclarer l'état d'urgence en France et la fermeture immédiate des frontières. Des renforts militaires sont en train d'arriver à Paris. Le président de la République évoque une « horreur » et affirme que la situation n'est pas encore réglée à Paris.

00 h 14 : Au moins 100 morts, selon la police.

00 h 37 : L'assaut est en cours au *Bataclan*.

00 h 52 : L'assaut est terminé au *Bataclan*. Plusieurs personnes évoquent un « carnage » à l'intérieur de la salle de spectacle.

Je rentre chez moi. Comme la plupart des Parisiens, je ne dors pas de la nuit. Les attentats du vendredi 13 novembre feront 130 morts et plus de 400 blessés.

Samedi 14 novembre

Jean-Michel Fauvergue m'adresse un SMS à 10 h 35 : « Incursion en enfer cette nuit, des cadavres, du sang, le râle des blessés et un assaut sur des fous bardés d'explosifs. Au niveau des blessures corporelles, mes hommes vont bien et moi aussi. Bises. J.-M. »

Mercredi 18 novembre

Je suis réveillée par la sonnerie des nouveaux « urgents » qui tombent sur mon téléphone.

05 h 34 : Une fusillade a éclaté à Saint-Denis, au nord de Paris, lors d'une opération policière.

05 h 38 : Une importante opération du RAID est en cours dans le centre-ville de Saint-Denis (Seine-Saint-Denis), selon la police locale.

06 h 34 : BFM TV affirme que l'homme visé par l'opération du RAID est Abdelhamid Abaaoud, le cerveau présumé des attentats du 13 novembre à Paris.

09 h 26 : Le RAID a envoyé un chien au début de l'assaut et l'animal s'est fait tuer.

10 h 13 : Cinq policiers légèrement blessés, annonce la police.

10 h 21 : Les djihadistes présumés contre lesquels les forces de l'ordre ont donné l'assaut à Saint-Denis projetaient un attentat dans le quartier d'affaires de La Défense, selon une source proche de l'enquête.

12 h 12 : Bernard Cazeneuve, ministre de l'Intérieur : « *110 membres du RAID et de la BRI sont intervenus de façon très courageuse.* »

À Saint-Denis, le bilan des opérations fait état de 7 interpellations et de 3 personnes, dont une femme, tuées par explosif. La cible de cet assaut était bien Abdelhamid Abaaoud, le commanditaire présumé des massacres du 13 novembre.

Dès le début de la matinée, les grandes chaînes de télévision françaises passent toutes en format « édition spéciale ».

Vendredi 20 novembre

Le rendez-vous du 20 novembre avec le patron du RAID est bien sûr annulé et reporté au 9 décembre.

Durant cette même période, des attentats ont aussi lieu au Mali, à l'hôtel Radisson Blu *de Bamako, où 22 personnes perdent la vie. En Tunisie, un bus de la garde présidentielle explose en plein centre-ville. Bilan : 12 morts et plusieurs blessés.*

Mercredi 9 décembre

Pas d'attentat. Pas d'« urgent » sur les fils info. Le soleil brille sur Paris comme en plein été.

J'arrive à Bièvres, le fief du RAID, après avoir un peu cherché ma route. Jean-Michel Fauvergue m'accueille avec un sourire chaleureux. J'entre dans son bureau. Deux gros fusils d'assaut sont accrochés au mur, reliés par une large banderole sur laquelle je peux lire : « Servir sans faillir. » La devise de son unité d'élite.

Malgré son air détendu, le patron du RAID semble fatigué. « Jamais un chef du RAID n'a vécu en un an tout ce que je viens de vivre ! » m'avoue-t-il d'emblée, comme s'il lisait dans mes pensées.

Ce jour-là, nous convenons d'un plan de travail pour retracer son histoire et celle de son unité ainsi que la façon dont le RAID a été mobilisé et a vécu toute cette série d'attentats.

Le prochain rendez-vous est fixé au vendredi 18 décembre. Nous commencerons par parler de l'affaire Merah.

Première partie

DE MERAH
À *CHARLIE HEBDO*

1. L'affaire Merah

« La barbarie, la sauvagerie, la cruauté,
ne peuvent pas gagner. La haine ne peut pas gagner.
La République est beaucoup plus forte que tout cela. »
Le président de la République Nicolas Sarkozy,
le 19 mars 2012 à Toulouse.

Vendredi 18 décembre 2015

J'arrive à Bièvres à l'heure convenue, 9 h 30. Aucune alerte dans l'air. En empruntant l'escalier qui mène au bureau de Jean-Michel Fauvergue, je croise un homme en tenue noire qui dévale les marches en sifflotant. Il me salue. Ainsi que je le découvrirai, tout le monde se salue ici. Ce n'est pas simplement une règle de politesse mais plutôt une manière d'être, de considérer l'Autre… L'ambiance est agréable, légère.

Ce qui marque l'actualité en France aujourd'hui, c'est l'extrême douceur des températures : 22 degrés à Biarritz, 16 à Paris. C'est dire si tout va bien.

À son poste, le patron du RAID m'accueille avec sa chaleur habituelle. Il semble reposé. Comme prévu, nous partons sur l'affaire Merah.

Quand l'affaire Merah éclate, en mars 2012, vous n'avez pas encore pris vos fonctions au RAID. Quel poste occupez-vous alors ? Et comment vivez-vous cet épisode tragique ?

Quand cette affaire tombe, je suis stagiaire au Centre des hautes études du ministère de l'Intérieur après avoir quitté l'OCRIEST [6] et avant d'intégrer la Police aux frontières comme sous-directeur en charge de l'international.

Comme tout le monde, je suis cette affaire sur mon poste de télévision. Mais, du fait de mon expérience de chef des GIPN, je m'y intéresse de très près : j'accumule les informations et suis très attentif à tous les commentaires. Je retiens de l'assaut sa durée, 32 heures, et le nombre de cartouches tirées, 300. Très vite, je suppose qu'il y a eu des tirs de saturation, c'est-à-dire des tirs en continu pour que Merah n'avance pas et qu'on le prenne vivant.

Un an plus tard, vous êtes à la tête du RAID. Vous connaissez alors l'affaire dans ses moindres détails et vous dites à plusieurs reprises dans la presse : « L'affaire Merah, c'est l'an zéro d'un terrorisme nouveau. » Pourquoi ?

Parce que c'est ce que je pense profondément et pour plusieurs raisons. Tout d'abord, le RAID, mais aussi les décideurs politiques, ont pour la première fois en face d'eux un terroriste qui s'est radicalisé mais qui ne ressemble en rien à ce que l'on imagine à ce sujet. C'est un jeune homme bien habillé, qui a une coupe de cheveux soignée et dégradée, qui s'exprime bien. Mohamed Merah l'avoue d'ailleurs lui-même au cours de la négociation : « *Je vis comme un jeune homme français, je vais en boîte, je ne porte pas la barbe...* » Des apparences trompeuses dont il se vante également pendant l'échange avec le négociateur : « *T'as vu, je vous ai bien eus !* »

Ensuite, le mode opératoire est nouveau. Pour marquer l'opinion publique française, Merah recherche avant tout des cibles à hautes potentialités d'image et d'émotion. Il commence par attirer dans un piège un militaire, à qui il prétend vouloir acheter son scooter. Il lui donne rendez-vous le 11 mars dans un parking à Toulouse. Et là, il l'abat froidement, à bout portant, d'une balle de 11,43 mm. Quatre jours plus tard, à Montauban, le terroriste tue deux autres militaires qui sont en train de retirer de l'argent à un distributeur de billets. Et

6. OCRIEST : Office Central pour la Répression de l'Immigration Irrégulière et de l'Emploi d'Étrangers sans Titre.

il en blesse un troisième qui, on le sait aujourd'hui, est paralysé à vie. Enfin, le 19 mars au matin, Merah se dirige en scooter vers l'école juive « Ozar Hatorah » à Toulouse. Lorsqu'il arrive près de l'établissement, il gare son engin, ouvre le coffre, sort ses armes puis, sans hésitation aucune, de sang-froid, il tue trois enfants et un enseignant (qui est le père de deux d'entre eux).

Autre nouveauté, monstrueuse elle aussi : le djihadiste filme ses propres massacres, espérant ainsi pouvoir mettre toutes ses vidéos macabres en ligne. Ces films ont été saisis. Je les ai vus. C'est une horreur. Ils montrent bien sa totale détermination.

Après son dernier acte de barbarie, Mohamed Merah, qui est en fuite, veut continuer à perpétrer ses exactions. Mais il est rapidement « logé » par les services de renseignement, la DCRI [7] et la Police judiciaire. Le 21 mars, le RAID est appelé pour l'interpeller.

Comment cela se passe-t-il ? De manière inhabituelle également ?

Absolument. L'unité centrale [8] du RAID, qui est basée à Bièvres, se rend sur place. Les opérateurs encerclent l'appartement et se préparent à l'assaut. Mais, contrairement à ce qu'il se passe habituellement, Mohamed Merah, qui se fait surprendre, ne cherche pas à s'enfuir. Son but, même si tout le monde l'ignore encore à ce moment-là, est de mourir sur place, « en moudjahidine », et de combattre le RAID le plus longtemps possible sous l'œil des caméras afin de laisser un message à la postérité.

Les forces de police ont donc affaire à un individu qui non seulement n'a pas peur de la mort, mais en plus la recherche : « *Moi, la mort, je l'aime comme vous, vous aimez la vie* », affirme-t-il régulièrement aux négociateurs. Pour le RAID et les décideurs politiques, c'est un comportement pour le moins inattendu. Dans le cas présent, c'est le procureur François Molins [9] qui est saisi de l'affaire. Dépêché sur

---

7. DCRI : Direction Centrale du Renseignement Intérieur, devenue depuis DGSI (Direction Générale de la Sécurité Intérieure).

8. Aujourd'hui, le RAID compte 10 antennes en région mais, à l'époque, il n'y avait que l'unité centrale.

9. Le procureur François Molins a piloté les investigations sur l'affaire Merah, la tuerie de *Charlie Hebdo* et les attentats du 13 novembre 2015 à Paris.

place, il représente les autorités judiciaires. Mais comme l'opération prend du temps, les médias suivent et commentent l'arrestation en direct, ce qui met en émoi l'opinion publique. L'intervention du RAID repasse alors aux mains des politiques au plus haut niveau car, ne l'oublions pas, nous sommes à la veille de l'élection présidentielle.

Comment les hommes politiques réagissent-ils alors ?

Sur le coup, ils réagissent avec la logique et les réflexes d'alors. Le gars est à l'intérieur, seul et sans otage. Les instructions sont claires : « *Prenez votre temps. Négociez. Il nous le faut vivant !* »

Le RAID met un dispositif en place pour interpeller Merah dans la nuit en jouant sur l'effet de surprise. L'équipe d'effraction casse la porte à l'aide d'un « *door-raider* », un vérin hydraulique extrêmement efficace. Sauf que, lorsque celle-ci s'ouvre, le terroriste est parfaitement réveillé et tire sur les opérateurs. L'un des hommes du RAID reçoit deux balles. La première se loge dans son casque, la seconde dans son gilet pare-balles. Heureusement, son équipement le protège mais il est *out*.

Lorsqu'on est pris sous le feu, la procédure veut que l'on « stabilise ». Le RAID s'engage donc dans une phase de négociation. Pendant ce temps-là, les issues sont tenues. Les snipeurs chargés de tirer, mais aussi d'observer les faits et gestes du terroriste pour fournir des renseignements, sont positionnés. Un gros bouclier anti-balles est mis en place. Les groupes d'assaut se relaient.

Les groupes se relaient car cette phase de négociation dure très longtemps.

La phase de négociation dure 20 heures et n'aboutit à rien. Résultat, il faut aller chercher le terroriste là où il est. Les équipes d'assaut progressent sous grenadage, c'est-à-dire en lançant des grenades pour protéger leur avancée. Merah sort. Mais là encore, surprise : il sort en chargeant les services de police ! Pour le RAID, c'est une première.

La consigne étant de l'arrêter vivant, la situation n'est pas simple. Les snipeurs et les équipes d'assaut tentent de le stopper en tirant vers lui au niveau des jambes. Le terroriste continue à charger les opérateurs, mais on s'interdit toujours de le blesser mortellement. Il a un

11,43 dans les mains, dont il se sert bien, des chargeurs en quantité et il se réapprovisionne très rapidement. Il a organisé son appartement comme un vrai champ de guérilla.

Assez rapidement, Merah arrive au contact direct des opérateurs. Le terroriste devient trop dangereux. Il meurt sous nos balles.

Voilà. C'est tout cela l'an zéro. Un point de bascule. Le moment où nous entrons dans un monde où les méthodes terroristes ont profondément changé et où nous devons revoir nos process et notre approche de la négociation, clé de voûte du RAID.

Christian Prouteau, fondateur et ex-commandant des forces spéciales du GIGN, s'interroge peu de temps après l'opération dans* Ouest-France [10] *: « Comment se fait-il que la meilleure unité de police de France ne puisse pas arrêter un homme tout seul ? » Comment l'entendez-vous, encore aujourd'hui ?

Dans un esprit partisan, Prouteau pense sans doute servir ainsi la cause de son ancienne unité, le GIGN, qui ne lui a pourtant rien demandé. Ce qu'il dit est dépassé car cela répond à la logique de quelqu'un qui était dans les services d'intervention il y a trente ans.

Je rappelle que, dans son ADN, le RAID est 100 % policier. C'est une unité policière issue de la Police judiciaire. En clair, cela signifie que nous devons tout faire pour interpeller les individus en vie, ou en meilleure santé possible, pour les remettre ensuite entre les mains des autorités. Et ce, quels que soient leurs actes ou leurs crimes. Eh bien, croyez-moi, c'est beaucoup plus difficile que de mener une action de guerre en milieu civil !

Aujourd'hui (on y reviendra sûrement plus tard), le RAID et le GIGN collaborent très bien, avec des conjonctions comparables, puisque les deux groupes d'intervention travaillent pour le ministère de l'Intérieur. Mais à l'époque de Prouteau, le GIGN était d'origine militaire.

C'est Amaury de Hauteclocque, votre prédécesseur au RAID, qui a dirigé l'opération Merah. Quelque temps après, il a été

10. Interview de Christian Prouteau, *Ouest-France,* le 23 mars 2012.

remercié. Le terroriste n'ayant pas été pris vivant, selon vous, l'ex-chef du RAID a-t-il payé les pots cassés, comme certains l'ont laissé entendre ?

Amaury de Hauteclocque est le chef du RAID qui est resté le plus longtemps en poste. Très apprécié de tous, comme ses prédécesseurs, il a beaucoup fait progresser ce service. Il est simplement parti au bout d'un cycle, un an après l'affaire Merah.

Mais comme toujours, avec certains médias, c'est l'amour vache ! Les journalistes nous complimentent puis nous malmènent pour vendre de l'information. On entre alors dans la polémique ou la théorie du complot. Adoré puis critiqué, Amaury de Hauteclocque a vécu avec l'affaire Merah ce que je viens de vivre avec l'assaut de Saint-Denis [11].

Autrement dit, si demain je quittais le RAID pour des raisons personnelles, tout le monde dirait : « *c'est l'affaire de Saint-Denis qui a foiré* [12] » alors que ce fut une vraie réussite, même si une porte a résisté !

Mais avec les événements que nous vivons aujourd'hui, je ne suis pas persuadé qu'un chef du RAID puisse rester en poste pendant six ans. Je pense même qu'au bout de quatre ans, quand on a tout donné, il faut savoir lâcher et partir, pour le bien du service et pour sa propre quiétude.

---

11. L'opération policière de Saint-Denis a été menée le 18 novembre 2015 par le RAID pour neutraliser les responsables du massacre commis lors des attentats du 13 novembre à Paris.
12. Cet assaut a suscité quelques polémiques dans la presse un mois plus tard.

2. La fin des négociations

« Jusqu'à la dernière seconde avant le déclenchement de l'assaut, j'ai maintenu un négociateur juste derrière la porte pour lui offrir la possibilité de déposer les armes. »
Amaury de Hauteclocque, patron du RAID, interviewé dans le *Figaro* du 23 mars 2012.

Pour parler de la négociation avec Mohamed Merah, Jean-Michel Fauvergue fait appel au commandant de police Fabrice C., chef du groupe de négociation à l'époque au RAID. C'est lui qui a mené l'échange pendant 20 heures avec le terroriste. Nous conversons tous les trois.

Quatre mois après l'affaire, les négociations entre Mohamed Merah et le RAID sont rendues publiques dans la presse écrite, notamment dans* Libération. *Mieux encore, des extraits de vos enregistrements audio captés lors du siège de l'appartement sont également diffusés le 8 juillet 2012 dans l'émission* Sept à huit *sur TF1. En êtes-vous surpris ?

Fabrice C. : Je suis totalement sidéré, voulez-vous dire ! D'ailleurs, au départ, je n'y crois pas une seule seconde. Je me trouve dans la salle d'attente d'un aéroport avec toute ma famille lorsque l'ancien psychologue du RAID m'appelle :

« *Fabrice, tu connais la nouvelle ?*

— *Non, quelle nouvelle ?*

— *Dans* Sept à huit, *ce soir sur TF1, ils vont balancer une partie des négos !*

— Qu'est-ce que tu me chantes là ? C'est absolument impossible ! Ils ne peuvent pas avoir de copie !

— Si, si, tu verras ! »

Furieux, j'embarque quand même dans l'avion. Mais à peine arrivé, avec dix heures de décalage, je reçois un coup de fil du patron du RAID, Amaury de Hauteclocque :

« *Dis-moi, je suis convoqué à l'IGPN* [13] *pour savoir d'où viennent les fuites... Combien as-tu fait de copies exactement ?* »

Le Patron arrive heureusement à prouver notre bonne foi mais il passe trois heures dans les services de la Police des polices. Quant à moi, je ne saurai jamais si j'ai été mis sur écoute.

Jean-Michel Fauvergue : Aujourd'hui, tout le monde a l'air de trouver cela parfaitement normal alors que c'est énorme ! Non seulement il y a eu des fuites mais en plus, quelqu'un s'est délibérément procuré une copie pour la transmettre à la presse. C'est incroyable. Sans compter les conséquences que cela peut avoir sur la mise en lumière de nos techniques de négociation, d'intervention, et sur les familles.

Durant cette opération, vous êtes le négociateur du RAID. Mais sur les extraits des bandes diffusées, on entend souvent une autre voix que la vôtre. De qui s'agit-il ?

F. C. : C'est la voix de Hassan [14], que l'on entend effectivement souvent. C'est un officier enquêteur de la DCRI, un tiers que nous sommes allés chercher car il connaît bien Mohamed Merah pour l'avoir déjà rencontré à Toulouse à deux reprises.

Revenons à cette négociation. Comment se passe-t-elle pour vous au départ, dans la nuit du 21 au 22 mars 2012 ?

F. C. : Au départ, ça se passe mal. Appelé par mon unité, j'arrive sur place vers 2 heures du matin. À ce moment-là, une équipe du RAID,

13. L'IGPN : l'Inspection Générale de la Police Nationale, aussi surnommée la « Police des polices ».

14. Le prénom de cet officier a été modifié.

qui pense que Merah s'est endormi, tente de l'interpeller. Mais il est bien réveillé et il nous tire dessus !

Pour faire cesser les tirs, on demande au service « négo » d'intervenir. Je prends le mégaphone. J'essaie d'établir un contact avec le terroriste. Ça marche. Merah engage le dialogue : « *Je suis un moudjahidine* », m'explique-t-il d'entrée de jeu. Nous parlons un long moment.

Les collègues profitent de notre conversation pour se déplacer. Mais alors même que je suis en train d'échanger avec lui, le terroriste vise l'un de mes camarades par une petite ouverture et lui tire deux balles ! L'opérateur est sonné, il faut l'évacuer.

Pour moi, c'est un moment très difficile. Je ressens une grande colère car je pensais avoir engagé un vrai dialogue avec Merah et avoir apaisé la situation. « *Surtout ne lâche pas. Continue à lui parler !* » m'exhorte le patron du RAID de l'époque.

Je me ressaisis et communique avec Merah de 3 à 7 heures du matin. Stabilisé, il est plus calme, bouge moins et ne tire plus.

Une fois « stabilisé », comme vous dites, croyez-vous à sa reddition ?

F. C. : Oui, j'y crois et nous y croyons tous ! Car après nous avoir tirés dessus, quand je demande à Merah ce qu'il compte faire, il me répond clairement : « *Je pense me rendre mais laisse-moi un peu de temps. Je sais ce que je risque : je vais prendre 30 ans de réclusion criminelle avec certainement 22 ans de sûreté.* »

« *Demande-lui de lâcher une arme comme preuve de bonne volonté* », me dit alors Amaury de Hauteclocque, qui est à mes côtés, ce que je fais. « *Ok, je ne te presse pas pour la reddition mais lâche-nous une arme.* » Merah s'exécute. Il jette un colt 45 depuis le balcon.

Ce geste vous incline à croire en sa reddition mais, dans le fond, Mohamed Merah n'a aucun désir de se rendre ?

F. C. : Il n'en a évidemment pas l'intention mais il nous faudra encore un peu de temps pour cerner sa personnalité, son envie de jouer avec nous et son art de la dissimulation.

En attendant, rappelons-le, la consigne est de l'interpeller vivant. Pour débloquer la situation, il nous faut un intermédiaire. Nous hésitons à faire venir sa mère au contact direct mais elle est placée en garde à vue. Ça paraît difficile. Nous vient alors l'idée de faire appel à Hassan, qui va prendre directement la parole :

« *Maintenant, qu'est-ce que tu veux faire ?*

— Je ne sais pas, j'ai envie de me rendre mais c'est flou.

— Pourquoi, c'est flou ? Il n'y aura rien. Ils sont venus me chercher. Je suis venu pour toi. Tout le monde est réglo. Ici, il n'y a que des professionnels. Quand ils font une promesse, ils la tiennent. »

Entre Hassan et Merah, ça marche très bien. Le terroriste évoque même les raisons de ses actes, dévoilant sa profonde dangerosité :

« *Mon but, dans ces attentats, c'était de tuer en priorité des militaires, t'entends ? Parce que ces militaires-là sont engagés en Afghanistan avec tous leurs alliés, t'as vu, que ce soit de la police, de la gendarmerie nationale [...]. Même, tu veux que je te dise une chose, Hassan ?*

— Tu ne m'avais pas ciblé quand même ?

— Si, crois-moi que je t'avais ciblé, Hassan ! Crois qu'Allah a fait que ce n'est pas moi qui sera la cause de ta mort [...]. Mon but, c'était de t'appeler, de faire un travail pour que tu viennes à moi et, crois-moi, t'en aurais pris une en pleine tête ! »

À l'évidence, Merah éprouve un vrai plaisir à se jouer de nous et des institutions policières : « *T'as vu, en faisant ça, je vous ai bien eus* » déclare-t-il souvent, non sans fierté. Fréquemment, il interrompt les échanges pour faire sa prière. Le temps passe...

De notre côté, on tente d'en savoir plus afin de le faire parler et de l'épuiser. Il nous assure qu'il a opéré seul, qu'il a été envoyé par Al-Qaïda et qu'il a été entraîné par les Talibans : « *On m'a proposé des attaques en Amérique, au Canada. Et moi, je leur ai dit que, comme j'étais Français, c'était plus facile et plus simple pour moi d'attaquer la France.* » Il nous explique comment et où il s'est procuré ses armes. Il nous explique qu'il a soigné son mode de vie et son look pour passer inaperçu : « *J'allais en boîte... J'avais fait une vraie coupe fashion, t'as vu ? J'avais fait la crête, j'avais les cheveux longs... Tout ça, ça faisait partie de la ruse, tu vois...* »

Après ces échanges menés par Hassan tout au long de la journée, c'est vous qui reprenez le dialogue avec Mohamed Merah. Quel est votre dernier contact avec lui ?

F. C. : Vers 21 heures, Merah envisage à nouveau de se rendre mais nous nous méfions. Nous lui proposons de sortir mais en respectant nos consignes. Une heure plus tard, il change d'avis :

« *Je ne peux pas me rendre […]. Je sais que les conséquences vont être graves par la suite mais, au fond de moi, t'as vu, je sais que je voulais pas me rendre […]. Comme j'ai dit, j'ai pas peur de la mort, sinon j'aurais pas fait tout ça […]. Depuis ce matin, quand je vous ai demandé du temps, c'était surtout pour prendre de l'énergie […]. Je me défendrai jusqu'à la mort. Sachez une chose : moi aussi, j'en blesserai beaucoup d'entre vous…* »

Le dernier contact a lieu vers 22 h 30. Mohamed Merah me confirme qu'il ne sortira pas. Je suis déçu. Cela s'entend même un peu dans ma voix : « *Ok, on laisse notre portable ouvert […]. À tous moments, tu peux nous appeler…* » Puis la communication est coupée jusqu'à l'assaut final qui a lieu le lendemain matin, avec le dénouement que tout le monde connaît.

36 heures de siège dont 20 heures de négociation… Avec le recul, qu'est-ce qui vous frappe le plus dans ce long échange avec Mohamed Merah ?

F. C. : Plusieurs choses. La première, c'est que Merah et moi, nous nous tutoyons très vite. Or généralement, le vouvoiement est d'usage, surtout au début d'une négociation. La deuxième, c'est que le terroriste s'exprime très bien et se montre très correct avec nous. En 20 heures de négociation, pas une insulte, pas une parole déplacée. Sa conversation est presque « agréable », son raisonnement parfaitement construit. La troisième, c'est qu'il passe aux aveux en revendiquant chacun de ses actes. Même si nous sommes sûrs à 99,9 % qu'il est bien l'auteur de toutes les tueries, dès lors, nous n'avons plus aucun doute.

Mais ce qui me frappe le plus, c'est son discours. Ce n'est pas une négociation. Il nous adresse plutôt une sorte de testament verbal. En ce sens, je rejoins complètement Jean-Michel lorsqu'il parle de

« l'an zéro ». Mohamed Merah recherche véritablement la mort. Nos échanges n'y changeront rien. Lorsqu'il prononce cette phrase : « *Moi, la mort, je l'aime comme vous, vous aimez la vie* », il est sincère. Il sait depuis le début qu'il mourra en martyr. Même lorsque je lui propose de continuer son combat à travers un procès, il préfère la mort. Il veut une mort publique en martyr. Mais tout cela, je ne le mesure pas sur le coup. Ni moi, ni personne.

Justement, la négociation étant l'une des spécificités du RAID, l'affaire Merah marque-t-elle un tournant pour vous tous ?

F. C. : Oui, c'est évident. Il y a un avant et un après l'affaire Merah. En général, pour obtenir une reddition, les négociations se déroulent en cinq étapes. On prend contact. On échange. Puis vient le moment le plus important, celui où la personne en crise et le négociateur se font mutuellement confiance, ce qui permet de préparer la phase de reddition. Enfin, dernière étape, l'interpellation.

Mais avec ces nouveaux terroristes, on s'en aperçoit très bien, l'étape de la « confiance » est parfaitement impossible. S'ils souhaitent prendre contact avec nous (ou avec les médias), c'est seulement pour faire valoir leurs actes barbares. Ils sont tellement embrigadés, enfermés dans leur logique qu'il est très difficile pour nous de trouver des leviers pour espérer aller plus loin dans la négociation. Mais on y travaille quand même.

J.-M. F. : Aujourd'hui encore, le RAID résout 70 à 80 % des affaires dites « classiques » par la négociation. La colonne d'assaut, qui est en appui, est surtout là pour dissuader les forcenés ou les preneurs d'otage. Mais face à des terroristes qui veulent mourir en martyr et portent en plus des ceintures explosives, la tactique prévaut sur la négociation. Il faut même veiller à ce qu'ils ne profitent pas du temps que prennent les négociations pour poursuivre leurs massacres. Il faut continuer à capter leur attention mais rester très prudents.

Le prochain rendez-vous est fixé au lundi 28 décembre.

3. La vocation pour la police

« Vous ne croyez pas que nous allons vous laisser faire ça ?
— Qui ça, "nous" ? T'es tout seul, connard !
— Smith, Wesson et moi. »
Clint Eastwood dans *Le Retour de l'Inspecteur Harry.*

Lundi 28 décembre 2015

Contrairement à ce que l'on craignait, les fêtes de Noël se sont bien passées sauf en Corse, où deux pompiers ont été agressés et où une salle de prière musulmane a été saccagée.

À Bièvres, je traverse la cour d'honneur où des dizaines de véhicules, parfaitement alignés, sont prêts à démarrer en cas d'alerte. Mais je ne croise personne. Ni dehors, ni dans les couloirs, ni dans les escaliers. Le temps semble suspendu, comme souvent entre le 25 décembre et le jour de l'An…

Je retrouve le chef du RAID dans son bureau. Nous buvons un café et évoquons sa jeunesse.

Policier, c'est un rêve de gosse ? D'où cela vous vient-il ?

Oui. Dès l'âge de 7 ans, je rêve d'être policier. Mais assez rapidement, je rêve surtout d'être commissaire de police ! D'où cela me vient-il ? J'avoue, je ne le sais pas. Personne dans ma famille n'a été flic. Du côté de la famille de ma mère, ce sont plutôt des viticulteurs d'origine catalane qui se sont implantés dans le Sud de la France. Mon père, lui, est né au Maroc et a passé son enfance à Casablanca. Mes grands-parents paternels sont tous les deux issus de l'Assistance publique. De ce côté-là, il n'y a donc pas beaucoup de racines. Mes parents travaillent tous les deux aux PTT. D'abord au Maroc, puis en France.

Enfant, je regarde toutes les séries policières à la télévision. Comme tous les mômes, je tente de résoudre les énigmes et je suis totalement fan de westerns. Mon personnage préféré, bien sûr, c'est le shérif! S'il perd à la fin, je suis inconsolable; si c'est un pourri, ça m'est insupportable… Pour moi, à l'époque, le shérif, c'est forcément le bon. Le bandit, le méchant. Il ne faut surtout pas que ce soit autrement.

Où habitez-vous, enfant? Et à quoi jouez-vous?

J'habite à Grasse, dans les Alpes-Maritimes, avec mes parents et mon grand frère. À l'école, dans la cour de récréation, on joue tous « aux gendarmes et aux voleurs ». Mais moi, je joue surtout aux gendarmes. Ou plus exactement: aux policiers!

Adolescent, vous conservez ce même rêve. Mais vous quittez Grasse pour Paris?

Mes parents quittent en effet le Sud de la France et emménagent dans le XIIIe arrondissement de Paris, où je poursuis ma scolarité. Mon bac en poche, je « foire » un peu ma deuxième année de fac à Tolbiac. Il faut dire que l'époque est assez agitée. Venus d'ASSAS, les énergumènes du GUD [15] font régulièrement des descentes, pillant tout sur leur passage. Tout est hyperpolitisé. Arrivant de ma province, peu concerné, je ne fais pas la grève mais j'imite volontiers les copains en me confrontant, moi aussi, aux gendarmes mobiles et aux CRS présents sur nos sites. Je prends quelques belles toises au passage, dont je garde d'ailleurs d'assez bons souvenirs… Mais je ne vous dirai rien de plus!

Ensuite, vous passez le concours d'officier de paix?

C'est exact. Après mon service militaire chez les parachutistes, à Tarbes, je réussis mon concours d'entrée à l'École supérieure des officiers de paix en 1978. La formation dure un an et demi, dont six mois de stage. C'est là qu'il m'arrive quelque chose de drôle. Alors que je

15. GUD: Groupe Union Défense, une organisation étudiante française d'extrême droite.

suis officier stagiaire, je me retrouve à Paris à la fac de Tolbiac, où il y a une manif. Des cordons de CRS et de gendarmes sont mis en place. Je n'ai aucun rôle à jouer puisque je suis un simple stagiaire ; je n'ai qu'à observer la scène pour voir comment le maintien de l'ordre s'organise. Mais comme je connais bien les lieux pour avoir étudié dans cette fac, je sais qu'il y a une porte dérobée à l'arrière. Et je constate que les gendarmes qui ont établi un barrage fixe ont cette porte dans le dos. J'aperçois même les manifestants l'ouvrir, jeter un œil dehors, la refermer, la réouvrir… Bref, les jeunes se comportent comme des Sioux, exactement comme nous à l'époque. Avec un peu d'audace, je m'adresse à l'officier gendarme : « *Si vous me permettez une remarque, vous risquez de vous faire prendre à revers. Il y a une sortie juste derrière vous.* » Pas vexé, il me remercie et fait reculer son barrage. Quelques secondes s'écoulent. Les manifestants sortent tous par-derrière et… tombent sur les gendarmes ! Je dois dire que c'est un moment assez amusant.

Ces stages dans la police semblent vous plaire. C'est une période « heureuse » ?

Je suis très heureux mais je ne me sens pas dans mon grade. Je veux être commissaire. Une fois diplômé de l'École supérieure des officiers de paix, j'occupe un poste dans une brigade de nuit du 93, en région parisienne. D'abord à Aulnay-sous-Bois puis à Montreuil. J'ai tout juste 22 ans et ce qui me semble invraisemblable, c'est que, dans les heures qui me sont imparties, mon collègue et moi-même sommes la plus haute autorité « réveillée » du département ! Les commissaires sont chez eux, les inspecteurs aussi… On règle tous les problèmes par téléphone. De plus, lorsque je prends mes fonctions, l'un des trois officiers de paix du secteur vient d'être blessé par balle lors d'un contrôle de bar à Saint-Ouen. Nous ne sommes donc plus que deux à assurer les nuits en Seine-Saint-Denis ! Il n'empêche, on fait de belles arrestations comme celles de braqueurs en flagrant délit, etc.

Quatre ans plus tard, le rêve devient réalité… Vous entrez à l'école des commissaires.

En 1984, je passe le concours, en interne, pour devenir commissaire de police. Je le réussis. J'entre alors à l'École nationale supérieure de la police, à Saint-Cyr-au-Mont-d'or. Un rêve! C'est une super promotion, l'ambiance est excellente, on monte même une équipe de rugby. Ma formation dure deux ans, entrecoupée de stages en région parisienne. Je côtoie des gens qui viennent de tous horizons: des externes, des internes, des promus aux choix, des inspecteurs divisionnaires, des commandants de police, des fonctionnaires de la PJ [16]... Ce milieu me séduit. Je deviens très copain avec Charles Diaz, commissaire de ma promotion et ancien inspecteur de la fameuse Crim', la Brigade criminelle de Paris.

Quels sont vos premiers postes comme commissaire?

J'occupe mon premier poste au Centre de la Police judiciaire administrative du XIIIe arrondissement, qui dépend de la PP [17]. Je m'y plais beaucoup car j'y ai un vrai rôle de commissaire. Il ne s'agit pas d'un commissariat de quartier classique mais d'un centre qui rassemble tous les commissariats du quartier. Une sorte de réservoir dans lequel la Préfecture de police place et puise régulièrement des fonctionnaires et des commissaires. Là, derrière la « batteuse » (la machine à écrire), j'apprends vraiment le boulot. Je prends les plaintes, fais de la procédure, me rends fréquemment dans le quartier chinois lorsque je suis de permanence les week-ends... Je suis aux anges.

En juillet 1988, faute de personnel, je me retrouve tout seul, comme un grand, pour couvrir tout l'arrondissement, soit 300 000 habitants! L'équivalent d'une grosse ville. C'est un moment tout à fait extraordinaire mais qui ne dure pas longtemps car un nouveau commissaire divisionnaire est rapidement nommé.

À cette époque, les commissaires sont encore chargés d'assister les huissiers dans leurs tournées. C'est le fameux trio infernal: l'huissier, le serrurier et le commissaire! Comme c'est payé à la vacation, certains policiers y trouvent quelques avantages pour arrondir légalement leurs fins de mois. Puisque j'y suis obligé, j'assure moi aussi ce travail. Il m'enchante peu mais c'est une expérience intéressante.

L'année suivante, je suis nommé au service départemental de la Police judiciaire en Seine-Saint-Denis, en charge des enquêtes géné-

16. PJ: Police Judiciaire.
17. PP: Préfecture de Police.

rales. Puis je passe chef des stups. Je planque des heures, j'engage des procédures… J'adore mon métier mais le milieu de la drogue est un monde de violence. Un puits sans fond. On met des trafiquants en prison et d'autres reprennent le trafic immédiatement. Il y a de l'argent, des stupéfiants… Il faut être très solide. Ce passage aux stups me plaît moyennement.

4. La nomination

« Le RAID, c'est une Roll's pour un commissaire.
Qui n'en a jamais rêvé ?
Tous les Patrons vous le diront : cela ne se refuse pas ! »
Gérard Zerbi, chef du RAID (1996-1999) [18].

Au départ, qu'est-ce qui vous incite à postuler au RAID ?

Oh, c'est une longue histoire ! Pendant ma formation à l'École des commissaires de police, tombe un télégramme sur la création du RAID. Cette nouvelle unité d'élite recherche des fonctionnaires issus de tous les corps de police : inspecteurs, officiers de paix, etc. Bien sûr, j'ai très envie de postuler mais mon épouse me raisonne : « *Ce serait dommage de laisser tomber ta formation de commissaire à laquelle tu aspires depuis si longtemps !* » Elle n'a pas tort. Je garde donc mon cap. Mais une fois diplômé, je serai commissaire au RAID ! C'est juré.

Et cela va être une longue quête ?

Interminable ! Jeune commissaire stagiaire, je découvre d'abord le milieu de la PJPP [19]. Mon ami Charles Diaz, qui lui est à la Crim', a déjà eu la chance de côtoyer certains grands flics de la PJ. Il connaît notamment Ange Mancini, le premier chef du RAID.

« *Écoute, puisque tu t'intéresses tant au RAID, on va aller le voir, Mancini !* » me dit un jour Charly. Et en effet, il décroche un rendez-vous. Mancini nous reçoit, ici, à Bièvres, et nous invite même à

18. Gérard Zerbi interrogé par Amaury de Hauteclocque dans son livre *Histoire(s) du RAID*.
19. PJPP : Police Judiciaire de la Préfecture de Police.

déjeuner ! Fidèle à son image, le patron du RAID se montre convivial, ouvert, très flic… Je profite du moment pour lui signifier mon intérêt pour son unité. Mieux, j'ai l'outrecuidance de lui demander : « *Que diriez-vous d'un troisième commissaire au RAID ? Un jeune, par exemple, fraîchement sorti de l'école ?* » « *Impossible !*, m'assure-t-il, amusé. *Mais continue à t'intéresser au RAID. Un jour, qui sait…* » À l'époque, il n'y avait que deux commissaires au RAID : un commissaire divisionnaire, en l'occurrence Mancini, et un commissaire principal contre trois aujourd'hui – le chef du RAID et ses deux adjoints.

Jolie rencontre…

Oui, c'est un très bon souvenir. Après une période de Police judiciaire, je suis muté en Sécurité publique en Nouvelle-Calédonie, où je crée un Groupe d'intervention de la Police nationale. Trois ans plus tard, lorsque je rentre en France métropolitaine, Claude Guérin, le directeur central de la Sécurité publique de l'époque, me propose de faire une étude sur les groupes d'intervention de la Police nationale métropolitains. Je profite de cette mission pour faire plusieurs propositions visant à améliorer le fonctionnement et les équipements des GIPN. Suite à ce travail, j'obtiens le commandement direct de tous ces groupes d'intervention. Il me sera confié pendant trois ans, de 1994 à 1997. Après, j'ai postulé pour un poste d'adjoint au RAID mais je ne l'ai pas obtenu. C'est Christian Lambert qui l'a décroché et qui, à son tour, deviendra le chef du RAID de 2002 à 2004.

Que faites-vous alors après avoir commandé les GIPN ? Vous partez au Mali ?

Non. Je suis d'abord nommé chef de la Sécurité publique à Cayenne, en Guyane, à la DDSP [20]. Quatre ans plus tard, je pars en effet au Mali, où je suis attaché de Sécurité intérieure (ASI). Là-bas, je suis en poste pour le SCTIP [21] – qui est devenu aujourd'hui la DCI [22] – à la demande de Jo Querry, une grande figure dans le monde de la police, qui a longtemps été à la tête du Service de protection des hautes personnalités et du SCTIP.

20. DDSP : Direction Départementale de la Sécurité Publique.
21. SCTIP : Service de Coopération Technique Internationale de Police.
22. DCI : Direction de la Coopération Internationale.

Au Mali, l'enjeu est de taille car s'y prépare la Coupe d'Afrique des nations. Financé par de nombreux pays, dont la France, cet événement mobilise beaucoup de policiers et de gendarmes. Jo Querry nous rejoint pour superviser notre travail. Et là, il m'annonce qu'il récupère Jean-Gustave Paulmier [23], le chef du RAID de l'époque, pour l'envoyer comme attaché de Sécurité intérieure à Moscou. « *La place est libre ! Je vais appuyer ta candidature pour lui succéder. Si tu décroches le job, tu auras Jean-Louis Fiamenghi* [24] *comme adjoint…* » Jean-Louis Fiamenghi est un ami. Nous nous sommes connus à Nouméa, où il était alors le commandant opérationnel du GIPN local. L'idée de faire un « ticket » avec lui me plaît bien. Je commence à élaborer ce projet.

Mais nous sommes en 2002, en pleine élection présidentielle. La décision de remplacer le chef du RAID n'est pas prise immédiatement. Jacques Chirac est réélu, Nicolas Sarkozy est son ministre de l'Intérieur. Claude Guéant, qui est nommé directeur de cabinet, déclare : « *Moi, j'ai un candidat pour le RAID, Christian Lambert.* » Les deux hommes se connaissent bien. C'est raté pour moi. Le ticket « Fauvergue / Fiamenghi » tombe à l'eau. Il est remplacé par le ticket « Lambert / Fiamenghi ».

Un peu difficile à avaler ?

Un peu, oui ! Deux ans plus tard, Jean-Louis Fiamenghi prend la tête du RAID. Quant à moi, après mon passage au Mali et un autre au Gabon, je rentre en France où je prends le commandement de l'OCRIEST. Quelques mois plus tard, Jean-Louis m'appelle : « *Je vais quitter le RAID pour prendre la tête du Service de protection des hautes personnalités. Je donnerai ton nom à Frédéric Péchenard, le DGPN* [25]. » Je suis flatté, il pense à moi. Mais je ne me berce plus d'illusions. Et j'ai bien raison car cela ne se fera pas !

Vous ne renoncez pas pour autant ?

Je commence à douter. Je poursuis ma carrière à l'OCRIEST puis à la Police aux frontières, où je suis en charge de l'international. Nou-

23. Jean-Gustave Paulmier fut le chef du RAID de 1999 à 2002.
24. Jean-Louis Fiamenghi fut le chef du RAID de 2004 à 2007.
25. DGPN : Directeur Général de la Police Nationale.

velle élection présidentielle. Élu, François Hollande nomme Claude Baland directeur général de la Police nationale. David Skuli devient son directeur de cabinet. En juillet 2012, alors que je ne m'imagine plus aucun avenir au RAID, David Skuli, que je connais très bien, m'invite à déjeuner : « *Amaury de Hauteclocque vient de faire six ans au RAID. Il va bientôt y avoir un roulement.* » Le temps passe… Huit mois plus tard, David Skuli me rappelle : « *J'ai parlé de toi à Claude Baland. Il va te convoquer rapidement.* » Je suis reçu le lendemain même par le DGPN pour un premier entretien : « *Vous avez eu le commandement des GIPN, vous avez été attaché de Sécurité intérieure, vous pratiquez les arts martiaux… Vous avez le bon profil !* » Puis il conclut : « *Pour moi, c'est clair, vous êtes mon candidat !* » J'en suis très honoré mais, je le sais, rien n'est encore fait, il me reste encore quelques étapes à franchir.

Peu de temps après, je rencontre le directeur adjoint de cabinet au ministère de l'Intérieur, Renaud Vedel. Le courant passe entre nous. Il me présente alors le directeur de cabinet du ministre de l'Intérieur, le préfet Lataste, que j'ai connu en Nouvelle-Calédonie et à qui j'avais longuement parlé du RAID lorsque nous étions à Nouméa. « *Après tout ce temps, je suis content de vous revoir. Et donc, le RAID… Toujours en ligne de mire ?* » Puis il ajoute : « *Manuel Valls, le ministre de l'Intérieur, vous recevra bientôt. Mais attention, vous n'êtes pas le seul candidat en lice.* » Je me disais bien, aussi.

Je suis assez heureux de ces rendez-vous. Il semble y avoir un bon alignement des planètes. Mais je suis déjà passé tellement de fois près du but sans l'atteindre…

C'est vrai que là, votre objectif semble réellement à votre portée.

Je me rapproche, oui. Quelques jours passent encore puis Manuel Valls me reçoit en tête-à-tête dans son bureau. L'entretien dure une demi-heure. Il est beaucoup question de la Police aux frontières – je suis à l'époque sous-directeur de la PAF –, un sujet qui semble le préoccuper. Il m'interroge ensuite longuement sur le domaine de l'intervention. Puis il clôt notre échange par ces mots : « *Vous avez le profil adéquat.* » Il se tourne alors vers son directeur adjoint de cabinet : « *Parfait pour moi !* »

Cette fois-ci, c'est du sérieux. Je suis fou de joie.

Gagné mais pas encore officiel?

Non. Et je suis embêté vis-à-vis de Frédéric Perrin, mon directeur à la PAF. Du coup, avant de quitter le ministère, je demande si, par correction, je peux le mettre dans la confidence. «*Non, ne dites rien. Je m'en chargerai moi-même en temps voulu*», m'assure le directeur général de la Police nationale. Le lendemain, tous les sous-directeurs de la PAF, dont moi, sont réunis comme chaque jour autour de Frédéric Perrin. Son téléphone sonne. Il répond. Je vois qu'il devient blême. «*Je dois me rendre chez le DGPN. Continuez sans moi.*»

Frédéric Perrin est un excellent professionnel, admiré de tous. Mais, nommé par le gouvernement précédent, il ne se passe pas une semaine sans qu'on nous annonce son départ pour d'autres fonctions. Après ce coup de fil, nous pensons tous qu'il va partir pour de bon. Mais il revient rapidement, avec des airs mystérieux. «*Je viens d'avoir une conversation avec le DG. Il va y avoir des départs.*» Suit un long silence… Puis il me désigne du doigt: «*Ce n'est pas moi qui m'en vais. C'est lui!*» Les collègues me regardent stupéfaits, pensant tous: «*Mais quelle bêtise a-t-il faite pour se faire virer comme ça du jour au lendemain?*» Visiblement fier de son coup, Frédéric Perrin précise: «*Il nous quitte pour prendre la tête du RAID!*» Instantanément, les regards changent.

Comment se passe la passation entre Amaury de Hauteclocque et vous?

Dans la police, il n'y a pas de passation officielle entre les anciens et les nouveaux chefs. Je rencontre Amaury de Hauteclocque en avril, avant de prendre mes fonctions en mai. Nous faisons un point précis sur tous les dossiers en cours. Amaury est un grand professionnel. Il se montre très chaleureux avec moi. Je suis officiellement nommé chef du RAID quelques jours plus tard par le directeur général de la Police nationale, qui me donne au passage sa feuille de route.

Et quelle est-elle?

Je comprends très clairement qu'on attend de moi une nouvelle structuration du RAID. Objectif? Nous rapprocher des Groupes d'intervention de la Police nationale pour lutter plus efficacement contre le terrorisme et la criminalité, mais aussi créer des synergies et des économies d'échelle dans les équipements. Des engagements avaient déjà été pris en ce sens lors de la création de la FIPN [26] après les attentats de Bombay de 2008, qui avaient coûté la vie à 166 personnes et fait 300 blessés. Nous y reviendrons un peu plus tard.

Quels sont vos premiers souvenirs de Bièvres ?

Le premier, c'est lorsque je viens y déposer mes cartons avant de prendre mes fonctions. Je suis copain avec un jeune lieutenant de la PAF, Romain Puértolas, qui deviendra plus tard célèbre en publiant *L'Extraordinaire Voyage du fakir qui était resté coincé dans une armoire Ikea*. Romain m'aide à transporter mes cartons de mon bureau de la Police aux frontières à ma voiture. On charge puis on arrive à Bièvres, où je suis annoncé. Trois costauds nous attendent. Parmi eux, Jean-Marc, l'un des artificiers, une véritable armoire à glace qui ne franchit aucune porte de face tellement il est baraqué. D'un coup d'un seul, il sort tous les cartons de mon véhicule et part en en portant au moins deux sous chaque bras. Mon lieutenant et moi sommes sidérés. Je comprends tout de suite que je n'ai pas affaire à des gars très ordinaires !

Le second se passe à l'armurerie. Avant d'entrer en fonction, je prends quelques jours de congé. Je dois donc, comme c'est l'usage, déposer mon arme à l'armurerie. Je tombe alors sur notre armurier en chef, surnommé « Pol Pot » (ici, tout le monde a un surnom), très connu dans la Police nationale mais aussi dans le monde entier car c'est un professionnel hors pair. Il est capable de toucher toutes les armes, de les régler et même d'y apporter des transformations. Il a d'ailleurs procédé à l'élaboration de quelques prototypes qui sont aujourd'hui homologués et distribués dans de nombreux groupes d'intervention.

Plutôt du genre bavard, il profite de ma visite pour m'expliquer tout un tas de choses : « *Voilà comment les armes sont consignées. Tout est noté. Rien ne se fait sans mon accord.* » Bref, j'y passe deux heures. Je vois même le soleil décliner par la fenêtre. Soudain, alors qu'il a

26. FIPN : Force d'Intervention de la Police Nationale.

le dos tourné et continue à me parler, un opérateur débarque dans l'armurerie, prend son arme et s'en va sans rien consigner. Furieux, presque menaçant, Pol Pot se retourne : « *Dis donc, toi, où comptes-tu aller comme ça ?* » Il nous fait un coup d'autoritarisme à mourir de rire. Mais j'avoue, là encore, cet homme m'impressionne.

Mais ce qui me frappe le plus, et ce qui frappe tous ceux qui nous rendent visite, c'est l'extrême gentillesse et la courtoisie des personnes qui travaillent au RAID. Ici, tout le monde dit « bonjour ». Et même si vous passez dix fois dans le même couloir, on vous adressera toujours un mot ou un signe de tête. Il y a beaucoup d'attention et d'ouverture sur les autres.

Le prochain rendez-vous est fixé au vendredi 8 janvier.

5. Le nouveau management

> *« Le plus dur, ce n'est pas de gérer l'exceptionnel mais le quotidien. »*
> Ange Mancini, premier chef du RAID.

Vendredi 8 janvier 2016

Cette semaine est marquée par toutes les commémorations des attentats du mois de janvier 2015 : la tuerie à Charlie Hebdo *et la prise d'otages à l'*Hyper Cacher *de la porte de Vincennes. François Hollande préside plusieurs cérémonies en mémoire des victimes. Les télévisions diffusent tous les jours des reportages sous des angles nouveaux. Des livres sortent en librairie : celui de Maryse Wolinski,* Chérie, je vais à Charlie, *et le témoignage de Lassana Bathily, l'employé qui a caché des otages dans* l'Hyper Cacher, *dans* Je ne suis pas un héros… *Partout, l'émotion est palpable.*

Lorsque j'arrive au RAID, Jean-Michel Fauvergue m'accueille comme à son habitude puis nous discutons autour d'un café. Nous faisons quelques commentaires sur un bon reportage, « Cellule de crise », diffusé sur France 2, qui raconte comment le gouvernement, les forces de l'ordre et les services de renseignement ont orchestré leur réponse face aux attentats. « Les décideurs politiques ont pris la bonne décision », m'assure alors en substance le Patron. « Croyez-moi, il leur a fallu un vrai courage ! » Pris dans ses pensées, Jean-Michel Fauvergue semble un peu ému. Ces journées « anniversaire » ne sont pas neutres. Ni pour lui. Ni pour ses hommes.

Nous reparlerons longuement de ces attentats un peu plus tard. Aujourd'hui, comme prévu, nous consacrons cet entretien au « nouveau management ».

Lorsque vous prenez le commandement du RAID, en mai 2013, par quoi commencez-vous ?

Je commence par débriefer sur l'affaire Merah. Je discute avec tous ceux qui ont participé à l'opération. Je tiens à me refaire le film très précisément. Je sais que nous risquons d'être à nouveau confrontés à ce type de situation et qu'il va falloir réfléchir à de nouvelles techniques d'intervention.

Très vite, je comprends que les gars ressentent encore une énorme frustration. Face à Merah, qui recherchait la mort, tous les opérateurs se sont fait surprendre. Car, ne l'oublions pas, le RAID, c'est une grosse cavalerie hiérarchisée, qui travaille au commandement et qui s'entraîne tous les jours pour intervenir de manière méthodique sur des individus retranchés en milieu clos : forcenés, preneurs d'otages… Pas sur des terroristes qui veulent mourir.

Contrairement à vos prédécesseurs, vous arrivez au RAID avec une expérience transverse dans la police. C'est assez nouveau ?

En effet, je n'ai pas le profil habituel des chefs qui, comme le préfet Broussard et Ange Mancini, les créateurs du RAID, sont généralement issus de la Police judiciaire. Mon parcours est plus transverse puisque j'ai travaillé dans différents services de police et sur plusieurs continents : Afrique, Amérique du Sud, Pacifique…

Pour ce qui est du management, quels sont vos premiers constats ? Et que voulez-vous changer ?

Tout d'abord, je constate que le commandement, qui comprend trois commissaires de police – le chef du RAID et ses deux adjoints –, est complètement isolé du reste du groupe, ce qui ne me convient pas du tout. J'ai besoin de construire des équipes autour de moi, c'est dans mon caractère, avec des personnes qui viennent parfois de l'extérieur mais avant tout en récupérant toutes les compétences au sein des services. Pour rompre cet isolement, j'intègre alors dans l'organisation des officiers, en particulier des commandants, capables de faire passer des messages, d'être des traits d'union entre les commissaires et le reste du groupe.

Je crée aussi un état-major, car il n'y en avait pas, avec, à sa tête, un chef qui a une grande expérience du service puisqu'il est là depuis le début. Numéro 4 de l'unité, je lui confie tous les aspects opérationnels du RAID ainsi que ceux des GIPN métropolitains. Je précise que les GIPN métropolitains, situés à Lille, Strasbourg, Lyon, Marseille, Nice, Bordeaux et Rennes, sont aujourd'hui devenus des antennes du RAID et sont placés sous mon commandement. En revanche, les trois GIPN d'outre-mer – Nouvelle-Calédonie, Guadeloupe et Réunion – restent attachés à la direction de la Sécurité publique. Mais pour qu'ils disposent de matériel et d'équipements similaires aux nôtres, je gère les budgets « Équipements » de tous les GIPN.

À cet état-major, j'associe une salle « H24 », qui travaille sur l'opérationnel. Elle nous informe en temps réel de toutes les opérations en cours comme de celles à venir et assure le suivi de chaque intervention.

Ensuite, je renforce la section administrative et financière, en charge de la gestion des ressources humaines d'un côté et des moyens techniques de l'autre. J'y adjoins une cellule de recherche et développement de matériel, avec un budget propre, pour préparer les évolutions futures des équipements.

Car il faut aussi analyser la menace en termes de budget ?

C'est primordial. Tout le commandement du RAID s'y emploie : « *Qu'est-ce qui se passe à l'international ? Qu'est-ce qui se passe ici ? Vers quoi évolue-t-on ? Comment parer aux dangers ? Comment agir face aux radicalisés ? Avec quels process d'intervention ? Et avec quels moyens ?* »

Une fois nos besoins définis, il faut bien dégager une prospective financière. J'établis donc un plan de financement triennal, ce qui ne se faisait pas non plus, qui nous permet de coller davantage à nos exigences opérationnelles.

Une part du budget est donc employée à la recherche en équipements et aux nouveaux matériels ?

Absolument, et ces recherches sont très importantes. Car il s'agit non seulement de mieux protéger les opérateurs pendant les interventions, mais aussi de les rendre plus offensifs face aux nouvelles menaces, face à des terroristes qui portent des gilets explosifs… Il nous faut donc du matériel nouveau.

Il faut aussi intégrer les nouvelles technologies, sans tomber toutefois dans le piège de certains gadgets extrêmement séduisants. Il n'est pas question, par exemple, que j'achète un drone ultra-sophistiqué, qui vole très haut et qui coûte 100 000 euros, si je n'en ai pas l'utilité. Je rappelle que nous intervenons en milieux clos avec, en face de nous, des personnes prêtes à détruire nos appareils à coups de batte de baseball ou de fusils à pompe.

À mon arrivée, je me suis d'ailleurs séparé d'un gros trafic blindé d'apparence « civile ». Il ne nous servait pas à grand-chose. J'ai préféré récupérer le budget pour acheter de plus petits modèles nous permettant de travailler à l'extérieur mais aussi à l'intérieur d'un centre commercial.

Maintenant, n'étant pas technicien, je fais confiance à mes spécialistes, tous des passionnés et de vrais Géo Trouvetou !

Revenons sur les ressources « humaines ». À quel genre d'hommes avez-vous affaire ?

Contrairement à certaines idées reçues, les policiers sont aussi dans l'affect. Au RAID, il y a pas mal d'écorchés vifs. Continuellement confrontés à des situations difficiles, voire extrêmes, surtout depuis le début de l'année 2015, les hommes se posent énormément de questions. De plus, ils sont très médiatisés. Résultat, quand la presse nous encense, tout va bien. Mais quand elle nous égratigne, le service est affecté. Et dans ces moments-là, croyez-moi, il faut gérer ! Rassurer les gars, leur redonner confiance, les regonfler… Or j'ai beau laisser la porte de mon bureau ouverte, me balader régulièrement dans les groupes et partager des activités avec les équipes, il est très difficile pour moi, comme pour mes adjoints, de savoir très précisément ce que les uns et les autres ressentent. Expliquer, dédramatiser, communiquer sans cesse… C'est un aspect du management qu'il ne faut pas délaisser. Au RAID, c'est particulièrement important.

Comment vous y prenez-vous ?

Je favorise la communication interne dans toutes les composantes du RAID. Mais ce n'est pas si facile car, entre l'unité centrale du RAID, qui est à Bièvres, et les anciens GIPN qui sont devenus nos antennes, il y a des différences de culture et de mentalité.

En régions, les équipes sont très resserrées. Tout le monde est au four et au moulin. Tandis qu'ici, à Bièvres, j'ai quatre colonnes d'intervention qui fonctionnent par roulement, avec des rôles précis, ce qui permet aux uns et aux autres d'avoir des temps de repos et de récupération, d'être un peu moins dans l'action – du moins en dehors des temps de crise que nous connaissons cette année. Ajoutons à cela une section d'appui opérationnel composée de snipers, de maîtres-chiens, de techniciens, d'une unité logistique, de négociateurs, sans oublier l'unité médicale, la section administrative et financière et un groupe chargé de la communication et de l'international.

Pour pallier ces différences entre l'unité centrale et les régions, nous permettons à tous ceux qui le souhaitent de muter dans un sens ou dans l'autre en fonction de nos besoins. S'est ainsi créée une vraie filière d'intervention à travers l'ensemble du territoire national.

Ensuite, en termes de formation, nous avons à Bièvres une unité particulière qui se déplace dans toutes les régions pour faire des remises à niveau et voir comment nous pouvons progresser tous ensemble. De la même manière, des opérateurs des antennes régionales viennent passer un peu de temps avec nous. À leur retour, ils partagent leur expérience avec leurs collègues et créent du lien.

Enfin, la hiérarchie rend régulièrement visite aux antennes et nous transmettons à tous, via les réseaux informatiques, les informations nécessaires.

Vous semblez très exigeant mais aussi très protecteur…

J'essaie dans la mesure du possible, c'est vrai, de protéger et de défendre mes gars. J'ai pour eux beaucoup de respect et une très grande admiration. Mais je me dois aussi d'être exigeant. Nous intervenons dans des situations critiques, avec des personnes qui sont souvent en danger de mort. Il faut que chacun donne le meilleur et puisse faire face aux risques, qui sont bien réels.

Gérer la prise de risque, c'est un aspect du management ?

Oui. Gérer la prise de risque est d'ailleurs un aspect du management très intéressant. Ici, les gars s'entraînent tous les jours pour être efficaces. Ils apprennent à mettre le pied gauche dans le carré gauche, le pied droit dans le carré droit, à se protéger le mieux possible, à limiter les risques.

Lors d'une intervention dite « classique », face, par exemple, à un forcené qui s'est barricadé chez lui, les opérateurs du RAID analysent la situation et passent tout au tamis avant d'agir. Ils ont souvent plus de temps, ils sont dans la maîtrise. Mais ces règles de prudence, nécessaires à leur sauvegarde, ne s'appliquent pas exactement de la même manière dans une situation comme celle que nous avons connue porte de Vincennes, à l'*Hyper Cacher*. Là, nous sommes en urgence absolue. Des vies sont immédiatement en jeu. En tant que chef du RAID, je vais devoir outrepasser les habitudes et les process. Les opérateurs n'auront pas le temps de faire un briefing et un contre-briefing. Il va falloir aller vite, enfreindre certaines règles, comme celle de ne pas passer devant une baie vitrée. Et au moment de l'assaut, lorsque j'appuierai sur l'accélérateur, il ne faudra ni « trou », ni hésitation dans le dispositif. Sans quoi, nous irons tous dans le mur !

Encore faut-il être en confiance pour y aller…

Oui, c'est l'un des enseignements de l'assaut à Vincennes. Car même si on n'a pas pu faire tous les repérages, à un moment donné, il a bien fallu y aller. Et nous y sommes allés. Tous ! Voilà pourquoi, depuis ces événements meurtriers, nous travaillons beaucoup la « prise de risque ». Mais pour que les opérateurs acceptent de faire sauter certaines règles de prudence, encore faut-il qu'ils aient totalement confiance en leurs chefs. Lorsque nous avons fait notre « retex [27] » sur l'affaire de Vincennes (nous y reviendrons plus tard), même si les hommes sont revenus pleins de « gloire » après avoir sauvé 26 otages, ils n'ont pas compris qu'on ait enfreint certaines règles. Il a donc fallu expliquer. Point par point.

Dans une interview accordée à* Challenges*, en octobre 2015, vous dites : « Il faut utiliser la force du "nous" car seul, on n'est rien, surtout quand c'est impossible. » Ce sont vos convictions profondes en matière de management ?

27. « Retex » : retour d'expérience.

Absolument. Sauf à être artiste, j'ai beaucoup de mal à croire que l'on puisse réussir quoi que ce soit tout seul. En sport, je suis rugby. Je suis donc collectif, même si j'ai pratiqué toute ma vie les arts martiaux, qui sont des sports plus individuels.

D'ailleurs, je suis toujours stupéfait par ceux qui s'accordent tous les mérites sur une opération, qu'ils soient commissaires, médecins, professeurs ou autres… Maintenant, je ne le nie pas, j'ai ma part d'influence. C'est moi qui donne le cap, qui prends les décisions déterminantes pour nos actions mais sans le groupe, je ne suis rien.

Il y a quelques jours, par exemple, sentant mes gars un peu moroses après une période intense et difficile, je les ai réunis au stand de tir pour parler avec eux. Je voulais surtout leur dire que tous ceux qui avaient participé à l'une, à l'autre ou à toutes les opérations de l'année 2015 pouvaient être fiers d'eux, et même en tirer de la « gloire » personnelle pour leur vie entière… Car ce qu'ils ont fait à l'*Hyper Cacher*, c'est tout de même phénoménal. Ils ont sauvé 26 vies !

Réussir ensemble, ce doit être une fierté. Et aussi un plaisir.

Justement, à propos de plaisir… Aimez-vous manager ?

Oui, j'éprouve un réel plaisir à manager ! Un immense plaisir, même. C'est dans mon tempérament : j'aime diriger, faire avancer les projets de service, atteindre mes buts. J'aime aussi cette idée, qui pour moi n'a rien de désuète, d'être « au service des citoyens ». Comment, en étant au RAID, vais-je protéger avec mes équipes la population des menaces qui pèsent sur elle ? Comment allons-nous éviter d'autres massacres ? Délivrer d'autres otages ?

J'avais les mêmes préoccupations en Nouvelle-Calédonie ou en Guyane. Comment donner plus de crédibilité et de moyens à la police là où il y avait une forte criminalité ? Comment, en étant à l'OCRIEST, arrêter les filières qui exploitent des clandestins ? Autant de défis pour lesquels je bâtis des projets en essayant de coller au budget imposé pour faire évoluer l'ensemble des hommes et des moyens.

Diriger le RAID, c'est extraordinaire. Une aventure humaine incroyable… Mais, avec le recul, je me rends compte qu'il n'aurait pas fallu que j'arrive à ce poste plus tôt car je n'aurais pas eu alors toute l'expérience nécessaire pour faire face aux situations terribles que nous vivons malheureusement aujourd'hui.

Manager une unité telle que la vôtre, c'est aussi la faire exister à l'extérieur ?

Bien sûr ! Comme toujours, il y a le « savoir-faire » et le « faire savoir ». C'est très important de dire au ministre de l'Intérieur : « *Monsieur, le RAID a évolué. Nous sommes allés sur tous les fronts et nous avons mené à bien toutes les batailles !* » En clair, je ne dis pas que nous sommes les plus forts mais qu'il peut compter sur nous.

De la même manière, nous devons communiquer avec les médias, même si certains nous égratignent parfois un peu au passage…

6. La FIPN

« Les hommes construisent trop de murs et pas assez de ponts. »
Isaac Newton.

Dans la feuille de route à laquelle vous faisiez allusion en évoquant votre nomination, il est beaucoup question de la FIPN, la Force d'intervention de la Police nationale, dont vous avez le commandement. Pouvez-vous nous rappeler son origine ?

Oui, j'y reviens volontiers. En 2008, à Bombay, cinq équipes de deux terroristes islamistes entraînés commettent pendant plusieurs jours des attentats dans la ville. Les commandos sèment la terreur dans les endroits fréquentés, tuent le maximum de personnes et prennent des otages dans des hôtels de luxe, notamment au *Taj Mahal*. L'assaut final est filmé par les médias. Ces attaques font 166 morts au total.

En France, ces actes meurtriers marquent fortement les esprits. Le directeur de la Police nationale française de l'époque se pose alors cette question : *« S'il arrivait la même chose chez nous, de quelles forces de police et d'intervention disposerions-nous ? Comment serions-nous organisés pour faire face à des menaces sur des foyers multiples ? »*

La bonne nouvelle, c'est que l'on se rend très vite compte que l'on dispose de forces d'intervention suffisantes. Il y a le RAID, les sept GIPN métropolitains, les trois GIPN d'outre-mer et la BRI-PP (Brigade anti-commando de la Préfecture de police de Paris). Mais si les forces sont là, les unités ne sont pas tellement habituées à travailler ensemble. D'où l'idée : créer la FIPN, la Force d'intervention de la Police nationale. Cette structure, non permanente, voit le jour en juillet 2009 et est placée sous le commandement unique du chef du RAID, donc sous celui d'Amaury de Hauteclocque.

C'est ainsi à vous qu'il revient, dès votre prise de fonction au RAID, de continuer à faire progresser cette structure opérationnelle d'intervention ?

Oui, car intervenir tous ensemble sous-entend avoir des recrutements, des entraînements et des équipements similaires. Or ces unités n'ont ni la même histoire, ni la même culture.

En ce qui concerne les GIPN qui, comme le RAID, dépendent de la direction générale de la Police nationale, les choses se mettent en place assez facilement. Depuis 2010, il y a des recrutements communs et des stages de formation identiques qui durent plusieurs semaines.

De plus, les GIPN métropolitains, qui deviendront les antennes du RAID en 2015, sont placés sous le commandement du chef du RAID et sous l'autorité de son chef d'état-major, ce qui simplifie la tâche.

En revanche, avec la BRI-PP, les différences sont plus marquées. Pourquoi ? Parce que les GIPN et le RAID sont spécialisés dans l'intervention et opèrent tous deux dans des milieux clos sur des forcenés ou des preneurs d'otages. Tandis que la BRI, elle, fait avant tout de la Police judiciaire. Autrement dit des surveillances, des filatures, etc. La BRI est donc à la recherche de profils très différents des nôtres : pour faire de la filature, il faut passer le plus inaperçu possible, être monsieur et madame Tout-le-Monde, mixer des équipes hommes / femmes… Or si vous faites 1 mètre 90, pesez 110 kilos, avec des biceps, des tatouages et des cheveux courts, il y a fort à parier que celui que vous « filochez » vous repérera en cinq minutes !

Résultat, comme elle ne travaille pas à plein temps sur l'intervention, cette unité peut difficilement atteindre le même niveau que celui du RAID en la matière – je le reprécise bien.

Mais le RAID n'a-t-il pas aussi fait quelques filatures ? Notamment en Corse, avec l'affaire Colonna ?

C'est exact. En juillet 2003, nos hommes ont planqué des semaines avant l'arrestation d'Yvan Colonna. Mais aujourd'hui, notre rôle, c'est l'intervention. Quand j'ai pris mes fonctions au RAID, j'ai d'ailleurs clairement affirmé : « *Faire des enquêtes judiciaires n'est plus de notre ressort.* » Je pense qu'il vaut mieux pour cela faire appel à des équipes spécialisées comme celles de la BRI – la BRI-PP et les autres BRI de la direction centrale de la Police judiciaire. Chacun sa spécialité.

En clair, à la BRI-PP, les policiers sont biqualifiés. Mais ne pourrait-il pas y avoir deux services distincts à l'intérieur de leur unité ? L'un dédié à l'intervention, l'autre à l'enquête ?

Vu de l'extérieur, cela semble logique sauf que cela ne marche pas comme ça. Du coup, le rapprochement avec la BRI-PP est plus compliqué. Nous avons du matériel commun et nous arrivons à travailler ensemble sur certains process d'intervention mais pour d'autres, ils n'ont pas le temps de les étudier. Or ces process, pour être efficaces, doivent être répétés sans cesse. Ici, au RAID, les gars répètent les process un nombre incalculable de fois par mois, de façon à avoir des gestes chirurgicaux lors des interventions.

Le RAID et la BRI n'ont pas non plus les mêmes manières de commander. À la BRI-PP, il faut diriger des équipes plutôt autonomes et intuitives. Lorsqu'un policier (ou plusieurs) part sur le terrain faire de la filature, on attend de lui qu'il prenne des initiatives. «*Je trace un individu. Il tourne à gauche alors qu'il aurait dû tourner à droite. Qu'est-ce que je fais? Est-ce que je lève ou non mon dispositif? À quel moment je décide de revenir?*» Etc. En clair, il ne s'agit pas de suivre des consignes à la lettre.

Tandis qu'au RAID, c'est l'inverse: les missions sont précises, définies, le commandement hiérarchisé. Les policiers y travaillent en groupe, par unité, et répondent à des ordres. Il n'y a pas d'initiative à prendre. Quand le chef dit: « *C'est blanc!*», c'est blanc.

Vous comprendrez alors aisément qu'il n'est ni simple, ni logique de dire à un policier de la BRI-PP : «*Aujourd'hui, je te fais entièrement confiance, tu vas suivre un groupe de braqueurs et prendre toutes les initiatives qui te semblent bonnes*» et le lendemain, pour une intervention lui demander d'obéir sans discuter.

Mais là encore, vu votre parcours transverse dans la police, votre commandement des GIPN avant votre arrivée au RAID, on peut penser que vous avez le bon profil pour faire évoluer cette FIPN?

Je pense en effet que, dans l'esprit du directeur général de la Police nationale (le préfet Baland à l'époque), il y avait l'idée que, fort de mon expérience, je pouvais resserrer les liens entre l'unité centrale du RAID à Bièvres et les anciens GIPN. Mais il ne me l'a jamais dit explicitement.

Le fait est qu'aujourd'hui, le rapprochement entre les GIPN et l'unité centrale du RAID marche plutôt bien, non ?

Même très bien. On dispose aujourd'hui d'une force d'intervention importante. À Bièvres, au sein de l'unité centrale, nous comptons 185 personnes dont 130 intervenants sur le terrain, auxquels s'ajoutent les 148 éléments des antennes. En intégrant les anciens GIPN en 2015, nous avons donc multiplié notre force d'intervention par deux. Cette nouvelle configuration nous permet d'intervenir partout en France en deux heures de temps maximum par voie routière et d'emporter tout le matériel lourd dont nous avons besoin.

Cette idée de FIPN semble séduire d'autres pays. Certains vous consultent à ce sujet et d'autres vous copient…

Aucune autre unité d'intervention européenne ne dispose d'une telle implantation sur le territoire national [28]. Notre efficacité étant en effet bien démontrée, des groupes d'intervention nous copient. Les Italiens, par exemple. Les Espagnols, eux, nous demandent pas mal de renseignements. Et, cerise sur le gâteau, la Gendarmerie nationale, qui a créé trois PI2G (Peloton d'Intervention de deuxième Génération), va les absorber en tant qu'antennes du GIGN. Une révolution culturelle pour eux. Tout cela prouve effectivement que c'est un bon système.

La FIPN est déployée pour la première fois le 9 janvier 2015, le jour de la prise d'otages de l'**Hyper Cacher*****, porte de Vincennes à Paris. C'est bien cela ?***

Absolument. La FIPN est déployée pour la première fois pour « intervention » le 9 janvier 2015. C'est le directeur de la Police nationale qui confirme ce dispositif. Je prends donc le commandement du RAID et de la BRI-PP. Mais nous aurons, je crois, l'occasion de revenir assez longuement sur cette intervention.

Le prochain rendez-vous est fixé au vendredi 22 janvier.

---

28. Fin juin 2016, trois nouvelles antennes verront le jour à Montpellier, Toulouse et Nancy.

7. Remettre le RAID
au centre du jeu

« *C'est pour cela d'ailleurs que je me suis fait policier.*
Pour être au centre des choses. »
Albert Camus, *Les Justes*, 1949.

Vendredi 22 janvier 2016

Ces deux dernières semaines sont davantage marquées par la disparition de personnalités issues du monde du spectacle: Michel Delpech, Michel Galabru, David Bowie et René Angélil, le mari de Céline Dion.

Sur le plan politique, il est surtout question de l'extension de la déchéance de nationalité aux binationaux nés Français et coupables d'actes de terrorisme. Un feuilleton à rebondissements qui suscite de nombreux débats.

J'arrive à Bièvres en milieu de matinée. Le patron du RAID me reçoit en tenue de combat, dans sa combinaison noire. «Il y a eu plusieurs interventions tôt ce matin», commente-t-il, laconique. Je comprends que sa nuit a été courte. Sans perdre de temps, nous partons sur le sujet qui nous occupe aujourd'hui.

Dès le départ, vous tenez à remettre le RAID au centre du jeu. Pourquoi ?

Lorsque j'arrive au RAID, mi-2013, en discutant avec les collègues – le chef de la DCPJ [29], le chef de la DCSP [30] et celui de la direction

29. DCPJ : Direction Centrale de la Police Judiciaire.
30. DCSP : Direction Centrale de la Sécurité Publique.

de la PAF, que je viens de quitter –, je me rends vite compte que l'unité est sous-employée. Le plus souvent, nous sommes en deuxième ligne. On fait appel à nous, oui, mais « au cas où ». Nous ne sommes présents nulle part : ni dans les états-majors, ni dans le centre décisionnel des opérations. Dans ces conditions, comment voulez-vous réagir très rapidement face aux événements ? Pour moi, ce n'est pas satisfaisant. Donc oui, je veux remettre le RAID au centre du jeu.

Avant 2013, qui est alors en première ligne ? Et comment l'expliquez-vous ?

En première ligne, il y a la Sécurité publique et, en fonction du secteur, les autres services de police ou de gendarmerie. Le RAID, lui, reste derrière, en réserve. L'explication ? Je pense qu'elle tient au commandement. À l'origine, le RAID a été pensé comme une unité ultra-spécialisée, prête à intervenir dans des situations très particulières, voire exceptionnelles. Beaucoup nous croient alors « inaccessibles », dans notre tour d'ivoire. Résultat, on intervient peu. D'ailleurs, quand je discute avec les anciens commissaires du RAID, tous le reconnaissent : « *Quand j'étais au bureau ou à la salle de sport, j'attendais l'événement… Mais il arrivait rarement !* »

Bien sûr, il y a eu des opérations très marquantes : la prise d'otages de la maternelle de Neuilly par « Human Bomb [31] », en mai 1993 ; les interpellations des membres du groupe armé d'Action directe, en 1987 ; l'arrestation d'Yvan Colonna en Corse, en 2003. Mais si ce furent de très belles affaires pour le RAID, le reste du temps, il faut bien l'avouer, il ne se passait pas grand-chose… Exception faite de la période Corse.

Comment vous y prenez-vous pour exister davantage aux yeux des différentes directions de la police ?

Tout d'abord, je me sers de mon expérience passée à la tête des GIPN, de 1994 à 1997. À cette époque, dès lors qu'il s'agissait d'intervenir sur des individus dangereux en milieux clos, je répondais à

31. Human Bomb : nom par lequel s'est fait appeler le preneur d'otages. Disposant d'une arme de poing et portant une ceinture d'explosifs, il a pris une classe de maternelle en otage durant deux jours.

toutes les demandes. Pourquoi ? Parce que cela permettait aux équipes de travailler sur les process d'intervention, de s'entraîner pour gérer des opérations plus compliquées. J'arrive au RAID dans le même esprit, sachant en plus que nous allons devoir combattre la criminalité mais aussi des terroristes armés de kalachnikovs prêts à mourir…

Ensuite, je trouve que nos rapports avec nos collègues policiers, la PJ et les autres, sont un peu distendus. Je vais donc voir tous les directeurs et je demande à mon équipe de reprendre également des contacts plus étroits en régions.

Enfin, je tiens à assurer le ministre de l'Intérieur, Bernard Cazeneuve, qu'il peut s'appuyer sur nous en cas de crises majeures.

Et cela marche ? Vous êtes davantage pris en compte ?

Absolument. De plus, comme notre hiérarchie nous demande régulièrement d'accueillir à Bièvres des ministres étrangers ou de grands chefs de police pour qu'ils assistent à des démonstrations, nous commençons à avoir une certaine influence sur le plan opérationnel. La parole du RAID compte davantage. On fait appel à nous pour travailler en amont sur des thèmes malheureusement très actuels, comme les tueries de masse.

Vous faites valoir votre expertise. On vous charge même de former les « primo-intervenants » car la menace, comme vous l'avez précédemment expliqué, évolue dangereusement.

Effectivement. En 2015, le RAID fait le tour de toutes les directions départementales de la Sécurité publique en France pour organiser des groupes de travail sur les tueries de masse. Actuellement, nous formons des primo-intervenants de la BAC [32]. Nous avons établi des protocoles d'intervention et les avons traduits en « fiches réflexe ».

Toutes nos réflexions – car, n'allez pas croire, il y a aussi quelques intellectuels au RAID *[rires]* – seront d'ailleurs prises en compte dans un texte de loi qui sera bientôt proposé au Parlement, concernant l'usage des armes et la légitime défense pour les policiers [33].

32. BAC : Brigade Anti-Criminalité.

33. Le texte sera voté le 3 juin 2016.

L'usage des armes, un sujet très délicat?

Bien sûr. Mais aujourd'hui, on le sait, plus rien n'arrête des terroristes qui n'éprouvent aucune peur et recherchent même la mort. Or qui, le plus souvent, arrive avant nous sur les lieux des attentats? Les primo-intervenants. C'est-à-dire des patrouilles de policiers ou de gendarmes. Dès lors, il paraît évident pour tout le monde, je pense, que ces intervenants puissent dès leur arrivée sortir leurs armes, tirer sur le(s) auteur(s) de la tuerie et protéger la vie des citoyens. Sauf que ce n'est pas si simple. Pourquoi? Parce que, pendant des années, on les a dotés d'armes en leur apprenant surtout comment ne pas s'en servir. En faisant feu sur quelqu'un, tous craignent des ennuis judiciaires ou disciplinaires. Par conséquent, la plupart des policiers et des gendarmes ne savent pas ou n'osent pas utiliser leur arme. Ils sont même inhibés, au risque de se faire tuer. Rappelez-vous cette histoire tragique… En 2012, deux femmes gendarmes perdent la vie à Collobrières, dans le Var, lors d'une altercation. La première se fait voler son arme par un homme ivre et violent. La seconde tente de s'enfuir mais le type la rattrape. Les deux femmes sont abattues froidement sans jamais faire usage de leur arme. Ce drame est un choc immense pour toute la profession.

Ce que vous dites, c'est que les primo-intervenants vont être appelés à jouer un rôle majeur en cas d'attentat?

C'est évident. Primo, ils risquent d'arriver souvent avant nous. Deuzio, il est probable qu'ils soient obligés de faire feu pour sauver des vies. Alors certains – je le vois dans le regard de mes interlocuteurs et par les retours que j'ai des uns et des autres, y compris à l'IGPN – pensent: « *Ce type est fou! Il va à l'encontre des règles de prudence. Il y a 10 000 notes de service par an sur l'usage des armes en France et lui, il nous dit: "Il faut tirer pour faire cesser le massacre!"* » Effectivement, mais il faut voir les choses en face: le monde change, la menace évolue. Il va falloir modifier nos habitudes.

En se montrant plus offensif?

Pour moi, le premier des pouvoirs et des devoirs d'un policier, c'est l'utilisation de la violence légitime. Mais pourquoi l'utiliser?

Pour appliquer la Loi. Pour que la force reste à la loi quand c'est le seul moyen de défendre un citoyen face à une agression ou à un danger de mort. Mais si, face à la violence, le policier est trop inhibé, il n'osera pas sortir son arme et les citoyens, tout comme lui, risqueront de perdre la vie. Bien sûr, il n'y aura aucune conséquence pénale mais il en portera la responsabilité morale toute sa vie, ce qui est terrible.

Encore une fois, seul un policier peut légitimement défendre les citoyens. C'est son rôle. Il est flic et investi de ce pouvoir. Bien évidemment, il n'est pas question qu'un policier ou un gendarme mette sa vie en danger, ce serait à la fois dramatique et contre-productif. Il doit cependant savoir prendre un minimum de risques.

À l'image, par exemple, des deux policiers de la BAC qui arrivent les premiers au* Bataclan*, le 13 novembre 2015 ?

Exactement. Dès leur arrivée, ces deux policiers – un commissaire et un brigadier – tuent l'un des trois terroristes. Les deux autres se retranchent alors à l'étage. Cette intervention met aussitôt fin au massacre. Ces policiers de la BAC se montrent admirables dans la pire des situations imaginables. Ils remplissent parfaitement leur mission en prenant un risque vital et en faisant usage de leur arme.

Le RAID est-il bien accepté quand il partage son « savoir-faire » avec ses collègues policiers ?

Je pense que oui. Grâce à ces échanges, on casse notre image de « super-héros ». Nos collègues apprennent de nous mais nous apprenons aussi beaucoup d'eux, l'objectif étant bien évidemment d'évoluer ensemble.

Comment les primo-intervenants peuvent-ils agir au mieux sur une opération en attendant notre arrivée ? Quelles sont les choses à faire et surtout celles à ne pas faire ? Quel matériel utiliser pour être le plus opérationnel possible ? Comment mieux se protéger en intervention ? Ainsi formés partout en France, les policiers de la BAC deviennent à leur tour « référents » dans leur section, ce qui crée un maillage territorial solide pour une meilleure police et une meilleure force d'intervention.

Mais revenir au centre du jeu, cela se joue aussi au sein du ministère de l'Intérieur ?

Oui, effectivement. Au ministère de l'Intérieur, il y a deux forces : la Police nationale et la Gendarmerie nationale, chacune disposant d'une unité spéciale d'intervention à compétence nationale, qui sont respectivement le RAID et le GIGN.

En 2013, quand j'arrive au RAID, il y a aussi une unité qui s'appelle l'UCoFI [34]. Il s'agit d'une unité de coordination des forces d'intervention chargée de faire le lien entre la Police et la Gendarmerie nationales, mais aussi entre les chefs des unités spécialisées : le RAID, le GIGN et la BRI-PP. Les travaux de cette unité sont intéressants mais ne donnent lieu à aucun protocole d'accord en cas de crise majeure. Je rappelle que la Police nationale travaille sur un secteur bien particulier, qui est le secteur de la police étatisée. Pour faire simple, disons qu'elle couvre 20 % du territoire, où se produisent 75 % des faits délictuels. Le reste du pays, soit 80 % du territoire, où sont commis 25 % des faits délictuels, est de la compétence de la Gendarmerie nationale. Voilà grosso modo la répartition et tout le monde doit la respecter. En clair, si vous avez un forcené ou un preneur d'otage dans une ville de province, c'est le RAID qui intervient. S'il s'agit d'une prise d'otages ou d'un massacre à Paris et / ou en petite couronne, c'est le secteur du RAID ou de la BRI. Le GIGN ne peut intervenir qu'en dernier ressort, si les autres unités sont déjà déployées.

Lors de la prise d'otages du mois de janvier 2015, le GIGN est à Dammartin-en-Goële, en secteur gendarmerie, et la FIPN (RAID et BRI) à la porte de Vincennes, avec des officiers des deux côtés qui échangent des renseignements. Je pense que le chef du GIGN et moi-même, sous l'égide de l'UCoFI, avons fait avancer les choses. On a rédigé une note qui stipule qu'en cas de crise majeure, le RAID doit pouvoir faire appel au GIGN pour lui confier un certain nombre de missions et inversement. Le meneur des opérations étant bien sûr celui qui est sur son secteur géographique d'intervention. C'est la théorie du « menant / concourant ».

34. L'UCoFI : l'Unité de Coordination des Forces d'Intervention, créée en juin 2010.

« *Être au centre du jeu* », cela ne veut pas dire jouer la partie tout seul. Bien au contraire. Cela veut dire être capable de faire bouger les lignes tous ensemble. Encore faut-il que chacun fasse preuve d'ouverture et dépasse les querelles de direction pour concevoir les meilleurs systèmes d'intervention.

Aujourd'hui, peut-on dire que vous avez atteint votre objectif?

Oui, et nous sommes même un peu victimes de notre succès car nous travaillons vraiment beaucoup. Au quotidien, non seulement nous assistons les enquêteurs pour interpeller des individus dangereux dans des milieux clos mais nous assurons aussi la sécurité des hautes personnalités lors des voyages officiels : président de la République, Premier ministre, ministre de l'Intérieur... Nous couvrons également tous les gros événements comme les commémorations du 70e anniversaire du Débarquement, la Cop21, l'Euro 2016...

Désormais, nous faisons partie intégrante des dispositifs d'intervention. Donc, oui, aujourd'hui, le RAID est bel et bien au centre du jeu !

8. En finir avec les guerres entre unités d'élite !

« Vous m'avez dit : "Vous avez fait la guerre, faites la paix." Eh bien, Messieurs, croyez-moi, il est plus facile de faire la guerre que de faire la paix. »
Georges Clemenceau,
discours de Verdun, 20 juillet 1919.

Comment expliquez-vous, simplement, les rivalités entre les unités des forces spéciales de la police et celles des militaires ?

Je vais vous raconter une anecdote qui, à mon sens, en dit long sur la différence de mentalité entre les policiers et les militaires. En 2005, lorsqu'éclatent les émeutes dans les banlieues parisiennes, entraînant les violences urbaines que tout le monde connaît, je suis attaché de Sécurité intérieure au Gabon. Je suis très ami avec l'attaché de Défense, un colonel d'Infanterie de marine. Chaque mercredi, nous avons une réunion avec l'ambassadeur et les chefs de service. Tout au long de cette période de troubles, je reçois des renseignements très précis de Paris que je retransmets aux uns et aux autres pour les tenir informés.

Lors d'une réunion, mon ami colonel m'apostrophe : « *Je ne comprends pas ce que fait la police ! Vous feriez bien mieux, crois-moi, de faire appel à l'armée ! En deux jours, tout serait réglé !* » Piqué au vif, je lui rétorque : « *Ah oui ? Mais que ferais-tu de plus ? Certes, la situation est tendue mais il n'y a aucun mort. La police tente de restaurer l'ordre républicain sans passer en état de guerre. Il n'est évidemment pas question de "rafaler" sur les jeunes qui nous affrontent dans les rues. Ce que tu dis là est donc parfaitement inutile. Et gratuit.* »

Le calme est en effet revenu dans les banlieues au bout de trois semaines, et sans faire appel à l'armée.

Voulez-vous dire par là que la Gendarmerie nationale et la Police nationale sont deux corps bien distincts, avec des manières de penser et d'agir très différentes ?

Cet exemple faisait plutôt référence aux rapports Police / Armée. Mais concernant la police et la gendarmerie, ce sont deux corps très anciens, riches d'histoire, qui ont évolué au fil du temps. Durant très longtemps, la Gendarmerie nationale dépend du ministère de la Défense alors qu'elle ne fait pas la guerre. Comme nous, elle accomplit un travail de police : enquêtes, maintien de d'ordre, interpellations, interventions, lutte contre la délinquance…

En août 2009, gros tournant, la Gendarmerie nationale intègre le ministère de l'Intérieur et devient alors officiellement une force de police. Elle conserve cependant son statut militaire et ainsi, sous des statuts différents, policiers et gendarmes s'acquittent d'un travail identique.

Pensez-vous que ce statut militaire complique vos rapports ?

Oui, parfois. C'est évidemment un statut intéressant mais qui entretient une certaine confusion. De plus, il me semble que l'esprit de corps est parfois poussé au-delà du raisonnable dans les deux camps. On cherche à en faire la promotion à un moment où l'on devrait plutôt mettre en avant l'idée de combattre ensemble l'insécurité, la criminalité et le terrorisme pour le bénéfice des citoyens. Mais c'est pareil dans la police, où certaines directions défendent leurs services plutôt que l'ensemble de la police en général.

Cela dit, vous semblez entretenir tout au long de votre parcours de bons rapports avec les gendarmes et les militaires ?

C'est vrai qu'au Mali, au Gabon et surtout en Guyane, j'ai souvent eu l'occasion de travailler avec des gendarmes et des militaires. À Cayenne, par exemple, lorsque j'étais chargé de la Sécurité publique, j'ai vu passer dans les commissariats et les services d'enquête beaucoup de sous-officiers chargés de dossiers similaires. Ils collaboraient avec mes gars, planquaient avec eux... Tout se passait très bien. Plus tard, à l'OCRIEST, j'ai aussi eu des gendarmes enquêteurs dans mes équipes. Et sauf à le savoir au départ, je peux vous assurer que personne n'aurait pu faire la différence entre un policier et un gendarme enquêteur. Ils avaient le même flair, vibraient pour les mêmes choses... Ces gendarmes étaient des super flics !

Les gendarmes ne vous ont-ils d'ailleurs pas sorti d'un mauvais pas un jour en Guyane ?

C'est exact. Dans les années 2000, alors que je suis directeur départemental de la Sécurité publique en Guyane, éclate un conflit du travail très important à l'Hôtel des impôts. La situation est extrêmement tendue : des employés et des patrons sont séquestrés, certains commencent même à être molestés. Sans attendre, le préfet me demande d'intervenir. Mon équipe d'intervention est assez réduite mais nous réussissons à expulser les manifestants, qui se montrent très virulents, et à délivrer les otages. Sauf qu'il faut continuer à tenir l'Hôtel des impôts ! Et là, tout se complique : les protestataires se rassemblent et font, par le biais d'un mouvement indépendantiste, appel aux jeunes des cités pour qu'ils viennent les soutenir. Assez rapidement, nous nous retrouvons encerclés et en sous-nombre. Autant vous dire que cela commence sérieusement à chauffer pour nous. Heureusement, les gendarmes mobiles – car il y a des réserves de gendarmes mobiles en Guyane – viennent nous prêter main-forte et nous exfiltrent. Une chance car, deux minutes plus tard, l'Hôtel des impôts est en flammes. Croyez-moi, dans ces cas-là, on se fiche pas mal de savoir si l'uniforme est bleu clair ou bleu foncé.

Cet épisode prouve bien que, dans l'urgence, les dissensions s'effacent. De plus, quand on est éloigné du territoire national et des centres de décision, comme c'est le cas en Guyane (8 000 kilomètres nous séparent de Paris), on voit les choses différemment. On attache moins d'importance au fait d'appartenir à un corps plutôt qu'à un autre. Au contraire, on noue de vrais liens sur le terrain et on marche ensemble. Il n'y a pas ces traditionnelles dualités que l'on retrouve au sein des directions.

Pour en revenir aux unités des forces spéciales, comment expliquez-vous qu'à chaque fois que le RAID fait un assaut musclé et médiatique sur une opération, le GIGN critique son intervention et inversement ? Frères d'armes mais concurrents ?

Je ne suis pas sûr que les critiques à notre encontre proviennent des membres actifs du GIGN. Je suis même certain du contraire. J'ai bien dit : « membres actifs ». Car pour ce qui est des anciens, et en particulier des anciens responsables, c'est autre chose.

Mais il est vrai qu'après chaque opération, les critiques fusent de toutes parts. On le sait, on s'y attend. Mais ces rivalités n'existent-elles pas dans tous les secteurs ? La justice, la politique, les médias, la culture... Où chacun se jalouse, se juge, s'observe... C'est très irritant, je vous l'accorde, mais c'est aussi, me semble-t-il, un trait humain.

Cependant, dans un domaine aussi particulier que le nôtre, ce qui me fâche le plus, ce sont tous ceux qui jugent nos opérations sans en connaître tous les éléments : « *Ils ont fait comme ci, ils auraient dû faire comme ça. Et pourquoi n'ont-ils pas pensé à...* » C'est d'autant plus agaçant que ces mêmes personnes se servent souvent des médias pour lancer des messages et alimenter les polémiques.

Pour moi, il n'y a ni plus fort, ni plus beau, ni meilleur. Il y a juste celui qui intervient dans sa zone de compétence territoriale, qui tente de résoudre la crise le mieux possible et de faire rentrer son équipe saine et sauve à la maison, une fois la mission accomplie.

Ces critiques blessent-elles vos hommes ?

Parfois oui, parfois non, cela dépend du contexte. Mais on perd surtout du temps. Cela occupe les esprits alors qu'on a mieux à faire. À mon sens, il faut calmer le jeu. Reconnaissons déjà que nous sommes bien contents de pouvoir coopérer en cas de crise majeure. Faudrait-il encore que les pseudo « anciens héros », qui ne sont plus au fait de l'intervention, arrêtent de nous donner des leçons et de se positionner en spécialistes qu'ils ne sont plus depuis longtemps.

Compte tenu des menaces terroristes qui pèsent sur notre pays aujourd'hui, pourquoi ne pas inclure le GIGN dans la FIPN en cas de crise majeure ?

Parce que la FIPN, c'est la Police nationale. Mais si la question est de savoir si tout le monde pourrait fusionner – RAID, GIGN, BRI-PP, etc. –, je pense qu'à terme, oui. Je crois d'ailleurs que, d'ici cinq à dix ans, le paysage des forces de sécurité intérieure sera totalement différent. Je ne suis même pas certain qu'on parlera encore de police et de gendarmerie, pour tout vous dire.

Est-ce votre vision ou votre souhait?

Les deux! Aujourd'hui, dans un certain nombre de domaines, interviennent des structures doubles, voire triples, puisque la Préfecture de police de Paris génère elle aussi ses propres unités en plus de celles de la Police et de la Gendarmerie nationales. Donc, quand il y a un service anti-terroriste à la DCPJ, un autre à la DGSI et un dernier à la PP, pour ne parler que de la police, cela fait beaucoup, n'est-ce pas? Et puis franchement, pour un manifestant, quelle est la différence entre un CRS et un gendarme mobile? Pour un automobiliste qui se fait flasher pour un dépassement de vitesse, quelle est la différence entre un motard de la Gendarmerie nationale et un motard de la Police nationale? Alors oui, en effet, je pense que nous finirons tous par appartenir à la même famille. Cela prendra un peu de temps et sera sûrement un peu difficile à imposer politiquement mais cela viendra, vous verrez.

Comment faire alors?

En l'attente, la meilleure des choses à faire, à mon sens, serait de créer des directions métiers, comme cela existe déjà dans la Police nationale. Que l'on soit policier ou gendarme, il faudrait regrouper au sein d'une même structure tout ce qui est judiciaire ou tout ce qui dépend de la Sécurité publique (maintien de l'ordre, trafic de circulation, etc.).

En ce qui concerne les deux grandes forces d'intervention nationales, c'est-à-dire le RAID et le GIGN, pourquoi ne pas imaginer un commandement commun pour ces deux unités à même de nous diriger sur les interventions et de nous donner les instructions opérationnelles? Cela éviterait aussi les doublons d'états-majors et permettrait de redéployer les effectifs…

C'est bien, par exemple, ce qui a été fait avec le COS (le Commandement des Opérations Spéciales, créé en juin 1992) qui, placé sous les ordres du chef d'état-major des armées, a été conçu pour prendre le commandement des opérations de l'ensemble des forces terrestres spéciales : le 1er RPIMa [35], le 13e RDP [36], etc.

Le jour du double assaut à l'*Hyper Cacher *de la porte de Vincennes et à l'imprimerie de Dammartin-en-Goële, le GIGN et la FIPN interviennent bien simultanément, donc tous ensemble ?

Nous intervenons tous en même temps, c'est exact, mais pas tous ensemble. D'un côté, il y a le GIGN, qui est sur son secteur de compétence géographique, et de l'autre, à Vincennes, il y a la FIPN, déclenchée par le ministre de l'Intérieur et placée sous mon commandement. Bien sûr, nous sommes tous en liaison permanente. Ce jour-là, j'ai d'ailleurs à mes côtés et à ma disposition deux officiers du GIGN pour maintenir les contacts. Pareillement, deux officiers du RAID sont confiés au chef du GIGN. N'oublions pas que les preneurs d'otages sont, eux aussi, en relation.

Tous ces événements tragiques n'aident-ils pas à renforcer les liens entre le GIGN et le RAID ?

Le chef du GIGN et moi-même nous entendons très bien. Comme je vous l'ai dit précédemment, après les attentats du mois de janvier 2015, nous avons longuement débriefé ensemble et même rédigé des notes en commun. Mais nous dépendons de structures de commandement qui ne voient pas forcément les choses de la même manière. Nous risquons d'être rapidement stoppés dans notre élan créatif.

Voilà pourquoi je suis favorable à la mise en place d'une structure de commandement au-dessus du RAID et du GIGN et au-dessus des deux directions générales, ce qui permettrait une meilleure gestion et une meilleure utilisation des forces d'intervention sans faire disparaître qui que ce soit.

Le prochain rendez-vous est fixé au vendredi 26 février.

---

35. 1er RPIMa : 1er Régiment de Parachutistes d'Infanterie de Marine.
36. 13e RDP : 13e Régiment de Dragons des Parachutistes.

Deuxième partie

DE *CHARLIE HEBDO* AU *BATACLAN*

9. Charlie Hebdo

« Un des biens les plus précieux de la République
vient d'être attaqué : la liberté de la presse.
Un des droits les plus précieux des Français
vient d'être mis à mal : leur sécurité.
Par l'attaque dont Charlie Hebdo *vient d'être l'objet,*
c'est toute la République, ses principes,
son histoire, ses valeurs, qui est atteinte. »
Gérard Larcher, président du Sénat,
peu après l'attaque.

Vendredi 26 février 2016

Je gare ma voiture sur le parking des visiteurs à l'entrée du domaine de Bel Air, puis j'emprunte à pied le chemin qui mène au bureau du patron du RAID sous un soleil glacé. Comme à chaque fois, je croise deux ou trois jeunes hommes aimables et souriants, certains promenant un chien dressé pour les interventions, d'autres revenant d'un footing.

En chemise-veston, les traits tirés, Jean-Michel Fauvergue me demande de patienter quelques minutes. Des bruits de transmissions radio de police fusent d'un peu partout. Le Patron donne ses instructions. « Nous sommes sur plusieurs opérations délicates à la fois, des forcenés », m'informe-t-il tout en refermant énergiquement les deux portes battantes de son bureau avant le début de notre entretien.

*Dans l'actualité ces jours derniers, grand moment d'émotion à l'*Olympia *où les Eagles of Death Metal*[37] *ont donné un concert trois mois après*

37. Eagles of Death Metal est le groupe de rock américain qui se produisait au *Bataclan* le 13 novembre 2015, le soir des attentats.

l'attentat du Bataclan, *pour rendre hommage aux victimes. De son côté, Bernard Cazeneuve s'est rendu au centre d'entraînement du RAID, à Bièvres, pour décorer 22 policiers pour « leurs actes de courage exceptionnels » lors de l'intervention à* l'Hyper Cacher, *porte de Vincennes à Paris. Sur place, le ministre de l'Intérieur a eu ces mots : « Jamais je n'oublierai ce jour où les otages sont sortis vivants. »*

Le 7 janvier 2015, vers 11 h 30, les frères Chérif et Saïd Kouachi pénètrent dans les locaux parisiens du journal* Charlie Hebdo. *Armés de kalachnikovs, ils assassinent 11 personnes dont 8 membres de la rédaction, parmi lesquels des dessinateurs historiques du journal*[38]. *À quel moment êtes-vous alerté et comprenez-vous qu'il se passe quelque chose de très grave dans Paris ?

Ce matin-là, je ne suis pas à Bièvres mais à l'enterrement d'un ami en région parisienne. Mon épouse assiste aussi à la cérémonie. L'église est bondée. J'ai oublié mon téléphone portable. À la fin de la messe, ma femme suit le cortège funéraire tandis que je retourne chez moi pour consulter ma messagerie. Mauvais signe, des dizaines de messages apparaissent aussitôt. Je lis le dernier : « *Il y aurait au moins 8 morts.* » Je me branche immédiatement sur une chaîne d'information en continu, vois le drame et fonce au RAID. Chemin faisant, j'appelle mes adjoints pour qu'ils mettent tout le service en état d'alerte. Je contacte également Christophe Molmy, le chef de la BRI (avec lequel je devais d'ailleurs déjeuner), qui me confirme les faits. Quand j'arrive à Bièvres, tout le monde est en tenue, prêt à intervenir.

Les auteurs de l'attentat sont en fuite. En quittant les locaux du journal, ils abattent aussi froidement un gardien de la paix, Ahmed Merabet, boulevard Richard-Lenoir dans le XIe arrondissement de Paris. Le RAID est-il immédiatement sollicité ?

38. Cabu, Wolinski, Charb, Tignous et Honoré. Ont également trouvé la mort ce jour-là Bernard Maris (économiste), Elsa Cayat (psychanalyste), Franck Brinsolaro (brigadier de police), Frédéric Boisseau (agent de maintenance), Michel Renaud (ancien directeur de cabinet du maire de Clermont-Ferrand, en visite à la rédaction), ainsi que Mustapha Ourrad (correcteur).

Nous recevons les informations au fur et à mesure. Nous attendons les consignes. Les faits se sont produits dans Paris, secteur de compétence géographique d'intervention de la BRI-PP. L'enquête judiciaire est confiée à trois services différents : à la SAT [39], dont l'unité d'intervention est la BRI, mais aussi à la SDAT [40] et à la DGSI, dont nous sommes le bras armé.

En milieu d'après-midi, je reçois un coup de fil de Jean-Marc Falcone, le directeur général de la Police nationale : « *Faites immédiatement route sur Reims. La SDAT a besoin de vous pour intervenir à différents endroits de la ville. Vous prendrez les consignes sur place.* »

Nous sommes attendus à Reims mais aussi à Charleville-Mézières, où les fuyards, qui sont maintenant identifiés, ont des attaches.

Comment s'organise votre départ ?

Je prends la tête du convoi et nous filons aussitôt sur Reims avec mon chef d'état-major, Éric B., qui répond à l'indicatif radio de Laser 4 (L4 [41]), mon adjoint Éric Gigou (L3) et deux colonnes du RAID. Éric Heip, mon premier adjoint (L2), lui, met le cap sur Charleville-Mézières où une colonne de l'antenne RAID de Lille doit le rejoindre avec un commandant. Je demande aussi qu'une colonne de l'antenne RAID de Strasbourg nous retrouve à Reims.

L'autoroute est fluide, nous roulons vite. Je donne et reçois des coups de fil, nous écoutons nos messages radio, nous passons le deuxième péage… À ce moment-là, dans le rétroviseur, je vois deux motards qui nous talonnent. J'ose espérer qu'il s'agit juste de motos taxis mais non : l'un des deux passagers sort une caméra et nous filme. Je n'en crois pas mes yeux. Des journalistes ! Que font-ils là ? Aucun d'entre eux ne planquait à notre sortie à Bièvres, nous avions pris la précaution d'envoyer des leurres. J'ai un mauvais pressentiment.

39. SAT : Section Anti-Terroriste de la Brigade criminelle (36, quai des Orfèvres).
40. SDAT : la Sous-Direction Anti-Terroriste de la Police judiciaire.
41. Les adjoints du patron du RAID sont ainsi surnommés : Laser 2 (L2) pour le premier (Éric Heip), Laser 3 (L3) pour le second (Éric Gigou), Laser 4 (L4) pour le chef d'état-major (Éric B.), Laser 1 (L1) étant le Patron (Jean-Michel Fauvergue). – L'anonymat des policiers du RAID, comme pour d'autres services anti-terroristes, est protégé par la loi. Seuls ceux dont les noms sont cités entièrement dans ce livre ont le droit qu'ils soient rendus publics.

Nous arrivons à Reims. J'envoie mes deux colonnes à la caserne locale des CRS et me rends au commissariat avec mon chef d'état-major. Nous sommes attendus par les équipes d'enquête. Mais, là encore, surprise : des journalistes d'une chaîne de télévision nationale sont présents ! Ceux du RAID qui font route vers Charleville-Mézières sont plus tranquilles.

Au commissariat, dans la salle qui sert de QG, nous retrouvons les services anti-terroristes de la SDAT et de la DGSI, mais les instructions tardent à venir car il reste encore pas mal de vérifications à faire avant de nous envoyer sur le terrain. Du coup, je file rejoindre mes deux colonnes à la caserne des CRS pour être plus au calme et préparer les équipes à l'intervention. Sauf qu'en arrivant, stupéfaction : 50 journalistes (au moins), avec des caméras et des projecteurs, sont massés sur les trottoirs. On dirait un départ du Tour de France ! Je suis totalement sidéré.

Craignez-vous qu'ils vous gênent dans votre travail ?

C'est évident. À vouloir des images à tout prix, ils risquent de saboter certaines de nos opérations en compromettant tout effet de surprise. De plus, je ne comprends pas : ce sont bien des collègues à eux, des journalistes, qui viennent d'être tués à *Charlie Hebdo*. S'ils veulent aider, ils feraient bien mieux de se montrer discrets. J'imagine qu'ils connaissent, eux aussi, les adresses où nous comptons intervenir. L'un des suspects recherchés serait en effet Rémois. Mon mauvais pressentiment se renforce.

La nuit tombe et les instructions aussi. Sachant que nous risquons de faire face à des individus toujours armés de kalachnikovs, je fais un dernier briefing avec mes hommes. Nous nous apprêtons à intervenir mais les journalistes nous collent toujours aux basques ! En tenue d'intervention, je vais leur parler : « *Écoutez, comme certains d'entre vous ont probablement déjà diffusé les adresses visées, il y a deux solutions : soit les appartements sont vides, auquel cas les dangers sont limités ; soit les terroristes sont retranchés à l'intérieur des habitations et nous attendent pour nous combattre. Vous imaginez bien que ces opérations sont dangereuses. Voilà pourquoi je vous demande instamment de ne pas nous suivre.* »

Cinq minutes plus tard, on me rapporte qu'un journaliste a déclaré sur une radio nationale : « *On vient de rencontrer les responsables du RAID. Ils nous ont dit que ça allait tirer dans tous les sens !* » Les journalistes n'ont-ils donc aucune notion du danger ? Ne comprennent-ils pas qu'ils sont, eux aussi, des cibles pour les terroristes ? Le climat n'est-il pas suffisamment anxiogène comme ça ?

Nous partons sur nos objectifs. Des motards de la police tentent de bloquer les reporters mais certains parviennent quand même à nous suivre. Équipés en lourd avec des boucliers anti-balles, nous menons les premières interventions. Nous ouvrons les portes des logements avec un « *door-raider* », nous fouillons les personnes qui s'y trouvent puis nous sécurisons les lieux pour que les officiers de la Police judiciaire procèdent aux perquisitions. Les journalistes sont à quelques mètres seulement derrière nous. Il n'y a aucun terroriste armé dans les appartements. Une chance, car tout cela aurait pu très mal tourner.

À Charleville-Mézières, la colonne de l'antenne RAID de Lille fait le même travail. Une fois toutes les opérations terminées, nous faisons ce que l'on appelle « un retour base arrière ». En clair, nous rentrons à Bièvres.

Quelle est l'ambiance à Bièvres, ce soir-là ?

C'est un moment très fort, de grande solidarité. Le personnel administratif a pris ses dispositions pour pouvoir attendre notre retour et nous préparer un repas. Nous dînons tous ensemble. Nous dormons quelques heures, dans nos bureaux ou sur les tatamis des salles de sport. Maintenu sur place, le service est prêt à repartir à la moindre alerte.

Pendant ce temps, les tueurs courent toujours. Parvenez-vous à trouver le sommeil ou réfléchissez-vous à la situation toute la nuit ?

Je ne fais aucune hypothèse car je n'ai aucune information nouvelle. Notre mission, c'est l'intervention. J'ai donc une priorité : que mes gars récupèrent le mieux possible pour être à nouveau opérationnels. Le temps des questions et de l'émotion, je le sais, viendra plus tard…

10. La longue traque

« Je peux estimer qu'il est tombé au champ d'honneur de sa profession et que ce qui s'est passé hier, c'est une guerre contre la liberté, et cette guerre, nous devons la gagner. »
Maryse Wolinski, sur RTL, saluant la mémoire de son époux assassiné le 7 janvier 2015.

Comment débute pour vous cette journée du 8 janvier ?

À 9 h 25, les terroristes sont repérés sur la RN2, près de Villers-Cotterêts, dans l'Aisne, où ils braquent une station essence pour faire le plein et voler de la nourriture. Le GIGN, aussitôt déployé dans le département puisque c'est sa zone de compétence territoriale, piste les tueurs.

De mon côté, j'ai tout d'abord une longue conversation téléphonique avec Jean-Marc Falcone, mon directeur général. Nous faisons un point précis de la situation et, au passage, il revient sur la présence des médias la veille à Reims : « *Les journalistes étaient à 5 mètres de vous. Ce n'est pas croyable !* » Au ton qu'il emploie, je perçois un certain malaise. J'apprendrai plus tard que Bernard Cazeneuve a piqué une colère froide en voyant les images diffusées sur les chaînes de télévision : problèmes de communication entre les différents services du renseignement, fuite d'informations vitales dans les médias… Le ministre de l'Intérieur vient de recadrer tous les hauts responsables de la police et de la gendarmerie.

La traque se déroule dans un territoire couvert par la gendarmerie. Nous, police, restons en attente, à la disposition du ministère de l'Intérieur. En fin de matinée, mon DG m'appelle et me demande de me rendre au salon « Fumoir », où est installée la cellule de crise du ministère. Là, Denis Favier, le directeur de la Gendarmerie nationale, et Jean-Marc Falcone sont en train de tracer des traits sur une carte : « *Vous allez travailler avec le GIGN en secteur gendarmerie*, m'annoncent-ils. *Vous allez ratisser une zone où les frères Kouachi se sont probablement réfugiés.* » Ils me montrent la carte IGN de la région où sont indiquées la partie dévolue au RAID et celle dévolue au GIGN. Jean-Marc Falcone me dit : « *Partez dès que possible et arrangez-vous sur place avec le chef du GIGN. J'ajoute que vous serez renforcé par la BRI-PP, qui sera placée sous votre autorité dans le cadre de la FIPN.* »

Immédiatement, je fais monter deux colonnes d'assaut depuis Bièvres dans le secteur qui nous est assigné et je demande en plus à une colonne d'assaut du RAID de Lille de venir nous soutenir. Je laisse une colonne d'assaut au repos, à Paris, et je rejoins toutes les troupes en voiture avec mon chauffeur et un commandant opérationnel. Entre-temps, je prends contact avec le colonel Hubert Bonneau, le chef du GIGN, qui a toutes les informations en main sur cette opération. Moi, je lui apporte mon concours.

Comment se passe cette traque sur le terrain ?

Une fois sur zone, je répartis les secteurs entre le RAID et la BRI. Nous commençons à ratisser, nous rendons dans tous les endroits où les terroristes auraient pu se cacher, faisons ouvrir des maisons, les fouillons… Dans les villages, les habitants se montrent plutôt coopératifs. Nous évoluons en secteur boisé, ce qui n'est pas dans nos habitudes. Et là encore, nous tombons sur des dizaines de journalistes ! Les uns sont planqués derrière des buissons, les autres circulent en voiture sur les chemins forestiers…

Un hélicoptère de la gendarmerie qui tourne au-dessus de notre zone nous signale une voiture qui pourrait correspondre à celle des fuyards avec deux gars à l'intérieur. Je suis avec la colonne de Lille et, en effet, nous voyons arriver le véhicule dans un sous-bois. Tous persuadés qu'il pourrait bien s'agir des frères Kouachi, nous nous précipitons sur la voiture, sommons les passagers de sortir, braquons nos armes… Il fait nuit. On y voit mal. Les deux hommes ne bougent pas. Ont-ils peur ? Cherchent-ils à résister ? En réalité, il ne s'agit pas des auteurs de la tuerie mais de deux jeunes journalistes qui travaillent pour la presse locale ! Nous perdons du temps pour rien. Mes mauvais pressentiments de la veille me reviennent. Les reporters évoluent à nos côtés, au péril de leur vie, sans aucun matériel de protection. Pour moi, cela relève de la plus grande irresponsabilité.

La nuit tombe complètement. La BRI fouille une dernière maison. Il est plus de minuit et toujours aucune trace des frères Kouachi. La consigne est d'alléger le dispositif. J'envoie L2 et une colonne du RAID dans un hôtel à Soissons pour dormir un peu. La colonne de Lille retourne chez elle, la BRI rentre à Paris et moi, je rentre à Bièvres avec la deuxième colonne. Les terroristes se sont probablement cachés dans les bois pour la nuit.

Ce même jour, lors d'une banale intervention, Clarissa Jean-Philippe, une policière municipale de 26 ans, est abattue d'une balle dans le dos à 8 heures du matin à Montrouge, en région parisienne, par un homme cagoulé. À 14 heures, les services de renseignement savent que l'auteur de ce crime est Amédy Coulibaly, qui pourrait être en lien avec les frères Kouachi. En êtes-vous informé ?

J'en suis bien sûr informé. Je suis très attristé d'apprendre la mort d'une collègue, mais il me faut rester concentré sur nos objectifs. L'enquête est en cours. Je ne retiens pour l'instant que les éléments utiles à notre mission.

Vous passez une deuxième nuit à Bièvres. Tout votre service reste en état d'alerte.

Oui, le service est maintenu. Je dors deux heures puis je me rends à nouveau dans le salon Fumoir du ministère de l'Intérieur, à 7 heures du matin.

Vers 8 heures, les frères Kouachi sortent d'un bois, à quelques kilomètres des zones de recherche. Ils braquent une automobiliste à Montagny-Sainte-Félicité, un petit village au sud de l'Oise, volent sa voiture et mettent le cap sur Paris. Immédiatement avisé, je donne l'ordre à L2, qui est à Soissons avec sa colonne du RAID, de redescendre sur Paris pour suivre l'itinéraire des terroristes. De son côté, le GIGN engage une course-poursuite.

Assez rapidement, Saïd et Chérif Kouachi tombent sur un barrage de gendarmes qui les oblige à bifurquer. À Dammartin-en-Goële, en

Seine-et-Marne, ils tombent à nouveau sur une patrouille de gendarmerie qui les pousse vers une zone industrielle. Coincés, les terroristes se réfugient dans une imprimerie. Une autre patrouille de gendarmerie départementale arrive sur les lieux. Elle tente de les intercepter mais doit se replier rapidement après un échange de tirs. La consigne est alors d'attendre les forces d'intervention.

Une équipe du GIGN se fait héliporter sur place. Remontant de Paris vers Villers-Cotterêts, la colonne de la BRI-PP, qui n'est plus sous mon autorité car nous ne sommes plus dans le cadre de la FIPN, se trouve aussi dans les parages. De mon côté, je fais monter une deuxième colonne du RAID depuis Bièvres et j'en mets une troisième en alerte.

Peu de temps s'écoule et je reçois un appel du chef du GIGN : « *Tu as une colonne de la BRI qui se rapproche dangereusement de l'imprimerie. Dis-leur surtout de ne plus avancer ! Nous bouclons le secteur mais nous ne sommes pas encore prêts à intervenir.* » Nous sommes en secteur gendarmerie, donc la BRI ne doit pas s'immiscer dans le dispositif d'intervention du GIGN sans leur accord. Toujours au salon Fumoir, je transmets immédiatement le message au correspondant de la DR-PJ-Paris [42], qui est assis en face de moi et qui a autorité sur la BRI. Mais cela crée un coup de chaud. Je tente de joindre le chef de la BRI mais il ne répond pas. Du coup, j'appelle L2 : « *Récupère la colonne de la BRI. Mettez-vous tous en réserve du GIGN dans un endroit où vous ne les gênerez pas.* »

Jean-Marc Falcone entend notre conversation. Visiblement agacé, il m'invite à reprendre le commandement de la BRI dans le cadre de la FIPN et à me rendre à Dammartin-en-Goële. L3, qui vient de me rejoindre, prend ma place au salon Fumoir et je pars.

J'arrive à Dammartin-en-Goële vers 10 heures. J'accède à la cellule de crise où je retrouve Hubert Bonneau, le chef du GIGN, Denis Favier, le directeur de la Gendarmerie nationale, François Molins, le procureur de la République, et le préfet du département. Je mets le RAID et la BRI à la disposition du chef du GIGN. Avec moi, j'ai aussi L2 et L4.

42. DRPJ-Paris : Direction Régionale de la Police Judiciaire de Paris.

Quelle est la situation à Dammartin-en-Goële ?

Retranchés dans l'imprimerie, les terroristes revendiquent l'attentat de *Charlie Hebdo* au nom d'Al-Qaïda au Yémen et se disent prêts à mourir en combattant les forces de l'ordre. Les djihadistes sont armés de kalachnikovs et d'un lance-roquettes. Le patron de l'entreprise, Michel Catalano, qui a fait face aux agresseurs pour laisser le temps à l'un de ses salariés de se cacher, a été libéré. Il n'y a donc pas d'otage mais le jeune graphiste, Lilian Lepère, est toujours à l'intérieur. Caché dans un placard en dessous d'un évier, il échange par SMS avec les forces d'intervention de la gendarmerie et leur transmet des informations.

C'est une opération extrêmement dangereuse mais le GIGN fait face. Rapidement, j'ai le sentiment que nous sommes presque trop nombreux sur le terrain pour gérer cette crise. J'essaie toutefois d'apporter mon aide en confiant deux négociateurs du RAID au GIGN car mes gars ont des renseignements sur l'entourage familial de Saïd et Chérif Kouachi.

Au bout d'un moment, considérant que nous sommes vraiment en surnombre et en accord avec le chef du GIGN, j'allège les effectifs. La BRI, qui reprend son indépendance, rentre à Paris faire des perquisitions dans le cadre de l'affaire judiciaire suite à la mort de la policière à Montrouge. De mon côté, je reste en réserve à Dammartin-en-Goële avec mes deux colonnes du RAID.

En vous écoutant, on perçoit une pointe d'agacement à l'évocation de cette journée.

C'est exact. Comme je l'évoquais précédemment, trois services anti-terroristes travaillent en même temps sur cette affaire. Or, s'il est naturel que la SDAT et la DGSI soient saisies du dossier, le fait que la Section anti-terroriste de la Brigade criminelle soit aussi impliquée complique un peu les choses. Pourquoi ? Parce qu'à partir du moment où un service judiciaire est engagé, il a un droit de suite, ce qui l'autorise à opérer dans tous les secteurs d'intervention. Résultat, on ne sait plus très bien qui fait quoi, ni où… Cela crée un manque de lisibilité qui, à mon sens, peut engendrer des confusions concernant l'intervention et nous mettre ainsi en difficulté. En clair, lorsque la colonne de la BRI s'introduit sans prévenir dans le dispositif du GIGN, nous travaillons tous à contresens. Si le RAID et le GIGN ont des secteurs délimités, c'est précisément pour éviter qu'il y ait des doublons. Et si l'une des unités doit se rendre sur le territoire de l'autre, la première chose à faire, c'est de l'en informer !

Vers 13 heures, Amédy Coulibaly, qui est déjà suspecté d'avoir tué la policière municipale de Montrouge, pénètre dans la supérette* Hyper Cacher, *porte de Vincennes. Quand recevez-vous cette information ?

Immédiatement ! C'est d'ailleurs moi qui contacte le DGPN : « *On parle d'une vingtaine d'otages. M'autorisez-vous à faire route vers la porte de Vincennes ? Et aussi à redéclencher la FIPN ?* » Jean-Marc Falcone me rappelle dans la minute qui suit : « *Vous avez le feu vert du ministre. Faites mouvement vers Vincennes. FIPN déclenchée.* »

Sous les ordres de L2, une colonne du RAID quitte Dammartin-en-Goële et fonce vers Paris. Je fais un dernier point avec le chef du GIGN, qui me confirme que ses effectifs sur place sont suffisants. Je pars donc en voiture avec mon chauffeur et mon commandant opérationnel, L4. La deuxième colonne du RAID, elle, a instruction de me rejoindre le plus rapidement possible.

11. L'*Hyper Cacher*

« Il faut savoir risquer la peur
comme on risque la mort.
Le vrai courage est dans ce risque. »
Georges Bernanos.

Comment se passe le trajet de Dammartin-en-Goële à Paris ? Dans quel état d'esprit êtes-vous ?

Je m'efforce de rester très concentré, de prendre les problèmes les uns après les autres. La situation est très grave. Peu de gens le savent, mais nous aurons plusieurs autres menaces d'attentats dans Paris ce jour-là. Nous aurons aussi une prise d'otages dans une bijouterie à Montpellier, bien réelle celle-ci, à gérer un peu plus tard en parallèle. C'est l'antenne RAID de Marseille qui résoudra cette affaire après plusieurs heures de négociation.

Mais pour le moment, je suis en lien par radio et par téléphone avec tous mes adjoints. Nous réfléchissons à des stratégies pour dénouer la crise qui se déroule porte de Vincennes. Je demande à une troisième colonne d'assaut de quitter Bièvres pour se mettre en réserve porte des Lilas. En régions, les sept GIPN sont en état d'alerte.

Nous roulons à toute allure et atteignons assez rapidement le boulevard périphérique mais nous sommes bloqués porte de Bagnolet, où il devient impossible d'avancer. Incroyable mais vrai, mon officier et moi, en tenue d'intervention, descendons de voiture pour ouvrir nous-mêmes la route ! Nous tapons sur les vitres des automobilistes pour qu'ils s'écartent. Branchés sur leur radio, beaucoup sont informés en direct de la prise d'otages. Sidérés, ils nous regardent d'abord avec stupéfaction puis nous encouragent. Certains vont même jusqu'à nous donner des conseils pour l'intervention! Deux motards en civil nous aident à forcer le passage. L'ambiance est totalement surréaliste.

Nous arrivons porte de Vincennes à 14 h 20. Les forces de police, dont la BRI-PP, sont déjà déployées en nombre. La colonne du RAID, sous les ordres de L2, est aussi sur place. Nous serons renforcés peu après par la deuxième colonne de l'unité.

Dès votre arrivée, vous montez le PC opérationnel de la FIPN?

C'est exact. Sous une petite tente, le PC autorité est déjà organisé pour accueillir tous les responsables politiques et de police. La maire de Paris, Anne Hidalgo, et Bernard Petit, le directeur régional de la Police judiciaire de Paris, sont déjà présents. Bernard Cazeneuve est attendu. Mais moi, j'ai besoin de monter sur place un PC opérationnel pour la FIPN (RAID et BRI). En principe, nous disposons d'un gros fourgon spécialement conçu pour ce type d'intervention mais il est également coincé dans les embouteillages. Nous improvisons alors un poste de commandement entre trois camions en stationnement. Nous mettons du scotch tout autour: «*Police, ne pas passer!*» C'est un PC de fortune. L'important pour nous, c'est de pouvoir s'isoler et de rester concentrés. Plus tard, quand nos visiteurs américains et australiens verront notre PC improvisé sur les films tournés par la direction de la Communication du ministère de l'Intérieur, ils n'en reviendront pas. Ils sont assez admiratifs de nos capacités d'adaptation. Je les soupçonne même d'avoir breveté notre système! *[Rires.]*

Quel est précisément votre rôle à ce moment-là?

En tant que chef de la FIPN, je dirige un dispositif d'intervention qui compte environ 150 personnes. J'ai sous mes ordres le RAID, bien sûr, mais aussi la BRI, qui est à nouveau placée sous mon autorité. À ce sujet, d'ailleurs, dès mon arrivée, Bernard Petit m'interpelle: «*Jean-Michel, le ministre a déclenché la FIPN mais tu travailleras bien ensemble avec le chef de la BRI, n'est-ce pas?*» Je le rassure: «*Nous allons coopérer, bien sûr, mais c'est moi qui prendrai les décisions et qui te les communiquerai en même temps qu'au chef de la BRI.*» Je ne veux pas d'ambiguïté. Si l'opération se déroule mal, je sais pertinemment qui en sera le responsable. J'endosse ce risque mais j'attends en contrepartie le commandement et la responsabilité totale. Le chef de la BRI, Christophe Molmy, devient donc officiellement mon adjoint comme les textes le prévoient.

Mon rôle ? Dans peu de temps, L4, mon commandant opérationnel, me proposera plusieurs solutions pour monter l'assaut et, à un moment donné, ce sera à moi, et à moi seul, de décider du mode opératoire. Ensuite, je devrai convaincre ma hiérarchie et les décideurs politiques pour obtenir leur autorisation. *In fine*, c'est le président de la République qui prendra les décisions, entouré du Premier ministre et du ministre de l'Intérieur.

En attendant, mes adjoints et moi faisons tout pour que les gars puissent travailler dans le calme, en dehors de l'agitation extérieure et des rumeurs qui circulent déjà. Je garde aussi une liaison permanente avec le GIGN. Les deux officiers du RAID qui sont restés à Dammartin-en-Goële m'informent de la situation en temps réel. Deux officiers du GIGN font de même à mes côtés.

Quelles sont les premières actions du RAID ?

Mon commandant opérationnel rassemble les officiers du RAID et de la BRI. Très vite, ceux qui sont chargés du renseignement nous rapportent tout un tas d'informations utiles à l'intervention : les plans de la supérette, la structure des murs, l'emplacement des sorties de secours…

Grâce à Lassana Bathily, l'employé de la supérette qui a emprunté un monte-charge et a réussi à s'échapper par une issue de secours après avoir caché des clients dans une des deux chambres froides, nous apprenons aussi très vite qu'il y a des otages au sous-sol. Le jeune homme nous renseigne précisément sur la configuration des lieux. Il nous donne en plus les clés du volet automatique qui ouvre le rideau de fer de la supérette, qui est baissé.

Nous récupérons également les vidéos du magasin avant que la caméra de surveillance ne soit détruite sous la menace du terroriste. Sur les images, je vois distinctement deux personnes qui semblent mortes. J'ai l'impression qu'il y a une troisième victime mais je n'en suis pas certain. En réalité, il y en avait quatre.

Le quartier est bouclé. Des snipers sont postés partout autour de l'*Hyper Cacher*.

Vers 15 heures, Amédy Coulibaly contacte BFM TV pour revendiquer ses actes et entrer en contact avec la police. À quel moment établissez-vous un contact avec lui ?

Les négociateurs du RAID et de la BRI qui sont au PC négociation appellent le preneur d'otages sur la ligne fixe de la supérette mais la ligne est occupée… par des journalistes de BFM TV [43] ! Dès qu'ils raccrochent, nous établissons un premier contact avec Coulibaly mais qui ne donne rien de plus. Il confirme seulement ce que nous savons déjà : « *Je suis Amédy Coulibaly. Je suis en relation avec Saïd et Chérif Kouachi. S'il leur arrive quelque chose, je tue tout le monde.* » Froid et déterminé, il revendique l'assassinat de la policière à Montrouge et précise qu'il cible désormais des Juifs. Il agit au nom de l'État islamique et prétend qu'il a reçu des instructions du califat.

Un peu plus tard, nous aurons un deuxième contact : « *J'agis pour défendre les musulmans opprimés… Je veux que la France se retire du Mali…* » Les diatribes habituelles. En général, les négociateurs travaillent par paire et sont assistés, si possible, d'un psychologue. À Vincennes, le premier négociateur (N1) au contact de Coulibaly est de la BRI. Les deux autres, N2 et N3, sont du RAID. À l'évidence, nous ne parviendrons pas à libérer les otages par la négociation.

L'assaut vous paraît donc inévitable ?

Oui. Convaincu qu'il faut monter un plan d'assaut rapidement et qu'il n'y a pas d'autre solution, je m'adresse alors à Bernard Petit, le directeur régional de la Police judiciaire, et à Bernard Boucault, le préfet de Police de Paris [44] : « *Nous sommes en face d'un individu radicalisé, déterminé, équipé de bâtons de dynamite et de deux kalachnikovs. Il semblerait qu'il soit seul mais nous n'en sommes pas certains. Il y aurait une vingtaine d'otages [en réalité 26], répartis entre le rez-de-chaussée et le sous-sol mais on ne sait pas précisément comment.* »

43. C'est Amédy Coulibaly qui a pris l'initiative de joindre BFM TV. La chaîne a aussitôt joint les autorités.

44. Bernard Boucault occupera cette fonction du 31 mai 2012 au 9 juillet 2015.

Lorsque le ministre de l'Intérieur, venu sur place vers 16 heures, me questionne à son tour sur la situation, ma réponse est claire : « *Si on veut préserver des vies humaines, il va falloir donner l'assaut. Je ne vous garantis pas de sauver tous les otages. Il y aura peut-être des pertes chez nous aussi. Mais on va le faire ! On va y aller !* »

On parle aussi d'un assaut simultané. D'où vient cette idée ?

L'idée d'un assaut simultané à Dammartin-en-Goële et à la porte de Vincennes s'impose assez rapidement. Les frères Kouachi et Amédy Coulibaly étant probablement en contact, le chef du GIGN et moi-même pensons que toute opération menée d'un côté risque d'avoir une incidence de l'autre. Bien sûr, le GIGN, qui encercle l'imprimerie depuis le matin, est prêt à déclencher une intervention mais ici, nous avons encore besoin d'un peu de temps pour nous préparer.

Peu après 16 heures, je suis en train de faire un point quand Bernard Petit m'interrompt : « *On a une information ! On me dit qu'il y a une porte qui s'ouvre à l'arrière de la supérette. Ne pourrait-on pas tenter d'exfiltrer trois ou quatre otages par cette voie ?* » Sceptique, je lui rétorque qu'en exfiltrant trois otages, on risque surtout de mettre en péril la vie de tous les autres en éveillant l'attention du terroriste. Non, l'idée n'est pas que les otages sortent de la supérette mais bien que nous y entrions. De plus, après vérification, la porte supposée s'ouvrir n'existe pas. Dans ce genre de situation, beaucoup de fausses informations circulent. C'est pourquoi il est important d'isoler au maximum le PC opérationnel de ce type d'influences néfastes. Nous n'avons pas de temps à perdre.

Quelles sont vos intuitions durant cette phase de préparation à l'assaut ?

Je pense qu'il va falloir donner l'assaut rapidement. Coulibaly semble très occupé par la mise en ligne sur internet des vidéos qu'il a prises avec sa caméra GoPro, ce qui nous donne un peu de temps mais pas trop. Comme nous avons une vingtaine d'otages à délivrer, je suis convaincu qu'il faut que nous déclenchions l'assaut en premier. Je m'en ouvre à Bernard Petit, qui en informe à son tour Bernard Cazeneuve par téléphone. « *Très bien. J'ai parfaitement compris la situation. J'avertis le président de la République et nous vous donnerons nos instructions* », nous assure-t-il. Des réponses comme je les aime venant d'un chef qui est clair, net et précis.

Dans le même temps, nous devons faire face à d'autres rumeurs d'attentats partout en France. Nous avons notamment une alerte à Paris, près du Trocadéro, et une autre sur le Vieux-Port de Marseille. À l'annonce de ces informations, prises très au sérieux par les autorités, Jean-Marc Falcone interroge L3, qui est à ses côtés au salon Fumoir : « *A-t-on suffisamment de monde ?* » Mon adjoint le rassure. La colonne du RAID qui se trouve porte des Lilas peut se dérouter vers le Trocadéro.

Cette crise se déroule en direct sous l'œil des caméras des chaînes de télévision. La France entière retient son souffle. Ressentez-vous beaucoup de pression ?

Non, je reste mobilisé sur mon objectif. Je ne tiens pas compte des médias. À l'extérieur, tout le monde est dans un état de sidération, je le sens bien, mais nous, le RAID et la BRI, nous sommes dans l'action et sans doute les seuls à pouvoir agir réellement sur le terrain. Nous devons absolument maintenir toute notre attention sur nos objectifs. Tous, à mes côtés, contribuent à ma détermination et à ma confiance : L2, L4, Jean-Marc G., mon chef de la section d'intervention, Matthieu Langlois, mon chef des médecins, et L3 au salon Fumoir avec qui je suis en contact téléphonique et qui rend compte à Jean-Marc Falcone, le directeur général. Ces hommes sont de fer. Comment pourrais-je perdre la bataille avec eux ? Vers 16 h 30, l'Élysée valide l'assaut simultané, qui est prévu vers 17 h 30.

12. Le double assaut

« Une fois le rideau levé, il faut analyser le maximum d'éléments en un minimum de temps puis s'adapter, sachant que la vie des otages prime sur tout le reste. »
Témoignage de l'opérateur du RAID entré le premier dans l'*Hyper Cacher* (*Le Parisien*, 2 avril 2015).

Un peu avant 17 heures, les frères Kouachi sortent soudainement de l'imprimerie et chargent les forces de l'ordre en espérant faire le plus de morts possible. Rien ne se passe donc comme prévu ?

En effet, mes deux officiers, qui sont restés sur place à Dammartin-en-Goële, et les deux officiers du GIGN près de moi m'informent en direct : « *C'est l'assaut à Dammartin ! Ils sortent tous les deux !* » À partir de là, tout va très vite. Je ne veux pas que Coulibaly ait le temps de se rendre compte de quoi que ce soit ou qu'il entre en contact téléphonique avec les frères Kouachi. Je demande à Bernard Petit, qui se trouve au PC autorité, une autorisation d'assaut immédiate. « *C'est bon, tu as l'autorisation de l'Élysée !* » m'assure-t-il dans les secondes qui suivent.

Le Premier ministre s'adresse alors aux chaînes de télévision et leur demande expressément de ne pas diffuser d'images en direct. Notre plan d'attaque est prêt. Les snipers sont positionnés. La Sécurité civile, la Brigade des sapeurs-pompiers de Paris, le Samu et le médecin-chef du RAID sont à leur poste. Je confie mon téléphone portable à mon chauffeur. Nous donnons l'assaut.

Avec quelle stratégie ?

D'abord, les artificiers du RAID placent 120 grammes d'explosifs sur la porte arrière de la supérette. Nous aurions pu le faire avant, ce qui aurait été plus simple, mais les médias suivant tous nos faits et gestes en direct, Coulibaly aurait pu l'apprendre en regardant la télévision.

Simultanément, les négociateurs du RAID et de la BRI établissent un troisième contact avec le terroriste avec pour but de détourner son attention.

La colonne de la BRI, dont le rôle est de pénétrer dans la supérette par la porte arrière une fois que la porte aura explosé, est prête à intervenir. Mais il n'est pas sûr qu'elle puisse entrer aisément à l'intérieur du magasin car, d'après des témoins, le terroriste aurait placé juste derrière des palettes chargées de denrées alimentaires. Cela a bien évidemment été pensé à l'avance. Pour la BRI, la mission sera donc de capter l'attention de Coulibaly en ouvrant le feu à l'arrière pendant que les opérateurs du RAID tenteront de s'infiltrer par l'entrée principale à l'avant. Objectif: créer un effet de surprise à revers.

Dans les faits, comment cela se passe-t-il?

La porte arrière explose. Comme prévu, la colonne de la BRI engage le feu à travers cette porte tandis que deux colonnes du RAID s'élancent pour gagner l'avant du magasin sous la protection du véhicule blindé de la BRI.

Les négociateurs sont en ligne avec le terroriste lorsqu'il entend la première explosion sur la porte arrière.

«*Ah, tu veux me fusiller?* dit-il au négociateur de la BRI.

— *Tu voulais mourir en combattant alors maintenant, vient affronter la police!*» lui répond celui-ci avec à-propos.

Les deux colonnes du RAID progressent de chaque côté de l'entrée principale, à l'avant de l'*Hyper Cacher*. Un des opérateurs actionne l'ouverture du rideau de fer en utilisant la clé remise par Lassana Bathily. Nous prenons d'infinies précautions car nous ne savons pas précisément où se trouvent les otages. À l'arrière, les hommes de la BRI perturbent le djihadiste avec des tirs mais ne peuvent pas entrer. Surpris par les coups de feu, Coulibaly lâche son téléphone. La colonne du RAID avance sous grenadage. Une grenade offensive se loge dans un faux plafond, ce qui provoque un léger effondrement. Le terroriste pense alors qu'il y a des policiers sur le toit. De nombreuses grenades explosent. L'effet de surprise est total.

Protégé par un lourd bouclier pare-balles, le premier homme de la colonne d'assaut du RAID s'introduit dans la supérette ; son rôle est de capter l'attention du terroriste, au risque bien sûr de servir de cible. Sa consigne est d'entrer par la gauche et d'aller encore plus à gauche mais il bifurque sur la droite car tous les otages sont en réalité massés à gauche. Il détourne ainsi le champ de tir du terroriste. Debout au fond de la supérette, Coulibaly est dans la ligne de mire. Sidéré, il ne pense plus aux otages et fonce sur nous en nous mitraillant à la kalachnikov. La riposte ne se fait pas attendre. Coulibaly parcourt quelques mètres puis tombe à terre à l'entrée de la supérette, mortellement touché. Aussitôt des cris fusent. Sains et saufs, les otages sortent tous en courant et sont récupérés par les équipes judiciaires de la BRI / DCPJ. Les cinq opérateurs blessés dans l'affrontement (quatre du RAID et un de la BRI) sont eux immédiatement évacués vers les ambulances.

Quelle est la position des chefs pendant l'assaut ? La vôtre et celle du chef de la BRI ?

Avant l'assaut, le chef de la BRI, Christophe Molmy, est à mes côtés. Je partage avec lui toutes mes décisions sur le plan opérationnel. Nous sommes d'accord sur le plan d'intervention et les missions de chacun.

Pendant l'assaut, je suis à l'arrière de l'une des colonnes du RAID, avec L2 et L4. Christophe Molmy, lui, équipé en lourd, se faufile dans sa colonne d'intervention. Certains ont dit que ce n'était pas sa place mais peu importe, je comprends cette envie et cette nécessité d'être avec ses hommes.

L'assaut dure à peine quelques minutes… Puis tout est fini ?

Non, pas du tout. Un deuxième terroriste peut être encore caché quelque part. Nous devons tout inspecter : les sous-sols, les alentours… J'entre à mon tour à l'intérieur de la supérette, élève la voix et rétablis le silence. Je m'adresse à l'un de mes officiers pour faire un point précis :

« Combien de morts ?

— Quatre, à l'intérieur de la supérette.

— Combien d'opérateurs blessés ?

— Cinq.

— Combien d'otages morts ou blessés pendant notre intervention ?

— Zéro.

— Des explosifs ?

— Oui, c'est piégé au rez-de-chaussée du magasin.

— Ok, appelez les démineurs et faites les sous-sols en prenant toutes les précautions. »

Mon chauffeur, à qui j'ai confié mon téléphone portable et qui me suit de près, communique en temps réel avec L3, qui se trouve toujours dans le salon Fumoir et qui retransmet toutes les informations au DGPN et au secrétaire général du ministre de l'Intérieur :

« Le terroriste est mort. Les otages sortent !

— Ils sortent tous ?

— Oui. Et ils sont tous indemnes !

— Vous confirmez ? Tous indemnes ? Vous êtes sûr ?

— Oui, oui. Je confirme. Absolument. Affirmatif ! »

Le message parvient aussitôt au président de la République et au ministre de l'Intérieur, qui sont à l'Élysée et qui suivent les événements à la télévision, pendant que le préfet de Police les informe téléphoniquement. Après ce premier rapport, je vais voir mes gars qui sont blessés aux jambes. Matthieu Langlois, mon toubib, me rassure : « *Leur état n'est pas préoccupant, sauf pour un peut-être...* » (Son cas ne sera finalement pas grave.) Déjà installés dans les ambulances, ils sont conduits à l'hôpital.

J'apprends que l'intervention est aussi terminée à Dammartin-en-Goële. Les frères Kouachi sont sortis en tirant sur le GIGN mais ils ont vite été neutralisés. Toujours près de moi, les deux officiers du GIGN m'assurent qu'aucun gendarme n'a été blessé. Il n'y a pas de terroriste dans les sous-sols. L'opération est terminée.

Pour tous, ce doit être un grand soulagement.

Je vois encore arriver vers moi en courant, les cheveux dressés sur la tête, Bernard Petit, le directeur régional de la Police judiciaire, qui me saute au cou et m'embrasse ! Puis j'ai Bernard Cazeneuve au téléphone, qui m'adresse à son tour des mots très sincères avant de me passer le président, François Hollande : « *Sachez que nous sommes très fiers de vous et de vos hommes. Dites-leur à tous que je les verrai bientôt...* » Les otages, eux, sont pris en charge par la Bulle tactique d'intervention, un dispositif géré par la direction centrale de la Police judiciaire. Leur identité est vérifiée pour éviter l'infiltration d'un éventuel second terroriste. Ils sont examinés par un médecin et orientés vers les enquêteurs.

Le ministre de l'Intérieur est annoncé porte de Vincennes. Je fais mettre tous les gars en rang. À mon tour, j'en profite pour leur adresser mes félicitations : « *Vous venez d'accomplir quelque chose de grandiose. Vous venez de sauver 26 vies !* » Dès son arrivée, Bernard Cazeneuve nous adresse un discours très chaleureux. Trois semaines plus tard, au moment des vœux, il nous confiera : « *Ce qui m'a le plus frappé, en arrivant porte de Vincennes, c'est l'expression dans les yeux des opérateurs encore cagoulés qui sortaient du combat.* » Bernard Petit nous rejoint également puis nous traversons tous le boulevard pour nous rendre sur le trottoir d'en face, où sont massés les journalistes pour un point presse.

Après trois jours de traque et un après-midi de siège, vous savourez enfin la réussite de l'opération ?

Non, à ce moment-là, je ne savoure rien du tout car il y a une prise d'otages à Montpellier. Deux femmes sont retenues après un hold-up dans une bijouterie. Les négociations sont en cours et dureront jusque très tard dans la nuit. Et je n'oublie pas une seconde que quatre otages ont été assassinés par Coulibaly.

D'autre part, une nouvelle rumeur circule, sans doute lancée par quelqu'un qui n'était pas habilité à s'introduire dans la supérette : l'un de ces quatre otages aurait été tué pendant l'assaut. Ces suppositions proviennent du fait – bien macabre – que l'un des corps des victimes était un peu moins rigide que les autres. Malheureusement, la véritable explication est que, blessée par Coulibaly, cette personne a agonisé longtemps sous les yeux des autres otages avant de décéder. Nous démontons rapidement la rumeur mais nous passons un moment très désagréable.

Avec L2, je souhaite ensuite aller voir nos blessés. Auparavant, nous passons prendre L3 au salon Fumoir du ministère de l'Intérieur. À notre arrivée, nous nous tombons tous les trois dans les bras. Les hauts responsables encore présents dans la salle nous applaudissent. Très ému, je quitte le Fumoir pour aller déposer mon gilet pare-balles dans ma voiture. Là encore, des passants nous ovationnent dans les rues. Tout semble irréel…

Nous passons un long moment à l'hôpital au chevet de nos blessés avec le ministre de l'Intérieur et le directeur général de la Police nationale. Puis nous rentrons à Bièvres avec une grande envie de boire un coup avec tous les gars. Mais il est tard et je préfère les libérer : « *Rentrez chez vous, on fera une fête plus tard !* » Nous ne sommes plus que quelques-uns : mon toubib, mes adjoints et moi-même. Nous nous changeons et repartons nous restaurer à Paris. Le cuisinier d'un établissement que nous connaissons bien nous prépare des petits plats absolument succulents, dont je garde encore un souvenir précis. Nous réalisons que nous venons d'accomplir la plus grosse intervention du RAID depuis « Human Bomb » à Neuilly.

Ce soir-là, par-delà leurs fonctions, leurs rôles et leur grade respectifs, les hommes qui m'entouraient sont entrés dans la légende et sont devenus frères d'armes pour l'éternité. Éric Heip, Éric Gigou, Éric B., Matthieu Langlois, Jean-Marc G. et Éric S. m'avaient tous fait, plus tôt dans l'après-midi, la grâce de leur courage et de leur confiance. Merci, mes amis. Merci à tous les autres merveilleux combattants du RAID et de la BRI pour cet exploit commun.

Ce dîner est le premier et seul véritable moment de détente que nous connaîtrons avant plusieurs semaines mais nous l'ignorons alors.

Une grande marche républicaine est prévue le dimanche 11 janvier à Paris et dans toute la France…

13. Au salon Fumoir

« Si vous n'aviez pas été là avec votre force, votre intelligence et votre courage pour nous donner confiance, alors cette opération n'aurait pas été réussie comme elle l'a été. »
Bernard Cazeneuve s'adressant aux hommes du RAID, le 30 janvier 2015.

Pour donner un contrechamps et parler de l'ambiance qui régnait dans le salon Fumoir, au ministère de l'Intérieur, le vendredi 9 janvier 2015, Jean-Michel Fauvergue fait appel à Éric Gigou, son adjoint (L3), avec lequel il était en lien téléphonique tout au long des opérations.

Le 9 janvier au matin, quand votre Patron quitte le salon Fumoir pour se rendre à Dammartin-en-Goële, il vous demande de prendre sa place et de rester en contact téléphonique permanent avec lui. Quelle est l'ambiance et dans quel état d'esprit êtes-vous ?

Éric Gigou : Ayant vécu les attentats de 1995 [45] à la Brigade criminelle, j'ai toujours en tête qu'une attaque terroriste est peut-être la première d'une série. Alors j'ai ce réflexe de vieux flic : *« Attention, on ne s'épuise pas, on ne lance pas toutes nos forces dans la bataille d'un seul coup sinon, dans 48 heures, on ne sera plus bons à rien ! »*

45. En 1995, du 25 juillet au 17 octobre, plusieurs attentats terroristes se sont produits en France. L'attaque la plus meurtrière a eu lieu à la station Saint-Michel du RER B, à Paris, faisant 8 morts et plus d'une centaine de blessés. Les auteurs étaient des membres du Groupe islamique armé (GIA) algérien.

L'ambiance dans le salon Fumoir ? Chacun est concentré sur sa tâche. Nous avons tous les yeux rivés sur Dammartin-en-Goële. Mais en début d'après-midi, avec la prise d'otages à l'*Hyper Cacher* porte de Vincennes, tout bascule. La FIPN est déclenchée. Porte de Vincennes, le RAID et la BRI opèrent ensemble sous les ordres du patron du RAID pendant que le GIGN poursuit son intervention à Dammartin-en-Goële.

Deux grosses affaires sont donc en cours, auxquelles s'ajoutent plusieurs alertes dans Paris. Au Fumoir, la tension est palpable. Visiblement préoccupé, le directeur général de la Police nationale, Jean-Marc Falcone, s'en ouvre à moi discrètement : « *Sommes-nous en nombre suffisant ?* » Je le rassure en lui donnant la position exacte de chaque colonne du RAID et le nombre d'opérateurs prêts à intervenir partout en France. Je suis tendu mais je n'en montre rien. J'essaie de rester zen et pragmatique. Je croise et recoupe plusieurs fois les informations que l'on me donne avant d'en faire part à Jean-Michel qui prépare l'assaut à Vincennes, espérant ainsi lui éviter toute pression inutile. Je sais que nous sommes les derniers remparts contre les terroristes. Ce n'est surtout pas le moment de perdre pied.

En milieu d'après-midi, on nous signale une prise d'otages avenue Kléber, dans le XVIe arrondissement de Paris. La colonne d'assaut qui se trouve en réserve porte des Lilas se dirige donc vers le Trocadéro mais très vite, nous apprenons que c'est une fausse rumeur. Nous ne saurons jamais d'où elle est venue. Parallèlement, nous avons des infos selon lesquelles des terroristes vont attaquer sur le Vieux-Port à Marseille.

Et puis il y a le braquage en cours à Montpellier ?

Effectivement. Un homme armé retient deux femmes dans une bijouterie, la propriétaire et son employée. Je charge l'antenne du RAID de Marseille (à l'époque le GIPN) de mener cette opération. Elle est compliquée car les opérateurs ne peuvent pas s'infiltrer dans le magasin sans être vus puisque tout est verrouillé par des sas vitrés et blindés. Ils devront donc négocier jusqu'au bout. Jusqu'à 2 heures du matin. Le chef du RAID et moi suivons l'affaire de très près. Il y a tout de même deux vies en jeu.

Revenons sur le double assaut. Peu avant 17 heures, à Dammartin-en-Goële, les frères Kouachi ouvrent le feu sur le GIGN. Comment l'information vous parvient-elle au salon Fumoir ?

Je suis assis à la table ovale, à côté du directeur général de la Police nationale, lorsque l'officier correspondant du RAID à Dammartin-en-Goële m'avertit par téléphone : « *C'est l'assaut à Dammartin !* » J'ai, semble-t-il, l'info avant les gendarmes qui sont en face de moi. Situation délicate… J'en glisse alors discrètement un mot à Jean-Marc Falcone, qui saisit bien la situation : « *À partir de maintenant, ne me parlez plus qu'à l'oreille* », me souffle-t-il en retour, « *je me charge de transmettre les informations nécessaires.* » La nouvelle est très vite confirmée. Silence total dans la salle…

Informé en temps réel, lui aussi, Jean-Michel Fauvergue demande à pouvoir donner l'assaut immédiatement sur l'*Hyper Cacher*. Il m'appelle et me dit : « *Dès que j'ai le feu vert, je passe mon portable à J. P. [son chauffeur]. Reste en ligne avec lui.* »

À 17 h 12, la FIPN (RAID et BRI) donne l'assaut.

Je suis en ligne avec J. P., qui me commente toutes les actions en direct. J'entends les explosions, les coups de feu… Au Fumoir, Jean-Marc Falcone se penche vers moi. « *Ça tire ! Ça tire !* », lui dis-je à l'oreille. Autour de la table, tout le monde est suspendu à mes lèvres, cherchant à décrypter chacun de mes mots.

Que ressentez-vous à cet instant ?

Vous voulez une réponse honnête ? J'ai peur comme jamais ! Déjà, lors du premier assaut à Dammartin-en-Goële, sachant que les frères Kouachi chargent au lance-roquettes, j'ai peur que des gars du GIGN y laissent leur peau. Beaucoup d'entre eux sont de très bons amis à moi et j'ai partagé avec eux de nombreuses missions à l'étranger. Alors quand vient notre tour, à Vincennes, je me dis que Coulibaly risque de tuer des otages et des copains. J'entends les tirs au téléphone. À chaque détonation, par réflexe, je baisse moi-même les épaules.

Deux minutes passent, l'assaut est terminé. Tout le monde regarde les images qui commencent à être diffusées sur BFM TV. J'annonce le bilan à l'oreille de Jean-Marc Falcone :

« Le terroriste est mort. Des opérateurs sont blessés mais tous les otages sont libérés.

— Si ce que vous me dites là est vrai, c'est un miracle! »

Sans attendre, le directeur général de la Police nationale transmet ces informations à voix haute dans la salle. Pour tous, c'est un immense soulagement. Et je me dis : « *Bon sang, mais c'est incroyable! Le RAID vient d'accomplir une opération qui dépasse tout!* »

Après la retransmission de l'opération sur les écrans, les téléphones sonnent dans tous les sens. On continue d'annoncer les bonnes nouvelles jusqu'au moment où nous parvient cette rumeur : « *Un otage aurait été abattu pendant l'assaut...* » On sait très vite que c'est faux mais, comme vous l'a expliqué précédemment mon Patron, encore faut-il le prouver avant de communiquer un bilan officiel à la presse. Sur le coup, cela crée un chaud-froid terrible.

Je quitte le salon Fumoir à 19 heures, lorsque Jean-Michel et L2 viennent me chercher. Nous allons voir nos blessés à l'hôpital en compagnie du ministre de l'Intérieur et du directeur général. J'appelle chacune des familles de nos opérateurs blessés pour les rassurer. Mon Patron et moi continuons à gérer à distance la prise d'otages à Montpellier, qui n'est pas terminée.

Le prochain rendez-vous est fixé au mercredi 16 mars.

14. Les jours d'après

« Je suis flic. Je suis Charlie. »
Grande marche républicaine
du 11 janvier 2015.

Mercredi 16 mars 2016

Je suis toujours surprise, lorsque j'arrive à Bièvres, par la quiétude des lieux. De grands espaces verts, un terrain de rugby, des bois tout autour… On se sent tout de suite bien. Seuls les aboiements des chiens dressés pour l'intervention froissent un peu les oreilles lorsqu'on passe à proximité du chenil. Je n'ai jamais assisté au départ d'une intervention. J'imagine qu'en quelques secondes, l'ambiance doit radicalement changer. Que tout doit s'accélérer.

Dans l'actualité, quatre personnes soupçonnées de vouloir commettre un attentat immédiat en plein Paris ont été arrêtées. Depuis le début de l'année, « plusieurs tentatives auraient ainsi été déjouées », a déclaré Bernard Cazeneuve.

Comme prévu, l'interview se poursuit. Au début de l'entretien, Éric Gigou (L3) se joint à nous. Nous échangeons tous les trois.

L'opération de Vincennes est une réussite. Savourez-vous ce moment ? Les lendemains sont-ils un peu meilleurs ?

Jean-Michel Fauvergue : Non, les lendemains sont plutôt difficiles. Je ne savoure rien et ne réalise pas non plus le travail que nous venons d'accomplir. Contrairement à l'affaire de Human Bomb à Neuilly, où le RAID a pu jouir aussitôt de son succès et de manière bien méritée, nous restons cette fois-ci dans la soute. Toujours en état d'alerte maximale, nous n'avons même pas eu le temps d'aller voir nos familles. Tous les gars, même ceux qui étaient sous les feux la veille, sont prêts à repartir au premier signal. Les commandants et les commissaires ne quittent pas leur poste. Il y a des arrestations à faire, il faut sécuriser la grande marche républicaine prévue le dimanche 11 janvier, répondre aux sollicitations des médias… Non, la fête n'est pas pour tout de suite !

Éric Gigou : Pour ma part, je reste à Bièvres nuit et jour, en tenue d'intervention, avec un convoi prêt à partir dans la minute. Le seul moment où j'ai pu décompresser, c'est pendant les deux heures passées la veille au restaurant. Là, j'avoue, on s'est un peu lâchés.

Le dimanche 11 janvier 2015, plus de 4 millions de Français se rassemblent partout en France en réaction aux attentats des 7, 8 et 9 janvier qui ont coûté la vie à 17 personnes. Le RAID est à nouveau mobilisé. Comment vivez-vous cette journée ?

J.-M. F. : Ces attentats ont un retentissement incroyable dans le monde entier. Plus de 40 chefs d'État de pays étrangers sont attendus dans le cortège parisien pour défiler aux côtés de François Hollande et de nos responsables politiques. Policiers et militaires sont mobilisés par milliers pour encadrer et sécuriser cette manifestation. Le RAID, lui, est appelé en renfort du service de la protection des hautes personnalités. Nous postons des snipeurs tout au long du parcours. Je reste à Bièvres pour coordonner les opérations. Je sais qu'il y a un danger putatif mais je n'y crois pas trop. Le danger survient rarement lorsqu'on s'y attend.

D'un œil, je suis la grande marche républicaine à la télévision. Sur quelques-unes des pancartes de ceux qui défilent, je lis : « *Je suis flic* », « *Je suis policier* », « *Je suis Ahmed Merabet* ». Cela me touche beaucoup. Les Français semblent proches et fiers de leur police.

Quand on sait qu'un manifestant est même allé embrasser un CRS… C'est incroyable ! Surtout pour moi, qui ai plus souvent rencontré des attitudes ou des propos anti-flics dans ma carrière. Ce changement si rapide me semble toutefois un peu suspect. J'attends de voir ce que tout cela donnera avec le temps. La population a confiance en nous parce qu'elle a peur. Elle se sent menacée. Mais il suffit d'un rien pour détruire l'image de la police.

La grande marche se déroule heureusement sans encombre. Le lundi matin, je rassemble tous les gars au stand de tir et leur promets une belle fête pour le vendredi suivant.

Enfin un bon moment!

J.-M. F. : Eh bien non, pas du tout! Alors que nous déjeunons tous ensemble autour d'une grande table pour « fêter » l'opération de Vincennes, nous sommes appelés sur une prise d'otages à la poste de Colombes, dans les Hauts-de-Seine, où un malfaiteur retiendrait plusieurs personnes avec des armes lourdes. Les faits se déroulent en Île-de-France, sur notre zone de compétence. J'envoie aussitôt L3 sur place avec une colonne d'assaut. Arrivé sur les lieux, il m'appelle: « *Jean-Michel, la BRI est déjà là!* » Je suis furieux. La BRI-PP n'a rien à faire là. Je contacte aussitôt Christophe Molmy, le chef de la brigade, qui s'explique au bout du fil: « *Je comprends mais j'ai reçu des ordres. C'est le préfet de Police de Paris qui m'a envoyé sur l'affaire.* » Je suis stupéfait. Comment la BRI peut-elle intervenir sans nous en avertir sur notre zone d'intervention, une semaine seulement après avoir mené ensemble l'assaut de Vincennes, après s'être congratulés et mutuellement remerciés? Les bras m'en tombent.

Je donne mes instructions à L3. « *On ne va pas se chiffonner maintenant avec la BRI. Mets-toi en appui extérieur. On réglera cela plus tard…* »

Éric G.: C'est une situation absurde. Les hommes de la BRI sont sur place mais pas encore opérationnels car ils n'ont pas fini d'enfiler leur tenue d'intervention. Il y a des caméras de télévision partout. Les journalistes qui, comme nous, se trouvent un peu à l'écart du périmètre d'intervention, nous filment davantage que les opérateurs de la BRI. Cela aura pour effet d'exacerber les tensions.

J.-M. F. : L'intervention se termine bien pour les otages mais cet épisode me laisse un goût amer. Mes relations avec Christophe Molmy se tendent. Plus tard, j'apprendrai que le chef de la BRI a effectivement obéi aux ordres du préfet de Police Boucault. Contrairement à l'avis du préfet départemental, qui nous réclamait à Colombes, le préfet de Paris a donc envoyé la BRI sur cette opération sans même nous en informer. Cette affaire, peu connue des médias, met le feu aux poudres.

La fête est gâchée. Mais pour récompenser vos hommes, n'y aura-t-il pas une remise de médaille ?

J.-M. F. : Si, bien sûr. Mais la remise de médaille est un exercice terrible. Dans la Police nationale, seuls comptent les actes particuliers : bravoure, intervention... Or, même si tous les gars étaient sur le pont pendant les attentats, en réserve ou sous le feu, je ne peux pas remettre une médaille à chacun. J'ai un quota à respecter. De plus, si je donne la médaille de bronze de la Sécurité intérieure à l'un, et celle d'argent à l'autre, il faut que ce soit justifié. Enfin, il y a un savant équilibre à trouver avec les autres forces d'intervention. Les opérateurs du RAID et de la BRI se connaissent très bien et se parlent régulièrement : « *Ah oui ? Toi, t'as eu la médaille de l'Acte de courage et de dévouement et pas moi ?* » « *Lui, il était tireur derrière la porte mais moi, j'étais...* » Bref, pendant ces quelques semaines, tous les chefs des unités d'élite n'ont cessé d'échanger des listes : annotées, raturées, (re) raturées... Seuls ceux qui ont été blessés au combat reçoivent systématiquement une médaille d'un ordre national.

La vérité, c'est que beaucoup de médailles ont été distribuées après l'affaire Merah. Les décideurs de l'époque – en particulier Nicolas Sarkozy, qui a une relation particulière avec le RAID depuis son intervention directe, personnelle et courageuse [46] dans l'affaire de Human Bomb à Neuilly – ont voulu montrer qu'ils étaient derrière leurs forces de sécurité. Il semble alors logique qu'il y ait plus de médailles encore dans une affaire comme celle de Vincennes. Les hommes sont fiers de ce qu'ils ont accompli. C'est légitime. Mais pour moi, c'est un véritable casse-tête chinois !

---

46. Lors de la prise d'otages à la maternelle de Neuilly-sur-Seine, Nicolas Sarkozy, alors ministre du Budget et maire de la ville, a négocié la libération de plusieurs enfants en étant au contact direct du preneur d'otages, qui était bardé d'explosifs.

Vous-même avez été décoré, n'est-ce pas ?

J.-M. F. : C'est exact. Moi qui suis toujours mal à l'aise quand on m'offre un cadeau ou une récompense, j'apprendrai quelques mois après cette intervention que je serai distingué comme Officier de l'Ordre national du mérite.

Avec le temps, mesurez-vous la portée de cette opération ?

J.-M. F. : Sur le coup, on ne le touche pas vraiment du doigt. C'est plus tard, en parlant avec les autres – nos familles, nos amis, des journalistes, des gens dans la rue qui nous disent des mots gentils… – que l'on commence à réaliser. Vient aussi ensuite la reconnaissance de la nation et des autorités politiques.

À la fin du mois de janvier, Bernard Cazeneuve vient d'ailleurs à Bièvres vous présenter ses vœux.

J.-M. F. : Oui, le ministre de l'Intérieur est venu ici un jour de neige. Il a passé les troupes en revue dans la cour d'honneur puis nous a adressé un discours très chaleureux, qui nous a fait du bien à tous. Il nous a redit combien il avait été marqué par l'expression qu'il y avait dans le regard des opérateurs du RAID après l'assaut.

*Rien qu'à l'évoquer, L3 et son Patron semblent revivre ce moment. Ils me proposent d'écouter le discours de Bernard Cazeneuve sur un ordinateur. Le ministre revient sur la prise d'otages à l'*Hyper Cacher. *Extraits…*

> *« Moi, je n'oublierai pas, alors que je venais d'apprendre la prise d'otages de l'*Hyper Cacher, *ce moment où je me suis rendu au contact de vos chefs et où je me suis posé la question de savoir les conditions physiques dans lesquelles nous pouvions intervenir compte tenu de la configuration des lieux et de ce que nous savions de la psychologie du preneur d'otages. Bien entendu, ma préoccupation première, comme celle du président de la République, était que l'on puisse sauver tous les otages alors que nous savions que Coulibaly en avait déjà tué lâchement au moins trois… Et à ce moment-là, la réponse qui m'a été faite a été simple : "Oui, nous le pouvons mais il y aura peut-être beaucoup de pertes chez nous. Mais nous le ferons quand même." Eh*

bien, quand vous êtes ministre de l'Intérieur, que vous entendez de vos propres troupes ces propos et que vous devez rendre compte au Premier ministre et au président de la République, et que vous êtes vous-même placé dans la situation de ne pas pouvoir vous tromper, eh bien vous êtes habité par un sentiment simple, qui vous donne de la force. Il s'appelle la confiance.

Si vous n'aviez pas été là avec votre professionnalisme, votre intelligence, votre force, votre courage pour nous donner confiance, alors nous n'aurions pas pu vous donner les instructions qui témoignaient de la confiance que nous vous faisions en retour, et cette opération n'aurait pas pu être réussie comme elle l'a été. »

15. Il n'y a pas de héros !

« Je ne suis pas un héros,
faut pas croire ce que disent les journaux. »
Daniel Balavoine.

Beaucoup de personnes vous considèrent comme des « héros ». Surtout après une affaire comme celle de Vincennes. Appréciez-vous le compliment ?

Nous sommes des flics ! Quand on a fait une belle affaire, quand on a réussi à sauver des vies, forcément, on est heureux. Je dirais même qu'on éprouve une certaine fierté. Alors quand, en plus, de nombreuses personnes, dont des personnalités de tous bords, vous appellent pour vous remercier et vous dire combien vous êtes formidables et héroïques, comment voulez-vous ne pas avoir un ego un peu regonflé ?

Mais c'est un peu trop, y compris parfois dans nos familles. Par exemple, mon fils, qui est pourtant grand, m'appelle « le héros » ! Cela me met mal à l'aise. C'est même lourd à porter.

Non, ni mes hommes, ni moi-même ne sommes des héros. D'ailleurs, au RAID, personne n'aime être encensé de la sorte. Nous sommes sensibles aux félicitations mais ça s'arrête là. Nous sommes des hommes volontaires, engagés mais… ordinaires. On fait juste notre travail.

Paradoxalement, en tant que chef du RAID, n'êtes-vous pas aussi parfois confronté à un sentiment de solitude ?

Assez souvent, oui, bien sûr. Parce que j'ai des informations que je ne peux partager et des angoisses que je garde pour moi. En tant qu'homme, je tiens par-dessus tout à protéger ma famille. Donc, je ne me confie pas. Je reste discret. Et en tant que chef du RAID, j'ai aussi des doutes, des peurs, des incertitudes, des coups de blues… Je peux laisser entrevoir cela à mes adjoints mais ce ne doit pas aller plus loin. Sinon, comment pourraient-ils avoir confiance en moi ?

Après ces attentats, tous les médias vous sollicitent pour des interviews. Vous répondez positivement à beaucoup d'entre eux. L'exercice est-il imposé par le ministère de l'Intérieur ?

Non, pas du tout. Je suis d'ailleurs assez surpris par le fait que notre ministère nous laisse entièrement libres de répondre (ou non) aux demandes des journalistes. J'aurais même trouvé assez normal que Bernard Cazeneuve et son entourage au ministère de l'Intérieur décident d'assurer eux-mêmes la communication. Mais ils nous ont laissé cette liberté. Mes adjoints et moi acceptons alors quelques invitations pour rendre compte de nos opérations. Et l'exercice n'est pas déplaisant puisque nous sommes tous, le GIGN, la BRI-PP et le RAID, dans une phase de réussite. J'ai d'ailleurs beaucoup apprécié le moment où, sur RTL, j'évoque avec Hubert Bonneau, le chef du GIGN, et nos deux commandants opérationnels le double assaut dans une émission présentée par Marc-Olivier Fogiel.

Lorsqu'on vous interroge, quel type de réponse apportez-vous, la plupart du temps ?

Peut-être est-ce là l'un des privilèges de l'âge, la fin de ma carrière approche *[rires]*, mais je préfère parler vrai plutôt que d'utiliser la langue de bois, même si cela rend parfois les échanges en réunion un peu rugueux.

Par exemple, après Vincennes, je me souviens d'une réunion avec Christophe Molmy, le chef de la BRI, au cours de laquelle j'ai rappelé que la BRI-PP était avant tout une équipe judiciaire, détentrice d'un savoir-faire exceptionnel dans ce domaine, mais dont la technicité en intervention n'était pas totalement comparable à celle de groupes nationaux comme le RAID et le GIGN qui, eux, s'y consacraient exclusivement. C'était, je le reconnais, un peu direct mais cela avait le mérite de la franchise. Le préfet Boucault était là, lui aussi. Cette remarque ne lui a pas plu : « *Je vois qu'il y a ceux qui savent faire des interventions et ceux qui ne le savent pas !* » J'ai voulu m'expliquer plus clairement : « *Monsieur le préfet, je dis juste qu'il serait préférable que nous adoptions tous des techniques similaires d'intervention pour être encore plus opérationnels sur le terrain.* » Mais ce fut vain car Boucault conclut : « *De toute façon, je ne vois pas ce que le RAID est venu faire à Vincennes ! Je l'ai d'ailleurs dit au ministre.* » Une déclaration sans risque après la réussite de l'opération… Bien sûr.

Ce jour-là, j'ai vu clair. J'ai compris pourquoi le préfet avait envoyé la BRI sur notre territoire lors de la prise d'otages à Colombes. Une sorte de petite revanche destructrice, sans classe ni dignité.

Le prochain rendez-vous est fixé au vendredi 25 mars.

16. Bruxelles

« C'est toute l'Europe qui est visée
et tout le monde qui est concerné. »
François Hollande.

Vendredi 25 mars 2016

Dans l'actualité… Le 13 mars, la Côte d'Ivoire est la cible d'un attentat qui fait 18 morts dont 4 Français dans une station balnéaire. Le même jour, en Turquie, une attaque à la voiture piégée tue 36 personnes dans la capitale, Ankara. Le 18 mars, Salah Abdeslam, le terroriste le plus recherché après les attentats du 13 novembre à Paris, est arrêté à Molenbeek, en Belgique, après 125 jours de cavale. Le 22 mars, 3 attentats suicides à la bombe se produisent à Bruxelles. Les deux premiers dans l'aéroport international de Zaventem et le troisième dans une rame de métro proche de la station Maelbeek. Bilan : 32 morts et plus de 300 blessés.

Difficile aujourd'hui, dans notre entretien, d'évoquer autre chose que les attentats qui viennent de frapper la Belgique. J'interroge alors Jean-Michel Fauvergue à chaud à ce sujet. Nous reviendrons à notre projet plus tard.

Quel regard portez-vous sur les événements tragiques qui viennent de se produire à Bruxelles ?

Aujourd'hui, nous savons que c'est la même organisation qui a opéré à Bruxelles et à Paris. En ce sens, l'arrestation de Salah Abdeslam permettra, je l'espère, d'en apprendre beaucoup plus. Les Belges vivent exactement le même drame que celui que nous avons traversé en France, le 13 novembre 2015, à Paris. Sauf qu'on change de paradigme, ce qui accroît encore davantage le danger terroriste et la difficulté d'y faire face. Les terroristes ne prennent pas d'otage, ils ne se retranchent même plus. Ils se couvrent simplement de gilets explosifs. Et c'est toute la difficulté. Ces attentats « *low cost* », qui ne coûtent pas grand-chose mais qui peuvent être dévastateurs, peuvent être déclenchés à peu près n'importe où et n'importe quand, y compris sur une simple initiative personnelle.

Le sentiez-vous venir ?

Hélas, oui, car c'est dans la triste continuité des choses. Au RAID, nous travaillons sur ces menaces depuis l'affaire Merah. Et même si nous n'arrivons toujours pas à comprendre qu'un homme puisse vouloir se transformer en bombe humaine pour en tuer d'autres, c'est un fait, nous y sommes. Pour nous, maintenant, la question est de savoir comment nous allons pouvoir intervenir. Actuellement, le GIGN, la BRI-PP et le RAID sommes tous en train d'y réfléchir et de nous renforcer. Avec cette question cruciale : quel sera le prochain mode opératoire ?

Face à ce type de terroristes, il devient plus difficile pour vous d'agir à temps. Cela provoque-t-il en vous de la frustration ?

Non, pas de la frustration. Je suis plutôt choqué et peiné. Face à des terroristes qui recherchent la mort, comment éviter que des vies humaines soient versées ou brisées ? Même en imaginant qu'un kamikaze soit repéré par un agent de sécurité ou un policier juste avant de commettre son acte barbare, comment l'arrêter s'il porte un gilet explosif ? Il faut des moyens humains et techniques spécifiques pour cela. Voilà pourquoi il est, à mon sens, très important de renforcer le rôle des primo-intervenants. Je l'ai d'ailleurs déjà évoqué avec vous précédemment. Le RAID et la police doivent évoluer conjointement pour faire face à ces attaques meurtrières.

Nous ne sommes plus dans la France d'il y a un an. Comme après l'affaire Merah, nous avons fait à nouveau un bond dans l'inconnu.

À la fin de cet entretien, plus court que les autres, je prends conscience de la tristesse qui a plané sur notre échange. Le patron du RAID paraît tendu, inquiet. Cette dernière série d'attentats semble l'atteindre fortement. Le fait de se sentir plus démuni pour répondre à ces crises et sauver des vies humaines donne l'impression de le remettre profondément en question.

Avant de repartir, je croise Laser 3. Il me montre quelques-unes des photos qu'il a prises au salon Fumoir, lors de l'opération porte de Vincennes. Je rencontre aussi Matthieu Langlois, le médecin-chef du RAID, avec qui je parle un long moment, entre deux portes. Je sens que cet homme a des choses à dire.

Le prochain rendez-vous est fixé au vendredi 15 avril.

17. Le « retex »

« La connaissance est le fruit de l'expérience. »
Simon de Bignicourt.

Vendredi 15 avril 2016

Lorsque j'emprunte à pied le chemin qui mène du poste de contrôle, à l'entrée du domaine, aux bureaux du commandement à Bièvres, j'aperçois quatre opérateurs qui s'agitent autour d'un animal à l'orée du bois. « Nous venons de libérer un otage ! Un daim ! L'animal a pris ses bois dans les branches et ne s'en sortait pas » m'explique avec une certaine fierté amusée le patron du RAID.

Dans l'actualité... En France, les manifestations contre la loi El Khomri (la loi Travail) se durcissent. Né place de la République, le mouvement « Nuit debout » essaime dans plusieurs grandes villes de province. Mobilisée, la police commence à essuyer les plâtres. En Belgique, Mohamed Abrini, dit « l'homme au chapeau », le dernier terroriste recherché dans le cadre des attentats de Bruxelles, a été arrêté. « Les attentats auraient dû avoir lieu à Paris, à la Défense », a-il déclaré aux enquêteurs.

Nous reprenons notre entretien là où nous nous étions arrêtés. C'est-à-dire quelque temps après l'opération de Vincennes.

Nous avons évoqué ensemble les jours qui ont suivi l'opération de Vincennes mais nous n'avons pas parlé de votre « retex ».

Après chaque opération, nous mettons tout à plat. Comment l'intervention s'est-elle déroulée exactement ? Qu'est-ce qui a marché ?

Qu'est-ce qui n'a pas marché ? Pourquoi ? L'objectif étant bien sûr d'en tirer des enseignements pour améliorer nos pratiques.

Vincennes, c'est particulier. C'est une opération de grande envergure et très médiatisée. Il y a des aspects techniques mais aussi humains. Bien que l'intervention soit réussie, les gars sont très impactés et leurs familles également car elles ont vu pour la première fois un assaut se dérouler en direct à la télévision. Souvenez-vous, après notre intervention dans la supérette, on voit sur les images un opérateur du RAID blessé et tiré sur le sol par ses camarades pour le mettre en sécurité. Imaginez-vous un seul instant ce que les familles ont dû ressentir à ce moment-là ? « *C'est peut-être mon époux, mon fils, mon frère... Est-ce que c'est grave ? Est-ce qu'il est mort ?* »

Dans un premier temps, nous prenons des mesures d'accompagnement psychologique pour nos opérateurs afin qu'ils puissent « ventiler », comme on dit dans notre jargon. Nous organisons la venue de trois psychologues, trois jeunes femmes. Nous réunissons tous les gars pour une information générale. Nous leur proposons des réunions par petits groupes ainsi que des séances individuelles à une adresse extérieure afin de permettre à ceux qui le souhaitent de s'y rendre en toute discrétion. De fait, il n'est pas simple pour un policier, surtout du RAID, de reconnaître qu'il a besoin d'aide ou de se confier.

Avez-vous des retours ? Quels enseignements en tirez-vous ?

Oui. Quelques jours plus tard, les psychologues font un point avec mes adjoints et moi-même sur les réunions de groupe. La plus jeune des trois prend la parole : « *Concernant les points positifs, euh...* » Rien ne sort. Je la sens même embarrassée. Je l'invite donc à passer tout de suite aux points négatifs et, immédiatement, les revendications de mes hommes se déversent à travers elles : « *Vos hommes se plaignent d'un manque de reconnaissance de la hiérarchie : pas assez de dialogue, pas de médaille, pas d'avancement, pas de mutation, une prime de risque inchangée depuis 2004...* » Je suis stupéfait ! À l'évidence, elles se sont faites gentiment « ambiancer » par les gars. (Je précise qu'à ce moment-là, pour les primes et les médailles, les dossiers sont en cours.)

« *Vous nous rapportez là des revendications syndicales que nous connaissons bien. Mais sur le plan psychologique, qu'avez-vous à nous dire ? C'est cela qui nous intéresse !*

— Tous nous disent que les familles sont encore très choquées par les images diffusées en direct à la télévision. Elles ressentent un vrai malaise.

— Voilà un point important! Et que suggèrent-ils? Quels sont les traumatismes? Avez-vous des pistes à me proposer sans trahir le secret professionnel?»

Leurs réponses sont évasives… Je suis déçu. Cela ne m'aide pas. Je m'attendais à mieux.

Après l'affaire Merah qui, elle aussi, avait été très médiatisée et très anxiogène pour les proches, il avait été décidé d'ouvrir à Bièvres une permanence téléphonique pour que les familles puissent appeler en cas de grosses interventions. Visiblement, ce dispositif n'est pas suffisant ou nous n'avons pas assez communiqué dessus. Suite à ce retex, nous donnerons la possibilité aux familles d'être elles aussi reçues par des psychologues après des affaires importantes. Sur ce point, ces discussions auront donc été utiles et plusieurs de nos opérateurs seront également parfaitement suivis en séance individuelle. Notamment nos blessés, qui se portent tous très bien aujourd'hui.

Sur le plan technique maintenant?

Nous sommes dans un bon état d'esprit. Nous avons sauvé 26 vies, il n'y a pas de polémique, notre travail a été apprécié… Mais c'est moins simple en réalité car, comme toujours, il y a des lames de fond.

Le retex de l'affaire Mohamed Merah s'était moyennement passé, m'avait-on dit, donc j'ai préféré organiser des réunions par groupe d'intervention. Je désigne un officier dans chaque section, à qui je confie l'organisation de ces débriefings. Je ne précipite rien. Je veux laisser à tous le temps de bien analyser l'opération.

Quelques semaines plus tard, je réunis mes majors officiers et mes commandants autour d'une table. Certains anciens, des porte-voix influents dans le groupe, semblent très remontés. De fait, toutes sortes de critiques nous sont adressées: erreurs techniques, précipitation… La liste est longue.

Par exemple?

Ils nous reprochent des pratiques inhabituelles, comme celle d'être passés devant une paroi vitrée au moment de l'assaut – je précise qu'elle était occultée et que Coulibaly ne pouvait pas nous voir.

Ils nous rappellent qu'il y avait un kilo d'explosif à l'intérieur de la supérette et qu'il était donc fort dangereux d'y pénétrer. Ils trouvent que j'ai donné l'ordre d'assaut trop vite. Je laisse dire. J'écoute. À les entendre, on a l'impression qu'on a complètement échoué et qu'il y a eu 50 morts. Je m'apprête à remettre les choses à l'endroit lorsque Jean-Marc G., l'un de mes commandants, visiblement très remonté à son tour, prend la parole : « *Eh, les gars, de quoi parlez-vous ? Rassurez-moi ! Vous ne faites pas un débriefing sur Vincennes, là ? Parce j'y étais et nous n'avons semble-t-il pas du tout vécu les mêmes choses !* » Pris à revers, tout le monde se détend.

J'explique à mon tour la stratégie qui a été la nôtre, celle du RAID et de la BRI : « *C'est vrai, nous avons donné l'assaut un quart d'heure plus tôt que prévu et oui, nous sommes passés devant une paroi vitrée mais nous n'avions pas le choix. La vie des otages était en jeu. Après l'assaut du GIGN à Dammartin-en-Goële, Coulibaly et les frères Kouachi étant en contact, nous ne pouvions pas attendre davantage. Nous avons pris des risques, je le reconnais, mais nous étions prêts. Du PC opérationnel, nous avions une vision globale de l'opération.* »

J'avoue que, sur le coup, je ne comprends pas pourquoi certains de mes hommes sont si négatifs. À présent, j'y vois plus clair : nous avons obligé nos opérateurs à transgresser certaines règles. Et s'ils sont capables, au moment de l'intervention, d'abandonner certains automatismes, ils ont besoin d'y revenir aussitôt après. Cela les sécurise car cela sécurise le process, c'est humain. Ils sont formés du matin au soir pour répondre à des modes opératoires très précis. Mais la menace terroriste évoluant rapidement, nous devons nous adapter, y compris par une prise de risques supérieure à la nôtre en temps normal. Nous en aurons malheureusement encore la preuve lors des attentats du 13 novembre 2015, quand nous devrons faire face à des terroristes vêtus de gilets explosifs.

Concernant le retex de Vincennes, avez-vous aussi des échanges avec la BRI, votre partenaire sur cette opération ?

Bien sûr. Ils sont plus informels mais très utiles : nous pointons alors tous nos différences dans nos manières d'agir. À Vincennes, cela ne nous a pas porté préjudice car nous étions chacun sur notre axe : la BRI sur la porte arrière, nous sur l'avant du magasin.

Au final, ce retex nous fait tous progresser. Nous levons beaucoup d'obstacles. Je rappelle au passage que si le chef appuie sur l'accélérateur, c'est qu'il a de bonnes raisons de le faire. Et qu'il ne doit pas y avoir de trou à l'accélération. Mais ne nous y trompons pas : quand j'ai donné le « top assaut » à Vincennes, les gars voulaient tous y aller et arriver en premier.

Donc, malgré ces quelques « lames de fond », l'opération de la porte de Vincennes est une vraie réussite ?

C'est même une très grande réussite. Pour la première fois de notre histoire, nous avons géré deux crises en simultané avec deux groupes d'intervention différents : le GIGN et la FIPN (qui regroupe le RAID et la BRI), placée sous mon commandement. Les terroristes étaient également tous en contact. C'était une équation à dix inconnues. Or nous l'avons résolue. Nous avons sauvé 26 vies. Pour un flic, cela donne du sens à toute sa vie professionnelle et personnelle.

Durant la commission d'enquête parlementaire devant laquelle je suis passé, un député m'a dit : « *Vous avez eu de la chance !* »

Je lui ai répondu :

« *Non, Monsieur, nous n'avons pas eu de la chance. La chance, c'est quand on réussit sans avoir rien travaillé. Nous, on s'entraîne tous les jours. Je veux bien reconnaître que nous avons eu de la réussite, mais je réfute le terme de "chance".* »

La réussite comme l'absence de réussite font partie du quotidien des policiers.

Le prochain rendez-vous est fixé au vendredi 6 mai.

18. Au seuil du Paradis des hommes en noir

> « *Le souvenir, c'est la présence invisible.* »
> Victor Hugo.

Vendredi 6 mai 2016

Escorté par le GIGN, Salah Abdeslam, le seul survivant des commandos terroristes du 13 novembre 2015, a été rapatrié en France le 27 avril en hélicoptère depuis la Belgique. Il est actuellement incarcéré à la prison de Fleury-Mérogis dans l'attente de son procès.

J'arrive à Bièvres sous un soleil printanier. L'air est léger et contraste fortement avec le sujet que nous allons aborder aujourd'hui.

Après les attentats du mois de janvier, vous vivez des moments douloureux, ici, à Bièvres.

Oui. Trois mois après l'opération du RAID et de la BRI à Vincennes, le service est touché par trois décès.

Au mois d'avril, c'est Allan, un opérateur de la section d'intervention âgé d'une quarantaine d'années, qui nous quitte. Grand spécialiste des techniques de varappe et de corde, très connu à l'étranger où il a accompli de nombreuses missions, passionné de rugby, il doit faire face à une maladie grave. Son traitement semble lui réussir. Après quelques mois d'arrêt maladie, il reprend le travail. Il est même présent en base arrière sur l'opération de Vincennes. Je pense alors, comme tous ses collègues qui l'entourent beaucoup, qu'il va s'en sortir mais en réalité, son état se dégrade très rapidement. Son décès survient dans une période où, malgré l'euphorie liée à la réussite de Vincennes, il y a aussi beaucoup de fatigue. Pour l'unité, c'est un vrai traumatisme, d'autant que plusieurs membres de la famille d'Allan travaillent au RAID et dans d'autres groupes d'intervention.

Un mois plus tard, Mickaël, un maître-chien, met fin à ses jours en rentrant chez lui. L'après-midi même, ici à Bièvres, il participe à un barbecue avec ses collègues et leur famille. Le temps est au beau fixe. Avant de partir à Marseille pour une grosse opération pour le compte de la PJ, je les vois tous rassemblés et, en moi-même, je me dis qu'ils ont l'air heureux. Mickaël, qui revient d'une mission en Afghanistan, rencontre des problèmes dans sa vie personnelle mais certains de ses camarades le savent et veillent sur lui. Ce jour-là, donc, tout semble aller pour le mieux. Personne ne peut imaginer le drame qui va suivre. J'apprends la nouvelle une fois arrivé à Marseille : Mickaël est décédé. Il a mis fin à ses jours. Comme tous ses collègues, je suis sous le choc.

Comme il s'agit d'un suicide, il y a une enquête ?

Évidemment, et cette enquête administrative rajoute de la tragédie à la tragédie. Bien que nécessaire, elle est ordonnée et menée sans beaucoup de tact. L'un des plus proches collègues de Mickaël est auditionné cinq heures durant. Alors après Vincennes, après deux décès, sachant que tous les maîtres-chiens et leur chef de section ressentent déjà une forte culpabilité suite à la disparition de leur ami, il me semble que l'on appuie un peu fort et que l'on renforce le traumatisme. Je demande aussitôt que mes gars ne soient pas tous interrogés de la sorte et que des psychologues les accompagnent tout au long de l'enquête. J'exige aussi d'être auditionné en tant que chef de service, ce qui sera fait.

L'unité canine compte une dizaine d'hommes pour une quinzaine de chiens spécialisés dans l'assaut ou dans la détection d'explosifs – ils sont capables de renifler jusqu'à 80 substances différentes. Les maîtres-chiens opèrent avec nous lors des interventions ou bien partent en renfort des services de protection lors des voyages présidentiels. Avec la disparition de Mickaël, cette équipe, particulièrement soudée et solidaire, est moralement très marquée.

L'enquête judiciaire et l'enquête administrative de l'IGPN constateront une absence de responsabilité du service.

Et vous perdez encore un homme le mois suivant…

Le mois suivant, c'est Patrick qui décède. Sa mort me touche particulièrement car j'ai des liens étroits avec lui. En arrêt maladie (il souffre d'un cancer), je le rencontre pour la première fois quatre mois seulement après mon arrivée au RAID. « *Vous savez,* me confie-t-il ce jour-là, *je suis entré au RAID après avoir lu un article que vous aviez écrit dans le journal* Civique [47] *lorsque vous étiez à la tête des GIPN. C'est vous qui m'avez donné la vocation et je ne l'ai jamais regretté !* » L'aveu me semble sincère et me touche profondément.

Dès son retour au service, nous échangeons beaucoup. Comme moi, il a pratiqué les arts martiaux à haut niveau. Il a même été plusieurs fois champion de France de karaté. D'un tempérament très zen et de nature à tranquilliser les autres, il en impose sans forcer.

Patrick est un excellent opérateur dans les colonnes d'assaut mais il est toujours sous traitement. Je lui propose alors un poste à l'état-major, que je viens de créer, avec une mission bien précise : m'aider à faire le lien entre l'unité centrale du RAID et les GIPN appelés à devenir nos antennes. Une mission délicate, à vrai dire, car les mentalités et les techniques opérationnelles entre Bièvres et les régions sont assez différentes. Patrick comprend tout de suite ce projet de service et l'intérêt de fusionner avec les GIPN pour faire face aux nouvelles menaces terroristes. Connu et reconnu dans le milieu de l'intervention, avec une parole qui porte et une vision de la vie très constructive due à son passé de champion de karaté après une adolescence tumultueuse, il a une véritable aura. Il arrive à convaincre et accomplit un travail remarquable. Il opère également à Vincennes, le 9 janvier 2015, où il occupe un rôle en base arrière au PC opérationnel. Quelques mois plus tard, sa maladie reprend le dessus. Nous perdons Patrick au mois de juin. Après deux décès coup sur coup, son départ crée un nouveau traumatisme. Pour tous, la peine est immense.

---

47. *Civique* est le magazine de la police publié par le ministère de l'Intérieur.

Vous semblez vous être beaucoup appuyé sur lui.

Patrick représentait tout ce que j'aime dans la police. Nous avons passé des heures et des heures à discuter de l'évolution du RAID. Comme il n'était pas du genre à dire « non » par principe à des idées nouvelles, son point de vue comptait beaucoup pour moi. Je dirais même plus : cet homme a très certainement influencé mon projet de service. Ouvert d'esprit, avec un sens de la vie phénoménal, il m'a aussi rasséréné plus d'une fois sans le savoir. Il m'a donné de sa force quand moi-même je doutais pour continuer à avancer.

Pour rendre hommage à nos trois disparus, nous poserons trois plaques commémoratives à Bièvres, au nom de chacun : une sur le terrain de rugby pour Allan, une au chenil pour Mickaël et une sur le tatami dans la salle d'entraînement pour Patrick.

Cultiver la mémoire des disparus, c'est important pour vous ?

C'est essentiel. Au RAID, c'est une tradition très ancrée mais qui n'a rien de morbide. Il s'agit de rappeler que le travail peut être dangereux et de ne surtout pas oublier ce que nos disparus nous ont apporté. Dans la cour d'honneur, il y a d'ailleurs un monument aux morts sur lequel sont inscrits tous les noms des opérateurs qui ont perdu la vie dans l'exercice de leurs fonctions. Nous leur rendons hommage tous les ans. Pour Allan, Mikaël et Patrick, nous organisons des challenges sportifs en leur mémoire. Des tournois de rugby avec les hommes du RAID et leurs familles.

Dans l'hommage que vous avez rendu à Patrick au RAID, vous avez écrit : « Tu as franchi le seuil du Paradis des hommes en noir. » Que voulez-vous dire ?

« *Le seuil du Paradis des hommes en noir* », pour moi, c'est le passage après la mort pour aller vers autre chose. Je pense qu'on se retrouve tous quelque part, sans doute par affinités. J'ai véritablement le sentiment que les hommes du RAID, comme tous ceux qui risquent leur vie pour défendre des valeurs démocratiques partout dans le monde, sont récompensés dans un paradis où ils ont, j'imagine, un endroit bien à eux pour se retrouver.

Je suis catholique. Je ne pratique pas mais j'ai été baptisé et j'ai fait mes deux communions. Je pense qu'il y a quelque chose d'autre après la mort. Tout du moins, je l'espère… Je ne peux pas imaginer qu'un être humain puisse disparaître comme ça, du jour au lendemain.

Dans votre métier, vous risquez parfois votre vie. Cette croyance rend-elle ce risque plus acceptable ?

Non, bien sûr que non. Ma spiritualité est tout à fait personnelle. En aucune manière elle ne doit interférer dans le cadre de mon commandement. Lors des opérations, je ne pense pas à la mort. Je suis pragmatique, terre à terre. J'essaie de ne faire prendre aucun risque inutile à mes hommes. Je ne sublime pas non plus ma mission. D'ailleurs, j'ai bien l'intention de rester en vie le plus longtemps possible. Je me sens bien sur Terre ! J'en profiterai jusqu'au moment de m'éclipser…

Ce qui est certain, c'est que vous défendez des valeurs ?

Je crois profondément en des valeurs comme la liberté et l'égalité, qui existent dans notre pays. Face à des terroristes portés par des folies meurtrières, qui ne croient pour la plupart en rien, contrairement à ce qu'ils affirment, je désire défendre mes concitoyens et mettre fin à ces tueries. C'est sans doute ma manière à moi de me mouvoir dans la vie. De la même manière, face à un type qui déraille complètement et qui prend en otage son enfant, comme tous les gars ici, j'ai envie de sauver la vie du gosse mais je veille aussi à préserver la vie du forcené qui traverse, lui aussi, un grand moment de souffrance.

Voilà pourquoi le RAID résout 80 % de ses interventions par la négociation. L'an dernier, hormis les opérations de Vincennes, de Saint-Denis et du *Bataclan*, on n'a pas tiré un seul coup de feu. Et on les a toutes réussies, sans aucun blessé grave. Pourtant, nous sommes l'unité qui intervient le plus en Europe sur des forcenés ou des preneurs d'otages – en moyenne, entre 60 et 80 fois par an.

Vous dites souvent que les hommes du RAID sont aussi dans l'affect. Pourquoi, selon vous ?

Ils vivent des moments très forts, dont certains sont historiques et récompensés. Le RAID est d'ailleurs la seule unité de police dont le drapeau ait été décoré deux fois : avec la médaille pour « Acte de courage et dévouement » pour l'affaire Merah, et celle de « la Sécurité intérieure », échelon or, pour Vincennes. Cette tradition, qui tend plus du côté militaire que policier, entretient la mémoire et contribue à souder les groupes de cette unité. Par ailleurs, ils vivent et travaillent toute l'année en équipe. Et en opération, ils doivent se faire une confiance mutuelle totale. C'est absolument vital. Tout cela crée du lien et de l'affect.

La confiance, c'est donc un mot qui revient souvent au RAID ?

Oui, car c'est une confiance qui va très loin. Le RAID intervient en unité constituée, par conséquent, ainsi que je vous l'ai dit, la part d'initiative personnelle sur le terrain est faible. Il faut obéir aux ordres. Quand vous avez un snipeur sur un toit chargé de vous protéger pendant que vous opérez au sol dans la colonne d'assaut, vous avez intérêt à avoir une totale confiance en lui. Sans quoi vous n'allez pas au front. Car si ce snipeur ne remplit pas précisément la mission qui lui est confiée, la colonne risque d'être décimée. Chaque rôle est essentiel et tous s'imbriquent les uns les autres, comme dans un jeu de légos. Maintenant, je vous rassure, on ne pense pas à la mort tous les jours, loin de là !

19. Rencontre avec les otages

« Qui sauve une seule vie sauve le monde.»
Parole d'un otage
de l'*Hyper Cacher* citant le *Talmud.*

Quelques mois après l'affaire de Vincennes, vous recevez les otages de l'*Hyper Cacher** ici, à Bièvres…

Effectivement. Quelques mois après Vincennes, une association juive, dont font partie plusieurs des otages retenus par Coulibaly dans la supérette, nous contacte. Ces personnes souhaiteraient vivement nous rencontrer pour échanger avec nous. Je trouve l'idée très bonne mais je réserve ma réponse, voulant m'assurer que mes gars sont également partants. Tous se montrent très enthousiastes, à condition toutefois que la rencontre ne soit pas médiatisée et que leur anonymat soit préservé.

Le jour de la rencontre, j'accueille d'abord les otages avec mon staff puis les opérateurs nous rejoignent. Le rendez-vous, qui se déroule le matin, dure deux fois plus longtemps que prévu. Personne ne pense à aller manger. S'engage une discussion très forte, avec de belles paroles et de vraies questions.

Par exemple ?

Les otages veulent par exemple comprendre pourquoi nous avons risqué nos vies pour eux, alors que nous ne les connaissions pas. Bien sûr, tous en chœur, on leur répond immédiatement que c'est notre métier, que nous sommes entraînés… Cela donne souvent l'échange suivant :

« Vous êtes otages, nous sommes policiers, nous jouons notre rôle.

— Oui, d'accord, tout cela on le sait bien. Mais plus profondément, plus sérieusement, qu'est-ce qui vous pousse à risquer votre vie pour des gens avec lesquels vous n'avez aucun lien ? Quelles sont vos motivations autres que professionnelles ? »

C'est en effet une vraie question.

Oui, c'est une question très profonde, à laquelle il est vraiment difficile de répondre. Pour ma part, j'avoue que je ne sais pas. Je ne sais vraiment pas. La seule chose que je sais, c'est qu'il n'était pas question pour moi de ne pas intervenir ce jour-là. Pareil pour mes gars. La preuve, quand j'ai donné le lop départ pour l'assaut, personne n'a hésité. Pas même un quart de seconde. Pourtant, encore une fois, je reconnais que cette opération comportait des risques énormes.

Avec cette rencontre, les otages vous offrent un vrai contre-champ. Leur posez-vous également des questions ?

En ce qui me concerne, je désire en savoir davantage sur ce qu'ils ont vécu et ressenti durant ces quatre heures de captivité. Comment, par exemple, ont-ils géré la peur et le stress ? N'oublions pas que le terroriste a tué quatre personnes au début de la prise d'otages, dont une qu'il a laissée agoniser longtemps sous leurs yeux. Et que plusieurs d'entre eux étaient accompagnés de leur enfant en bas âge. Comment ont-ils réagi aux ordres de Coulibaly ? Certains ont-ils cherché à le neutraliser ou à élaborer une stratégie commune ? Quelle ressource intérieure a mobilisé l'une des deux femmes que Coulibaly avait chargées d'inspecter le sous-sol pour lui mentir, sauvant ainsi la vie des otages cachés dans la chambre froide ? Puis, après leur libération, comment ont-il vécu cette liberté retrouvée ? Comment envisagent-ils la vie aujourd'hui ? Beaucoup de choses changent-elles après ? J'ai obtenu des réponses que je garderai pour moi.

Lorsqu'on est pris en otage, y a-t-il une conduite spécifique à adopter en attendant les forces de l'ordre ?

C'est difficile à dire. Le seul comportement qui, lui, ne nous aide pas du tout est le syndrome de Stockholm, bien connu : l'otage prend fait et cause pour son geôlier au point de s'opposer à toute intervention. Mais c'est rare.

Dans l'affaire de Vincennes, l'un des otages, Yohann Dorai, a écrit un livre, *Hyper caché* [48], dans lequel il raconte ce qu'il a vécu pendant ces quatre heures. Caché dans l'une des chambres froides du sous-sol, il s'est plusieurs fois demandé s'il devait monter au rez-de-chaussée comme l'exigeait Coulibaly ou non… S'il montait, il risquait sa vie; s'il ne montait pas, Coulibaly menaçait de tuer d'autres otages. Ce sont des choix cornéliens, des interrogations terribles. À sa place, je ne sais vraiment pas ce que j'aurais fait. Il est resté caché. La suite de l'opération lui a donné raison.

Comment se termine cette rencontre avec les otages?

À la fin de la rencontre, l'un des otages prononce cette phrase, tirée du *Talmud*: « *Qui sauve une seule vie sauve le monde.* » Le penser serait très présomptueux mais c'est bon à entendre et à partager avec tous les hommes du RAID et de la BRI qui sont intervenus ce jour-là. Ils nous ont aussi laissé des lettres de remerciement, dont certains extraits sont affichés dans le grand escalier qui mène à nos bureaux. Les lire nous fait du bien [49].

« *Vous avez été soucieux de la vie de chacun des otages en vous exposant au risque de pertes dans vos rangs; les citoyennes et citoyens que nous sommes n'oublieront jamais les 4 lettres qui vous identifient: R.A.I.D.* »

« *Vous êtes devenus les héros de notre communauté et de nos enfants; votre sens du devoir, votre amour pour les valeurs de la République, votre courage, sont les preuves que nous pouvons encore croire en nos institutions, en nos policiers, en la France. La haine d'hier s'est transformée en un message de paix et d'encouragement contre la terreur qu'on veut nous imposer.* »

Le 14 juillet 2015, le RAID, le GIGN et la BRI-PP sont mis à l'honneur lors du défilé militaire sur les Champs-Élysées. C'est une première. Une belle marque de reconnaissance?

48. *Hyper caché* de Yohann Dorai et Michel Taubmann, Éditions du Moment, 2016.

49. Pour préserver l'anonymat des personnes qui ont écrit ces lettres, nous ne citerons aucun nom ni aucune source.

Oui. En nous faisant défiler sur les Champs-Élysées, le président de la République, le Premier ministre et le ministre de l'Intérieur veulent récompenser toutes les unités spécialisées d'intervention qui ont opéré à Vincennes et à Dammartin-en-Goële.

Prévenus deux mois à l'avance, nous en sommes très honorés mais cela pose un problème : comment préserver notre anonymat ? Nous réfléchissons à différentes solutions. Se grimer le visage ? Bizarre. Mettre une cagoule ? Peu esthétique et « anxiogène », pour reprendre un mot à la mode. Porter un casque lourd ? Difficile à supporter tout au long du trajet. Nous optons finalement pour un casque léger d'intervention avec les lunettes fumées dont on se sert lors des exercices de tir ou en opération. Les essais sont plutôt satisfaisants. De plus, on nous assure qu'il n'y aura aucun plan serré sur les visages des opérateurs.

Une fois ces questions réglées, beaucoup se portent volontaires pour défiler mais il est décidé que chaque unité, la BRI, le GIGN et le RAID, doit former un carré de 6 personnes autour de leur drapeau, avec un chef de file. On me pousse à en prendre la tête mais je préfère désigner L4, Éric B., mon chef d'état-major, qui vit et vibre pour le RAID depuis des années. Il a participé à de nombreuses missions, dont Human Bomb à Neuilly, il m'a aidé à construire mon état-major lorsque j'ai pris mes fonctions à Bièvres mais, surtout, il a été mon commandant opérationnel sur l'affaire de Vincennes. C'est lui qui a élaboré les plans de l'assaut. On lui doit une bonne partie de notre réussite.

Lors de leur passage, toutes les unités d'élite sont très applaudies. Parmi les opérateurs, dans le carré du RAID, il y a une snipeuse. C'est la seule femme présente ce jour-là.

Ce défilé reste pour nous un excellent souvenir et une source de grande fierté. J'adresse un grand remerciement à nos autorités et à nos compatriotes.

Le prochain rendez-vous est fixé au mercredi 25 mai.

Troisième partie

DU *BATACLAN* À L'EURO 2016

20. Les attentats du 13 novembre 2015

« Du fanatisme à la barbarie, il n'y a qu'un pas. »
Denis Diderot, *Essai sur le mérite de la vertu.*

Mercredi 25 mai 2016

Dans l'actualité, Jean-François Copé veut interdire le port du voile islamique dans tous les établissements publics. L'État islamique a perdu une bonne partie du territoire qu'il a conquis. Un avion de la compagnie aérienne Egyptair, reliant Paris au Caire, s'est désintégré en Méditerranée le 19 mai, faisant 66 victimes. La thèse d'un attentat est évoquée.

Lorsque j'arrive à Bièvres, en milieu d'après-midi, je tombe en plein tournage d'une scène extérieure du futur film de Dany Boon : RAID Dingue. *L'histoire d'une jeune femme qui rêve d'être la première fliquette à intégrer le groupe d'élite du RAID. Et qui s'entraîne dur pour cela. Dans la cour d'honneur, il y a des câbles, des caméras et des projecteurs partout. L'ambiance est bon enfant. J'emprunte le grand escalier qui mène aux postes de commandement. Malgré les fréquents appels radio, parfois inquiétants, qui fusent dans la pièce d'à côté, le patron du RAID semble détendu.*

Aujourd'hui, il est prévu d'évoquer les attentats du 13 novembre 2015 à Paris, qui ont fait 130 morts et des centaines de blessés.

Le 13 novembre 2015, vers 21 h 30, tombent les premières alertes info selon lesquelles des explosions auraient été entendues au

Stade de France, à Saint-Denis, pendant le match de football amical France-Allemagne auquel assiste le président de la République, François Hollande. Où êtes-vous à ce moment-là ? Et quand en êtes-vous informé ?

Ce soir-là, ma femme et moi avons invité tous mes adjoints et leur épouse à dîner chez nous, en région parisienne. Seul Matthieu, le médecin-chef du RAID, manque à l'appel. C'est l'apéritif, l'ambiance est détendue, chaleureuse. Soudain, tous nos portables bipent en même temps. Mauvais signe. « *Une bombe vient d'exploser aux abords du Stade de France* », m'annonce au téléphone l'un des deux officiers du RAID présents au Stade dans le cadre de la préparation de l'Euro 2016. Mes hommes se rapprochent du lieu de l'explosion. Ils nous rappellent : « *Il vient d'y avoir une deuxième explosion. Pas de doute, ce sont des attentats avec des gilets explosifs. Des kamikazes.* » Il est un peu moins de 21 h 30.

Nous apprenons également qu'il y aurait d'autres troubles graves dans Paris. Comprenant qu'il s'agit sûrement d'attentats multiples, nous enfilons nos combinaisons noires d'intervention, que nous avons toujours dans nos véhicules. À ma demande, L2 part à Paris, direction place Beauvau, le siège de la direction de la Police nationale, pour se mettre en stand-by et attendre les consignes. L3, L4 et moi-même fonçons tous les trois à Bièvres. Sur le trajet, je mets l'ensemble des effectifs du RAID – c'est-à-dire l'unité centrale parisienne et toutes les antennes régionales – en pré-alerte, puis en alerte. Je déclenche également l'ERI, l'Échelon rapide d'intervention du RAID [50], à qui je demande de rejoindre L2 place Beauvau. Par téléphone, je rends compte des dispositions prises et de nos positions à Jean-Marc Falcone, le directeur général de la Police nationale.

Entre-temps, nos officiers nous informent qu'une troisième explosion vient de se produire à 21 h 53 au Stade de France : « *Encore des gilets explosifs !* » Mes adjoints et moi recevons des appels de toutes parts, parfois contradictoires. On nous signale que des coups de feu sont tirés dans Paris, en particulier dans le XIe arrondissement,

---

50. Opérationnel 24 heures sur 24, l'Échelon Rapide d'Intervention du RAID se déplace beaucoup plus vite qu'une colonne d'assaut. Elle a été créée après les attentats de janvier 2015 et compte en tout une dizaine d'opérateurs.

à plusieurs endroits différents. La situation semble de plus en plus chaotique. Nous sommes sur le point d'arriver à Bièvres lorsque nous apprenons qu'une fusillade est en cours au *Bataclan*.

Comment réagissez-vous à toutes ces menaces ? Quelles sont vos intuitions ?

Je suis inquiet, bien sûr. Je prends la situation extrêmement au sérieux mais je suis très loin d'imaginer la tragédie qui se déroule au même moment dans Paris. Les informations qui nous parviennent sont encore très confuses et nuisent parfois à l'efficacité et à la rapidité de nos interventions. Ainsi, notre salle de commandement ordonne à l'ERI de se rendre place de la Concorde, où des coups de feu sont également signalés. Et là, malheureusement, on perd du temps. Entre les alertes réelles, comme celle du *Bataclan*, et celles qui se révéleront fausses, c'est très difficile d'y voir clair.

Vous arrivez à Bièvres…

J'arrive à Bièvres avec mes adjoints. Les effectifs sont au complet et les deux colonnes d'assaut constituées. Nous prenons tous la route pour Paris.

Auparavant, je donne par téléphone à L2, qui est dans Paris, l'instruction de se diriger vers le *Bataclan*. J'en avise mon directeur général, qui confirme cette décision. Après son passage place de la Concorde, l'ERI, qui compte 8 opérateurs du RAID, rejoint L2 devant la salle de spectacle. Le chef de la BRI est déjà sur place avec 7 hommes de son équipe rapide d'intervention. La FIPN n'est pas déclenchée. C'est donc au chef de la BRI que revient le commandement des opérations puisqu'il est sur son domaine géographique de compétence. L2 et l'ERI se mettent à sa disposition pour renforcer son dispositif. Il y a aussi des primo-intervenants, notamment des policiers de la BAC-PP appuyés par les BAC du 94, qui sont déjà sur les lieux car elles patrouillent H24.

De mon côté, je n'en sais pas plus. Il n'y a pas d'échange entre les équipes qui sont à l'intérieur du *Bataclan* et nous. Les deux commissaires de la BRI et du RAID qui, eux aussi, renforcent les équipes d'intervention dans la salle de spectacle, font face à une situation si brutale qu'ils n'ont ni le temps ni l'opportunité d'en informer l'extérieur.

Avec mes deux colonnes, j'approche du centre de Paris. On me signale que deux terroristes seraient retranchés dans un immeuble rue de la Fontaine-au-Roi. Je donne alors à L3 l'ordre de s'y rendre immédiatement avec une des deux colonnes. Avec l'autre, je garde le cap sur le *Bataclan*. Sentant la menace s'alourdir, je demande par téléphone que soit constituée une troisième colonne d'assaut à Bièvres, ce qui est inhabituel. Même s'ils ne sont pas de permanence, tous les opérateurs du RAID sont déjà revenus de leur propre initiative à Bièvres, y compris ceux qui sont de repos ou de congé. Les blessés légers et le personnel administratif reviennent eux aussi pour tenir les postes d'état-major, renforcer le standard ou la salle de crise, mise en place pour l'occasion. Le RAID, c'est ça ! Je n'ai donc aucun mal à constituer cette troisième colonne d'assaut. Elle nous rejoindra plus tard au *Bataclan*.

Sur les sites d'information, les « urgent » tombent les uns après les autres. 22 heures : BFM TV annonce plusieurs morts dans la fusillade. 22 h 14 :* L'Express *confirme deux explosions près du Stade de France. 22 h 35 : une fusillade dans le XIe arrondissement aurait fait au moins 18 morts, selon la Préfecture. 22 h 36 : BFM TV évoque une prise d'otages en cours à l'intérieur de la salle du* Bataclan*... On devine malheureusement qu'il s'agit d'un sur-attentat*[51]*. Dans quel état d'esprit êtes-vous alors ?

Il ne s'agit pas exactement d'un sur-attentat mais de plusieurs attentats. Je suis tout entier dans l'action, dans la phase d'organisation. Ma seule préoccupation pour le moment est de savoir où et comment je vais être le plus utile. Encore une fois, je suis très loin d'imaginer le drame qui se déroule au *Bataclan*. J'ai simplement la certitude qu'il s'agit du foyer de troubles le plus important. J'entre dans la salle de spectacle un quart d'heure environ après ma première équipe d'intervention rapide, commandée par L2. « *Il y a plusieurs dizaines de tués. Il y a beaucoup de blessés. C'est une horreur* », ainsi que le dit François Hollande s'exprimant en direct à la télévision le soir du 13 novembre. Comme on le sait, cette prise d'otages a fait 90 morts et des centaines de blessés, dont beaucoup de blessés lourds qui resteront handicapés à vie.

---

51. On parle de « sur-attentat » lorsque plusieurs attentats ont lieu de façon simultanée dans un même périmètre.

21. Incursion en enfer

« Vendredi soir, vous avez volé la vie d'un être d'exception, l'amour de ma vie, la mère de mon fils, mais vous n'aurez pas ma haine. Je ne sais pas qui vous êtes et je ne veux pas le savoir, vous êtes des âmes mortes. Si ce Dieu pour lequel vous tuez aveuglément nous a faits à son image, chaque balle dans le corps de ma femme aura été une blessure dans son cœur. »

Antoine Leiris, extrait de sa lettre ouverte
publiée sur Facebook après la mort de sa femme
le 13 novembre au *Bataclan*[52].

Lorsque vous entrez au* Bataclan*, que voyez-vous ? Que ressentez-vous ?

Il n'y a pas de mot pour l'exprimer. C'est inimaginable. Irréel. C'est un bain de sang, littéralement. Un massacre. La fosse est recouverte de corps. Personne ne bouge. Il y a des morts, des blessés graves et des blessés plus légers qui sont tétanisés. Nous savions qu'une fusillade était en cours mais nous ne pouvions imaginer une telle tragédie. C'est un véritable carnage. On entend le râle des blessés, pour la plupart des jeunes gens, et le bruit des téléphones portables des victimes qui vibrent sans cesse.

Sous le choc, je n'arrive pas immédiatement à reprendre mes esprits. Je me dis : « *Je ne veux pas être là. Je ne veux pas voir cela. Je veux partir.* » Je me projette alors immédiatement au cœur du village de montagne de mon grand-père, où j'ai passé des vacances enfant. Un endroit paisible, heureux, avec une rivière… Ce flash, qui dure

52. La lettre ouverte d'Antoine Leiris sera publiée fin mars 2016 aux éditions Fayard sous le titre *Vous n'aurez pas ma haine.*

une fraction de seconde, me permet de me restructurer mentalement. Cette technique, qui m'est personnelle, est particulièrement efficace. Je reviens à la réalité et je pense alors : « *C'est du sérieux. Il va falloir convaincre tes adjoints et tes troupes d'aller au contact de ces dingues, qui portent des gilets explosifs et qui veulent faire exploser tes colonnes d'assaut.* »

Dans la salle, il est extrêmement difficile de marcher, d'évoluer. Le sol est entièrement recouvert par les corps des vivants et des morts. Or il nous faut progresser à l'intérieur pour sécuriser les lieux. Nous avançons comme nous pouvons entre les victimes, précautionneusement, dans le sang, les vêtements salis, les sacs et les débris.

Avant de poursuivre, pouvez-vous nous rappeler précisément les faits ?

Oui. Je vais essayer d'être le plus précis possible mais il faut prendre en compte le fait que cette tragique soirée s'est imprimée dans nos esprits de manière presque irréelle et qu'à bien des égards, les réalités que nous avons vécues sont teintées de perceptions qui nous sont propres et forcément sujettes à interprétations.

À 21 h 41, trois terroristes arrivent au *Bataclan* à bord d'une Polo noire. Ils tirent sur le vigile et des personnes présentes à l'extérieur. Des témoins les entendent crier : « *Allahu Akbar !* » Il n'y a pas de doute, il s'agit bien d'une attaque terroriste. Ils pénètrent à l'intérieur de la salle de spectacle par l'entrée principale, d'où ils ouvrent le feu en rafale sur la foule puis achèvent des blessés au coup par coup. Sur scène se produit le groupe rock *Eagles of Death Metal* et 1 500 spectateurs assistent au concert, qui a débuté une demi-heure plus tôt.

Moins d'un quart d'heure plus tard arrivent les primo-intervenants de la BAC, le commissaire de la brigade de nuit et son chauffeur, un brigadier. Voyant des personnes s'enfuir par l'issue de secours de la salle dans le passage Saint-Pierre-Amelot, ils se postent à l'angle de ce passage et transmettent les informations par radio : « *C'est une scène de guerre, des personnes sont au sol, blessées ou mortes* [53]. »

---

53. « Rapport fait au nom de la commission d'enquête relative aux moyens mis en œuvre par l'État pour lutter contre le terrorisme depuis le 7 janvier 2015. » Tome 2. « Compte-rendu des auditions » , p. 360.

Vers 22 heures, le commissaire et le brigadier de la BAC-PP pénètrent très courageusement dans la salle avec leur seule arme de poing et ouvrent le feu sur le premier terroriste, qui est debout sur la scène. Touché, le kamikaze, qui porte un gilet piégé, explose ou se fait exploser. Les deux autres terroristes se retranchent alors à l'étage avec une dizaine d'otages. Mais tout cela, on l'apprendra bien plus tard. Avant notre propre intervention, alors que nous sommes à l'extérieur de la salle, nous sommes dans le noir complet : nous ignorons tout de l'ampleur du massacre à l'intérieur du *Bataclan*, du nombre de terroristes et si des explosifs sont placés ou non dans la salle. À titre personnel, je pense même qu'il y a quatre terroristes.

Le chef de la BRI arrive devant le *Bataclan* avec sa Force d'intervention rapide (FIR). Puis L2, à 22 h 28 [54], qui est rejoint à son tour par l'Échelon rapide d'intervention du RAID. Dans un premier temps, Christophe Molmy, qui a le commandement du dispositif, demande à L2 de positionner des tireurs à l'extérieur tandis que les hommes de sa Force d'intervention rapide progressent lentement au rez-de-chaussée du *Bataclan.*

Mais très rapidement, comprenant que les hommes de la BRI sont trop peu nombreux à l'intérieur, L2 fait pénétrer ses effectifs de l'ERI du RAID à leur tour dans la salle de spectacle pour les renforcer. Les deux équipes fouillent ensemble une partie de la salle, les couloirs, les toilettes et exfiltrent au fur et à mesure les otages…

Il faut bien comprendre la configuration du *Bataclan* car elle complique fortement cette intervention. *[Le patron du RAID dessine le plan du théâtre sur une feuille de papier.]* Au rez-de-chaussée, il y a l'entrée, le bar, la fosse (sans siège) et la scène au fond. Au premier étage, il y a, comme dans les théâtres, des balcons en fer à cheval. Il y a aussi des loges et des escaliers des deux côtés.

Les deux terroristes sont retranchés à l'étage dans une pièce fermée par une porte, non loin d'un escalier qui mène au rez-de-chaussée. On ne les trouve pas tout de suite car la configuration des lieux leur permet de se cacher en de nombreux endroits. À un moment, on pense même qu'ils sont partis. Mais non. Ils attendent les forces de

54. « Rapport fait au nom de la commission d'enquête relative aux moyens mis en œuvre par l'État pour lutter contre le terrorisme…, *op. cit.*, t. II, p. 347.

police pour mourir en martyrs, en faisant le plus de morts possible. Ne disposant pas encore de beaucoup d'informations, notre crainte est que tout le bâtiment soit piégé et qu'il explose.

J'arrive vers 23 heures avec ma colonne d'assaut devant le *Bataclan*, une petite demi-heure après mon Échelon rapide. La colonne d'assaut de la BRI nous rejoint également à ce moment-là. On déploie notre matériel. Nous sommes en nombre, même si la deuxième colonne du RAID est, je le rappelle, partie opérer rue de la Fontaine-au-Roi. C'est à cet instant précis que je me demande: « *Comment vais-je convaincre mes gars d'aller au combat ?* »

Mes opérateurs et mes adjoints, L2 et L4, sont avec moi, en position. Il y a aussi mon chauffeur et la négociatrice du RAID. Face à l'ampleur du massacre, la seule solution, c'est d'y aller et d'y aller très vite même. Et c'est ce que nous faisons. Il est rare que mes adjoints et moi-même allions au contact direct des terroristes. Mais là, il faut en prendre l'initiative, la situation l'impose. Même si nous ne sommes pas équipés en lourd – ce qui contrevient à toutes nos mesures de sécurité –, nous devons entrer et faire progresser la colonne rapidement, encourager voire aider les opérateurs à franchir rapidement les obstacles, comme monter sur la scène qui fait 1 mètre de haut avec 40 kilos d'équipement sur le dos. Plus légers, donc plus agiles, mes adjoints et moi-même montons tous les trois sur la scène pour aider nos hommes à prendre pied sur les planches. J'appelle ensuite le directeur général de la Police nationale : « *Nous sommes sur place. C'est un carnage. C'est inimaginable. Personne ne peut imaginer cela.* » Je lui transmets sans doute mon émotion car il répète à plusieurs reprises le mot « carnage », avec ce qui me semble être une tristesse infinie.

Que faites-vous alors ?

D'abord, j'entre en contact avec Christophe Molmy, le chef de la BRI. D'un commun accord, nous nous partageons les lieux très simplement : la BRI prend le premier étage, le RAID, le rez-de-chaussée. La situation a évolué car, désormais, nous savons tous très exactement où sont retranchés les deux terroristes avec la vingtaine d'otages. La mission du RAID est de tenir des positions pour que les deux tueurs ne sortent pas. Ils ont accès au rez-de-chaussée par un escalier et on les entend monter et descendre entre les portes tenues par les BRI au premier étage et le RAID en bas. Ensuite, nous devons sécuriser la scène pour commencer à évacuer les victimes.

Dans le hall d'entrée, nous créons un espace où nous regroupons les blessés. Nous appelons cela « *le nid de blessés* ». Confiées aux médecins du RAID et de la BRI, les victimes reçoivent les premiers soins, sont évaluées, triées puis évacuées vers différents hôpitaux en fonction de la nature des blessures et du degré d'urgence. *[Nous reviendrons plus tard sur la prise en charge des blessés avec Matthieu Langlois, le médecin-chef du RAID.]* Nous postons des snipeurs à différents endroits à l'intérieur de la salle. Certains renforcent la BRI à l'étage.

Une fois les deux terroristes localisés, entrez-vous dans une phase de négociation ?

Le négociateur de la BRI prend contact avec les terroristes. Il y a des échanges et ceux-ci répètent en boucle : « *Nous sommes les soldats du califat et tout ça, c'est de la faute de Hollande, qui attaque nos femmes et nos enfants en Syrie.* » Par expérience, nous avons déjà compris qu'il n'y aura pas de reddition. Il va nous falloir sortir de nos process et innover. Derrière la porte du rez-de-chaussée, l'un des deux terroristes nous demande : « *Qui êtes-vous ? Le RAID ?* » L'usage, dans une négociation, est de ne pas mentir. Ma négociatrice s'apprête donc à lui répondre mais je la stoppe immédiatement : « *Surtout ne dis rien ! Dès qu'ils vont savoir qui nous sommes, ils vont faire exploser leurs gilets pour nous atteindre.* » Ce soir-là, c'est mon instinct qui parle et qui me guide.

Comme l'on s'en doutait, les négociations ne donneront rien. Le négociateur de la BRI indiquera que les terroristes « *étaient très énervés, très speed et confus* [55]. » La situation est figée. Le chef de la BRI et moi communiquons par radio. Il sait ce que je fais ; je sais ce qu'il fait.

Comme il n'y a plus d'autre solution, nous nous préparons tous désormais à l'assaut. Derrière son bouclier Ramsès, la BRI s'apprête à intervenir au premier étage, là où sont maintenant retranchés les deux terroristes. Nous, le RAID, on bloque toutes les voies du rez-de-chaussée pour qu'ils ne puissent pas redescendre par l'escalier intérieur. On bloque aussi les extérieurs pour ne pas se faire prendre

55. *Le Nouvel Observateur*, article mis en ligne dans la rubrique « Temps réel » à 20 h 39.

à revers. Des complices sont peut-être planqués dans le coin. Qui sait ? Christophe Molmy attend le feu vert du préfet de Police et du ministère de l'Intérieur. Moi, je rends compte de la situation à mon DGPN. Le préfet donne l'ordre de lancer l'assaut.

Et vous donnez l'assaut à 00 h 18.

Oui. Au premier étage, la colonne de la BRI enfonce la porte derrière laquelle se tiennent les terroristes avec la vingtaine d'otages, disposés le long des murs et des fenêtres pour former un bouclier humain. À peine entrée, la colonne essuie des rafales de kalachnikov. Un officier de la BRI est gravement blessé à la main.

Les intervenants pénètrent dans la pièce. Par un corridor étroit, les tueurs refluent vers les escaliers. Les opérateurs continuent leur progression sous grenadage. Allongés au sol, les otages rampent sous les boucliers des unités pour s'extraire du cauchemar. L'un des deux tueurs, alors qu'il avance vers les escaliers, explose et meurt instantanément. Les boulons et projectiles contenus dans son gilet explosif pour faire le plus de dégâts possible atteignent son complice, qui meurt à son tour. Le souffle de l'explosion se propage dans l'escalier vers le bas et atteint l'un de mes gars. La BRI et le RAID évacuent les otages, qui sont sains et saufs.

Après l'assaut, on continue à fouiller les lieux. On s'assure qu'il n'y a pas d'explosifs dissimulés pour faire sauter le bâtiment. Au fur et à mesure, on délivre des dizaines et des dizaines de rescapés cachés dans les moindres recoins, jusque dans les faux plafonds ou sur les toits. Terrorisés, certains pensent que nous ne sommes pas de vrais policiers et refusent de nous ouvrir. La troisième colonne du RAID, qui nous a rejoints, dresse alors des échelles sur la façade extérieure pour aller les chercher. Des scènes beaucoup filmées par les médias.

L'opération se termine. Je souffle un peu. Mais je suis aussitôt pris d'une angoisse terrible : où est mon fils ? Est-il en sécurité ? Je lui adresse aussitôt un SMS. Il me répond. Je souffle à nouveau. Mes hommes contactent également leur famille. J'envoie un message à mon épouse puis un autre à mes proches, qui s'inquiètent : « *Incursion en enfer cette nuit, des cadavres, du sang, le râle des blessés et un assaut sur des fous bardés d'explosifs. Au niveau des blessures corporelles, mes hommes vont bien et moi aussi. Bises. J.-M.* »

Quelques minutes plus tard, on nous annonce l'arrivée imminente de François Hollande, de Manuel Valls et de Bernard Cazeneuve. « *C'est de la folie ! On va tuer le président !* », entend-on alors murmurer partout. Je ne le crois pas. Pour moi, le danger est ailleurs. Toujours là où on ne l'attend pas. Je m'inquiète davantage pour les pompiers et pour toutes les personnes qui continuent à s'occuper des blessés aux abords immédiats du *Bataclan*. Je prie le ciel pour qu'aucun autre terroriste ne soit dans les rues, ce soir-là, pour poursuivre le carnage.

Puis vous rentrez à Bièvres ?

Non, car j'attends le retour de la deuxième colonne du RAID. Elle aussi vient de terminer son opération rue de la Fontaine-au-Roi. Je rappelle que trois autres terroristes circulant à bord d'une Seat noire ont ouvert le feu durant 20 minutes sur les clients qui se trouvaient en terrasse de cinq bistrots et restaurants [56] situés rue Alibert, rue du Faubourg-du-Temple, rue de la Fontaine-au-Roi, rue de Charonne et boulevard Voltaire. Ils ont fait des dizaines de morts et de blessés, dont de nombreux sont en état d'urgence absolue.

Je rassemble tous mes gars, encore tous sous le choc. Je leur parle et les remercie pour leur courage puis les libère. Il faut absolument qu'ils récupèrent. Il est plus de 3 heures du matin. Et qui sait de quoi sera fait demain ? Avant de rentrer à Bièvres, mes adjoints et moi-même nous rendons au salon Fumoir pour rendre compte de vive voix à notre directeur général. Le ministre de l'Intérieur et les autres directeurs de la police sont présents. Bernard Cazeneuve nous remercie. Tout le monde est submergé par une tristesse infinie. De retour à Bièvres, je prends ma voiture et je rentre chez moi.

---

56. Les bistrots et restaurants touchés par les fusillades sont *Le Carillon*, *Le Petit Cambodge*, *La Casa Nostra*, *La Bonne Bière* et *La Belle Équipe* ; 39 personnes y ont perdu la vie. Un kamikaze s'est aussi fait exploser au *Comptoir Voltaire*, faisant plusieurs blessés. Au Stade de France, un homme a aussi péri lors d'une des trois explosions. (Source : l'Association française des Victimes du Terrorisme.)

Quelles sont alors vos pensées ?

Je me refais le film de l'intervention des dizaines de fois. J'éteins la radio. Je ne supporte plus d'entendre la moindre info. Je suis extrêmement triste. Je roule, je roule…

[Le patron du RAID, très ému, se lève alors pour ouvrir en grand une fenêtre de son bureau. Je n'insiste pas.]

D'où avez-vous tiré la force d'agir dans cette situation critique ?

La force, très honnêtement, je l'ai tirée de la rage qui m'a envahi en voyant ce parterre de morts et de blessés. De la rage et même de la haine. Mais très vite mes émotions ont été remplacées par l'action : analyser les faits, s'adapter à la situation, remonter les informations à mes supérieurs, prendre des décisions, engager et soutenir mes hommes en étant à leurs côtés…

De cette nuit du 13 novembre 2015 passée en enfer, je retiens aussi tous les actes de bravoure des hommes du RAID, des opérateurs de la BRI, des policiers de la BAC, des autres policiers, des médecins, des secouristes, des militaires, des pompiers… Mais également de tous ceux, hommes et femmes, qui étaient sur les lieux ce soir-là et qui ont porté secours à leurs amis, à leurs voisins ou tout simplement à des inconnus. Il y a eu de nombreux exemples de courage et de solidarité incroyables.

Seul dans ma voiture, sur le chemin du retour, c'est cette pensée qui m'a rassuré. J'ai eu la très nette vision que, tous unis en dépit de la souffrance et de l'horreur, nous étions invincibles. Que nous partageons tous des valeurs qui rendent notre pays extrêmement fort.

22. Médecin-chef du RAID au *Bataclan*

« Seuls les tendres sont vraiment forts. »
James Dean.

Le patron du RAID me laisse un moment seule en compagnie de Matthieu Langlois, le médecin-chef du RAID, pour parler de la prise en charge des victimes du Bataclan. *Lorsque je l'avais croisé entre deux portes, quelques mois auparavant, je sentais bien que cet homme avait des choses à dire* [57]*… Nous échangeons tous les deux.*

Comment s'organisent votre départ de Bièvres et votre arrivée au* Bataclan *?

Alertés, les quatre médecins de l'unité centrale du RAID répondent à l'appel. Au départ de Bièvres, je constitue deux équipes médicales. La première se dirige immédiatement rue de la Fontaine-au-Roi, dans le XIe arrondissement. La seconde, constituée de mon collègue Manu et de moi-même, file au *Bataclan*. Avant de partir, je croise Jean-Michel à qui j'adresse un signe de la main : « *Ok. On est bon !* » Gyrophare. Pleine vitesse. Nous sommes lancés. Mais personne ne peut encore imaginer ce qui nous attend.

Lorsque nous arrivons près du *Bataclan*, c'est le chaos total. « *Planquez-vous, ça tire, ça tire !* », hurlent les policiers qui sont déjà sur place.

57. Quelques mois plus tard, en octobre 2016, Matthieu Langlois livrera son récit dans un livre témoignage, *Médecin du Raid. Vivre en état d'urgence*, aux éditions Albin Michel, avec la participation de Frédéric Ploquin.

On se gare sur le boulevard Voltaire, près du passage Hamelot. Il y a des corps et des blessés partout. On s'équipe, on prend notre matériel et on quitte notre véhicule. «*Les victimes vont être conduites et traitées dans cette impasse*», nous annonce le commandant des opérations de secours, un officier supérieur de la BSPP, la Brigade des Sapeurs pompiers de Paris. Pensant alors que Manu remontera rapidement dans notre véhicule blindé, un PVP («Petit Véhicule Protégé»), je lui attribue tous les brancards disponibles. Erreur: je n'ai aucune idée de ce qui se déroule à l'intérieur du *Bataclan*.

Une colonne du RAID prépare son entrée dans la salle de spectacle. Manu et moi la suivons. Au même moment, une attache de mon casque rompt. Je l'ôte et le pose dans l'entrée. Partout gisent des corps. Puis je vois la fosse. Un massacre. Les images m'arrivent les unes après les autres et me frappent de plein fouet. C'est une impression indescriptible. Pendant quelques fractions de seconde, je suis saisi par la peur devant cette horreur.

Jean-Michel n'est pas très loin de moi. Ensemble, on enjambe les corps pour aller jusqu'à la scène. Passés le choc initial et les premiers instants de sidération, chacun est concentré sur sa tâche. Le Patron et moi n'avons pas besoin de nous parler. Les regards suffisent. Nous faisons la même analyse de la situation: nous allons devoir évacuer les blessés le plus rapidement possible. Il va gérer l'opérationnel et moi, je vais gérer le médical. Manu est à mes côtés. Dès lors, c'est le terrain qui nous guide…

Face au grand nombre de victimes et à la nature de leurs blessures, les policiers se sentent un peu impuissants. Ils ne sont pas médecins. Je croise le regard d'Éric Heip, L2, dans lequel je lis du désarroi: «*Qu'est-ce qu'on peut faire? Il y a au moins 200 victimes…*» C'est à ce moment précis que, devant la fosse, je crie très fort, je hurle presque: «*Que tous ceux qui peuvent bouger se lèvent et viennent vers nous!*» Je répète cette phrase deux fois. Certaines victimes nous regardent, quelques bras se dressent, mais personne ne se lève… De toute évidence, ceux qui l'avaient pu s'étaient échappés avant notre arrivée.

À présent, c'est une certitude: il va tous falloir aller les chercher un par un.

Comment vous y prenez-vous étant donné les conditions ?

Mes collègues policiers sont là pour sécuriser les lieux et assurer notre protection. Pour nous couvrir, quatre snipers forment un carré autour de nous. J'ai une totale confiance en eux. Par radio, nous savons que les terroristes sont retranchés au premier étage avec des otages. La BRI s'y trouve. L'escalier n'est pas loin. S'il faut monter porter secours aux opérateurs, nous y serons en quelques secondes. Mais pour le moment, la priorité n° 1 est d'évacuer les victimes pour les mettre hors de danger. Des bombes peuvent encore exploser, des terroristes se cacher. Je ne réfléchis plus. J'agis. Tout va très vite. Manu est avec moi. Nous retournons dans l'entrée, où nous organisons spontanément un « *nid de blessés* » c'est-à-dire un lieu où, conformément à nos procédures, nous regroupons les victimes. Puis je m'adresse au médecin-chef de la BRI : « *Tu peux nous trouver des brancards de catastrophe*[58] *? Demande à la BSPP, il faut faire vite !* » En effet, aucun pompier ni secouriste ne peut encore pénétrer dans la salle de spectacle car c'est encore bien trop dangereux.

Le nid se vide régulièrement et se remplit aussitôt. Manu et moi y amenons les nouveaux blessés comme nous pouvons : en les portant, en les soutenant, en les brancardant. Il ne s'agit pas d'un poste médical avancé mais d'un endroit où l'on peut effectuer quelques gestes de secours sur les victimes avant qu'elles ne soient évacuées vers le point de regroupement des victimes, rue Oberkampf, puis conduites vers les hôpitaux. Car même dans l'entrée, il ne faut pas traîner. Si tout explose, le nid sera aussi soufflé. Les policiers qui nous aident à brancarder le savent bien, c'est pourquoi ils portent sans relâche les victimes vers les pompiers, avec une abnégation et un courage incroyables.

Comme cela se passe-t-il pour vous à l'intérieur du Bataclan **?**

Inconscients ou trop choqués, les blessés sont silencieux. Muets. Mais on leur parle beaucoup : pour évaluer leur état, pour les rassurer, pour qu'ils s'accrochent… Je me présente : « *Je m'appelle Matthieu, je suis médecin, on s'occupe de vous…* » Comme j'ai posé mon casque

58. Les « brancards de catastrophe » sont des brancards orange spécialement conçus pour être déployés en nombre et en un minimum de temps.

et ôté ma cagoule, je suis à visage découvert. Du coup, la communication s'établit plus rapidement car les victimes savent qu'elles ne me confondent pas avec un terroriste. Elles m'écoutent, elles me font confiance…

Quels sont vos premiers gestes ?

Manu et moi trions les blessés, ce qui signifie prendre des décisions et faire des choix parfois difficiles. Nous réalisons les gestes médicaux indispensables : nous posons des garrots, faisons des pansements, accrochons des bandeaux de couleur sur les victimes en fonction de la gravité de leurs blessures. Entraînés à ce genre de situation, nous savons ce que nous avons à faire mais, ce soir-là, ils sont si nombreux – plus de 200 victimes au moins – que la tâche est colossale. Le plus important, c'est de prendre les décisions en se faisant confiance. À ce moment-là, c'était de les évacuer tous et le plus vite possible. Ceux qui sont inconscients sont rapidement pris en charge et déplacés sur des brancards. Mais les autres, il faut les convaincre. Tétanisés, en état de choc, certains ne veulent plus rien entendre. On se montre alors parfois plus directifs : « *Tu t'appelles comment ? Moi, je m'appelle Matthieu. Je sais que tu souffres. Mais à partir de maintenant, tu vas m'écouter et me suivre.* » Ces mots, je les répète plusieurs fois, tout comme le fait Manu de son côté. Certains nous confient leur prénom, d'autres nous en veulent : « *Laisse-moi, arrête, tu me fais mal !* » Face à leur refus, à leur agressivité parfois, nous nous accrochons au fait que, si nous parvenons à les sortir de cet enfer, nous leur sauvons la vie.

Ce 13 novembre, mon métier d'anesthésiste-réanimateur m'aide beaucoup. En dehors du RAID, je travaille deux jours par semaine à l'hôpital, en blocs opératoires. Avant une opération, les patients sont souvent angoissés. Il faut les écouter, être dans l'empathie mais aussi savoir être ferme pour leur donner confiance. Leur assurer qu'ils sont en sécurité. À l'intérieur du *Bataclan*, instinctivement, j'adopte le même comportement : « *Écoute, là, on n'a pas le temps de discuter. Ce n'est pas le moment. Je te demande de me faire confiance et tout ira bien.* » Par exemple, je demande à l'un d'eux de faire un effort, de marcher 30 mètres pour atteindre la sortie. Il pense que c'est impossible mais il y parvient. Nous évacuons tout un groupe en leur masquant les yeux pour leur éviter de voir le carnage. Un opérateur du RAID donne même sa cagoule à une victime pour qu'elle puisse se bander les yeux.

Avec Manu, on ne peut pas porter tous les corps. Les opérateurs du RAID et de la BAC nous relaient donc sans cesse pour conduire les victimes au nid de blessés puis à l'extérieur, vers les véhicules de secours. Nous leur demandons parfois des choses difficiles. Ils s'adaptent à la situation. Tous se montrent véritablement exceptionnels.

La fosse se vide peu à peu. Un autre médecin de la BRI, Stéphane, nous rejoint. Il monte au premier étage, où le suit Manu. Tous les deux se tiennent prêts pour l'assaut qui va être donné, prêts à porter secours aux opérateurs et aux otages.

Et vous, où êtes-vous au moment de l'assaut?

Je suis monté au premier étage avec les hommes du RAID pour que l'on s'occupe des blessés qui se trouvent dans les bureaux. L'assaut se déroule un peu plus loin. J'entends des tirs, une explosion, des messages radio mais je reste concentré sur mon travail. Nous continuons à nous occuper des otages qui sont sur la mezzanine ou qui se sont cachés derrière les faux plafonds, les portes, ou partout où ils le pouvaient… Nous avons plus de 80 personnes à faire descendre par le balcon, ce qui, dans ce contexte, est une opération longue et risquée.

Puis, trois heures plus tard, tout s'arrête…

C'est assez irréel. Manu et moi nous retrouvons dehors, couverts de sang, sonnés. Sous nos yeux, les victimes que nous venons de libérer une à une du *Bataclan* sont prises en charge par les secouristes, enveloppées dans des couvertures de survie, réparties dans des bus qui démarrent… La tâche était d'une ampleur inédite mais, en unissant nos efforts, nous y sommes arrivés.

Pour nous, les quatre médecins du RAID (dont deux étaient rue de la Fontaine-au Roi) et Stéphane, de la BRI, c'est le début du soulagement, du relâchement. Nous sommes totalement vidés, physiquement et psychologiquement. Tout a été tellement intense…

Quels enseignements en retenez-vous?

Nous savions qu'un jour ou l'autre, nous serions confrontés à ce type de situation et nous nous y étions préparés mais jamais, jamais, je n'aurais pu imaginer un tel scénario. Certaines initiatives ont marché, d'autres moins. Il n'y a pas à juger : nous avons tous fait ce que nous pouvions et du mieux que nous pouvions. Sans l'intervention du RAID au *Bataclan*, de très nombreuses victimes n'auraient pas pu être sauvées. Je n'en tire aucune gloire. Je dis simplement que, ce soir-là, policiers, secouristes, pompiers, blessés légers, personnes dans la rue…, on a tous donné le meilleur de nous-mêmes.

En moins de 3 heures, nous avons secouru des centaines de blessés. Jamais une telle opération – organiser l'évacuation d'une foule de blessés avant la fin de la neutralisation de la menace – ne s'était produite auparavant depuis la création du RAID.

Après cette intervention, j'ai eu de mauvaises nuits, je l'avoue. J'étais abattu. Je pensais constamment aux victimes et je n'avais qu'une obsession : comment améliorer notre dispositif médical ? C'est le travail même du RAID au quotidien : renforcer les process d'intervention face aux nouvelles menaces.

« *Servir sans faillir* », c'est notre devise. Et c'est ce que nous avons fait.

23. Et si…

« Que veulent les terroristes ? Nous diviser, nous opposer, nous jeter les uns contre les autres. Je vous l'assure, ils échoueront. Ils ont le culte de la mort mais nous, nous avons l'amour, l'amour de la vie. »
François Hollande, Hôtel des Invalides, 27 novembre 2015.

Une question me taraude. Pourquoi, selon vous, la FIPN n'a-t-elle pas été déclenchée le soir du 13 novembre ?

Je n'ai pas de certitude en la matière mais une hypothèse : nous agissons sur le territoire géographique du préfet de Police donc je pense que, par correction envers lui, aucune autorité administrative n'a évoqué à chaud ce dispositif. Dans ce cas précis, la dualité Préfecture de Police / Direction générale de la Police nationale ne me semble pas de nature à faciliter ce type de décision. Nous sommes pourtant dans une crise de très grande ampleur. À mon sens, la FIPN aurait pu, aurait même dû être déclenchée mais, sur le moment, personne ne semble y avoir pensé. Ni même après. Pourquoi ? Je ne le sais pas. C'est une question importante, que se poseront plus tard les parlementaires chargés de l'enquête sur ces attentats [59].

59. L'Assemblée nationale créera en effet, le 26 janvier 2016, « *une commission d'enquête relative aux moyens mis en œuvre par l'État pour lutter contre le terrorisme depuis le 7 janvier 2015 de 30 membres* » que nous avons déjà citée (source : site de l'Assemblée nationale). Le rapport d'enquête sera déposé le 5 juillet 2016 et mis en ligne, donc à la disposition des Français, le 15 juillet. Le tome I (« Rapport ») le sera le 12 juillet 2016 ; le tome II (« Comptes rendus des auditions »), le 15 juillet suivant.

Si la FIPN avait été activée, l'opération du* Bataclan *aurait été placée sous votre commandement ?

Oui, et le commandement de la BRI aurait échappé à son chef, Christophe Molmy. Cela aurait d'ailleurs constitué une sorte d'injustice – puisque c'est la BRI qui avait commencé à mener les opérations –, qu'il aurait été nécessaire d'assumer. Les équipes de Christophe Molmy sont arrivées les premières sur place. Lorsque les miennes les ont rejointes, il n'y a eu aucun dysfonctionnement. En l'absence de déclenchement de la FIPN, nous avons eu l'intelligence de nous partager le travail sur le terrain. On a pris ensemble toutes les précautions nécessaires pour permettre l'évacuation d'un maximum de blessés et pour que les terroristes ne déclenchent pas leurs gilets explosifs sur les policiers et les derniers otages enfermés avec eux.

Si la FIPN avait été déclenchée, nous aurions sans doute pu avoir une vision plus globale de la situation et bien plus rapidement : il y aurait eu un même contrôle sur tous les PC opérationnels et un même point d'entrée et de sortie des informations avec les autorités. Mais cela n'aurait malheureusement rien changé à cette tuerie de masse, perpétrée bien avant notre arrivée.

Si des attaques d'une telle ampleur venaient à se reproduire dans Paris, la FIPN serait très certainement déclenchée. N'était-ce pas le but des exercices anti-terroristes grandeur nature effectués par la BRI, le GIGN et le RAID à la gare Montparnasse dans la nuit du 20 au 21 avril 2016 ?

Sans aucun doute. C'est en tout cas le nouveau schéma national d'intervention qui se dessine, souhaité par le ministère de l'Intérieur.

Vous avez beaucoup insisté précédemment sur l'importance du rôle des primo-intervenants. Au* Bataclan, *le commissaire de la BAC et son brigadier ont joué un rôle déterminant, n'est-ce pas ?

Le tueur de masse, terroriste ou non, en France comme ailleurs, ne s'interrompt qu'à partir du moment où il est pris sous les feux des forces de l'ordre. Pourquoi ? Parce que c'est une sorte de réflexe. Lorsqu'on ouvre le feu sur un terroriste, on capte son attention. À partir de là, il riposte sur nous plutôt que sur la population.

Au *Bataclan*, c'est flagrant. En ouvrant le feu, le commissaire de la BAC et son collègue, qui ont été d'un courage et d'une lucidité extraordinaires, ont joué un rôle effectivement déterminant : ils ont sauvé de très nombreuses vies en mettant hors jeu un terroriste et en obligeant les deux autres à se retrancher aussitôt. On est alors passés dans une autre phase de l'attaque. Car même si les tueurs voulaient toujours mourir les armes à la main en faisant le plus de morts possible, c'était à présent contre des policiers et des opérateurs qu'ils combattaient. C'est moins facile que de s'attaquer lâchement à des innocents. Cela change la donne.

Mais pour intervenir, il faut être préparé. Voilà pourquoi, depuis plus d'un an maintenant, le RAID s'emploie partout en France à former les hommes et les femmes des BAC à ce type d'intervention. Et ce n'est pas toujours facile (nous en avons déjà parlé) car, en France, on apprend avant tout aux policiers et aux gendarmes à ne pas se servir de leur arme. Or, face à des terroristes qui recherchent la mort, il n'y a pas d'autre choix : il faut ouvrir le feu pour se protéger et protéger nos concitoyens. Il faut oser le faire, en étant de plus assuré de son bon droit.

Ouvrir le feu sans chercher à négocier ?

En février 2014, après avoir fait le point sur l'affaire Merah, j'ai adressé une note confidentielle au directeur général de la Police nationale de l'époque, le préfet Baland, lui soumettant la façon dont le RAID s'y prendrait à l'avenir dans une situation similaire. En substance : pas de négociation mais un contact et un assaut non interrompu. J'ai parlé à l'époque du rôle des primo-intervenants mais je n'étais pas le seul : le chef du GIGN tenait le même discours. Mais lorsque j'évoquais en réunion ces nouvelles nécessités (en particulier l'usage des armes), tout le monde me regardait d'un air interloqué.

Malheureusement, l'année 2015 a prouvé que nous étions dans le vrai. Ce qui compte avant tout, aujourd'hui, c'est bien la rapidité d'intervention des primo-intervenants. Bien sûr, une fois alertées, les unités d'élite doivent arriver sur place le plus rapidement possible. Mais n'oublions jamais qu'elles ont des contingences matérielles ; elles doivent acheminer et déployer du matériel lourd. De plus, elles sont formées pour intervenir avec beaucoup de précautions et selon des modalités très précises. Sécuriser la zone, évacuer les blessés, les trier… Et c'est bien ce que nous avons fait au *Bataclan*.

Certains estiment parfois que vous n'êtes pas assez rapides ?

C'est normal et je comprends ce sentiment. Mais on n'imagine pas tous les paramètres techniques auxquels nous sommes confrontés et dont nous devons tenir compte. La plus mauvaise des solutions, c'est de monter l'assaut précipitamment, surtout face à des terroristes qui portent des gilets explosifs et qui peuvent tout faire sauter.

Au *Bataclan*, nous avons pris le temps qu'il fallait pour évacuer les blessés et délivrer les otages. Lorsque nous sommes arrivés, il y avait déjà plusieurs dizaines de morts et des centaines de blessés. L'urgence était de sortir ceux qui étaient encore en vie sans qu'ils soient blessés par balle durant cette opération. Aller plus vite ? C'est difficile dans ces conditions mais nous y travaillons encore et toujours…

Que retenez-vous de cette intervention au* Bataclan *?

Passé le choc initial, j'ai agi du mieux que je pouvais, avec toute mon unité. Mais si je compare l'opération du *Bataclan* à celle de la porte de Vincennes, elle a évidemment un tout autre goût. Un goût bien plus amer.

À l'*Hyper Cacher*, 4 otages sont morts dans la supérette, ce qui est absolument terrible, cela va sans dire, mais nous avons sauvé 26 vies. Au *Bataclan*, après notre arrivée, même si nous avons pu préserver la vie de ceux qui étaient blessés ou à terre, même si nous avons délivré des centaines de personnes cachées un peu partout, même si nous avons pu sauver la vie des otages enfermés avec les deux terroristes, nous n'en avons tiré aucune satisfaction. Ni sur le coup, ni après. C'est tellement dérisoire par rapport au nombre de vies brisées. L'opération du *Bataclan* ? Nous préférerions tous ne jamais l'avoir vécue.

Juste après votre intervention, le président de la République, le Premier ministre et le ministre de l'Intérieur se sont rendus ensemble au* Bataclan. *Cette visite a fait couler beaucoup d'encre car nombreux sont ceux qui l'ont trouvée très risquée. Qu'en pensez-vous ?

Je comprends nos femmes et nos hommes politiques. Je comprends qu'ils soient venus sur le terrain. Qu'aurait-on dit, d'ailleurs, s'ils ne l'avaient pas fait ? Bien pire, sans doute. Les hommes politiques sont aussi dans l'affect. Dans ces moments-là, ils réagissent souvent avec leur cœur. Je trouve ces critiques très injustes. La plupart des politiques sont des personnes courageuses et engagées. Pour rien au monde, je n'aurais voulu être président de la République, Premier ministre ou ministre de l'Intérieur le soir du 13 novembre 2015. Il y a tant de décisions à prendre, tant de responsabilités qui pèsent…

Justement, compte tenu de leurs responsabilités, la zone d'intervention n'étant pas encore sécurisée – on apprendra plus tard qu'Abdelhamid Abaaoud, le commanditaire supposé de tous ces attentats, se trouvait là et observait les lieux avant l'arrivée du Président –, était-ce une bonne décision ?

En premier lieu, je dois préciser que rien n'est moins sûr que la présence d'Abaaoud en observateur sur les lieux de l'attentat. Ensuite, je tiens à dire une nouvelle fois qu'il n'y a rien à leur reprocher. Je suis moi-même monté sur la scène du *Bataclan* sans protection, avec mes hommes, contrairement à tous nos protocoles. J'ai pris des risques, je le sais, mais parfois on n'a pas le choix. Il faut y aller, c'est tout. Et les politiques y sont aussi allés. Pourquoi diable polémiquer durant des heures ? Aucun d'entre eux n'a perdu son sang-froid. Ils ne pouvaient pas rester derrière leur bureau, assis à ne rien faire, comme l'ont fait la plupart de ceux qui les ont critiqués. Ils voulaient montrer leur solidarité avec la population ainsi que leur détermination. Alors, certes, ils ont pris des risques, mais ils ont surtout fait preuve de beaucoup de courage. Ce déplacement, croyez-moi, a été apprécié par de nombreuses victimes mais aussi par nous, forces de l'ordre. Après avoir vu ce que nous avions vu, nous étions tous dans un profond désarroi. Ils nous ont beaucoup réconfortés.

Six mois plus tard, le pays est toujours sous le choc de ces attentats du 13 novembre. Comment les opérateurs du RAID s'en remettent-ils ?

Comment s'en remettre totalement ? Ce sont des chocs traumatiques qui s'accumulent. Imaginez des seaux qui se remplissent peu à peu, inéluctablement, et pour certains, plus vite que pour d'autres. Il n'y a pas d'égalité dans ce domaine. On peut craquer tout de suite après l'opération, ou des années plus tard, ou bien jamais. Je n'invente rien : ce sont les psys qui le disent. Alors aussitôt après notre intervention, nous avons bien sûr mis en place un suivi psychologique pour tous les opérateurs qui le souhaitaient.

Et vous-même ?

Moi ? J'essaie de garder en tête une vue d'ensemble de l'opération. Mais les mêmes flashs me reviennent sans cesse… *[Je lis à nouveau beaucoup de tristesse dans les yeux du Patron.]* Mais il faut bien continuer, n'est-ce pas ? Et puis ce livre est aussi une forme d'exutoire et de thérapie.

Qu'est-ce qui a vraiment changé pour vous ?

Je ne supporte plus les films violents : polars, thrillers, films de guerre… Plus que jamais, un homme qui tue volontairement des personnes sans défense me révolte. Et la vue du sang m'est aussi difficile. J'ai besoin d'aller vers des choses plus légères, et surtout plus douces.

Le prochain rendez-vous est fixé au vendredi 17 juin 2016, mais j'aurai l'occasion de me rendre à Bièvres plus tôt.

Parenthèse…

Mercredi 1er juin 2016, en milieu d'après midi

*Je suis invitée à Bièvres, à 16h30, pour assister à la remise de la médaille d'officier de l'Ordre national du mérite à Jean-Michel Fauvergue à l'issue de l'intervention du RAID à l'*Hyper Cacher, *porte de Vincennes.*

J'en suis très honorée, et même touchée, car la cérémonie a lieu dans l'intimité du RAID, sans décorum, ni média.

J'arrive un peu avant l'heure. Le patron du RAID m'accueille dans son bureau, où je fais la connaissance de ses proches : son épouse, ses enfants, l'un de ses meilleurs amis… Nous échangeons quelques mots puis nous descendons tous par le grand escalier pour nous rendre dans la salle de garde, où doit se dérouler la cérémonie.

Le patron du RAID a tenu à ce que ce soit Martial, un homme du RAID, qui lui remette sa décoration. Un chef d'équipe et un opérateur hors pair, admiré de tous, dont j'apprendrai plus tard qu'il a été plusieurs fois blessé, plusieurs fois décoré, et qu'il n'a jamais cessé d'encourager et de conduire ses frères d'armes pour aller au combat.

Lorsque nous arrivons en bas, dans cette immense pièce toute en longueur, il n'y a personne. Un buffet est dressé sous de hautes fenêtres, qui laissent filtrer la lumière du jour.

Avec ses adjoints et sa famille, Jean-Michel Fauvergue gagne le centre de la salle. Et soudain, comme des vagues déferlant les unes après les autres, une foule d'hommes en noir arrive silencieusement. Je suis impressionnée de voir tous ces hommes en tenue noire, le visage découvert et fier, venir entourer leur Patron… Cela a quelque chose de sacré.

Très vite vient le moment des discours. D'abord celui de Martial, qui dit tout le bien qu'il pense de son chef et qui évoque l'année écoulée : « 2015 va laisser des traces, des marques, des cicatrices. … Mais 2015 a aussi renforcé nos liens d'amitié. Des liens utiles pour faire face aux nouvelles menaces qui planent sur le pays. » Puis c'est au tour de son Patron de prendre la parole. De remercier ses hommes. D'évoquer lui aussi cette année 2015. De dire sa fierté de diriger l'unité du RAID. D'exprimer des pensées pour les trois disparus : Allan, Mickaël et Patrick. De s'adresser à sa famille : « J'ai réalisé lors de nos derniers combats qu'il n'y avait rien de plus précieux au monde que nos familles. Que ma famille... » Le Patron semble très ému. Sa voix se noue. On comprend alors à quel point 2015 aura marqué les esprits, les corps et les cœurs. Puis il se ressaisit. Lâche un grand sourire. Applaudissements dans la salle.

C'est le pot de l'amitié, le moment de détente... J'échange quelques mots avec la femme du Patron. Elle aussi m'impressionne, m'étonne : « Toutes ces missions, je ne pourrai jamais l'en empêcher. Si mon mari doit un jour tomber au feu, c'est qu'il devra en être ainsi. Ce ne seront pas les terroristes qui décideront. »

Je repars discrètement, très touchée d'avoir vu tous ces hommes d'élite unis comme des frères. Au volant de ma voiture, renvoyée à moi-même, je me sens déjà loin de ce groupe qui ressemble à la famille que l'on peut rêver d'avoir un jour. À cette « meute de loups » qu'a si bien décrit Jean-Louis Fiamenghi dans son dernier livre[60].

Une illusion ? Peut-être. Un moment de grâce ? Sûrement, oui.

Merci pour cette belle invitation !

Fin de la parenthèse.

---

60. *Dans le secret de l'action*, Jean-Louis Fiamenghi, Mareuil Éditions, 2016.

24. Opération Saint-Denis « Reconnaissance éternelle »

« Les deux terroristes tués à Saint-Denis
avaient un projet d'attentat à la Défense. »
François Molins, procureur de la République.

Vendredi 17 juin 2016

Dans l'actualité… Lundi dernier, le 13 juin, vers 20 h 30, le policier Jean-Baptiste Salvaing a été tué de plusieurs coups de couteau devant son domicile, à Magnanville dans les Yvelines. L'assaillant s'est ensuite introduit dans la maison du policier pour s'en prendre à sa compagne, Jessica Schneider, fonctionnaire du ministère de l'Intérieur elle aussi. On l'a retrouvée morte devant son petit garçon de 3 ans, Matthieu, qui, lui, a survécu grâce à l'intervention du RAID. Revendiquée par Daesh, cette attaque a bouleversé le pays tout entier. Et plus encore la police.

Ce matin, à Versailles, François Hollande a rendu un hommage national à ces « deux héros du quotidien », « victimes d'un terrorisme habité par la haine », en présence de leurs familles, de Manuel Valls, de Bernard Cazeneuve et de centaines de policiers en uniforme. Le patron du RAID était aussi dans les rangs. La cérémonie a été retransmise en direct sur plusieurs chaînes de télévision.

J'arrive au RAID dans l'après-midi. Dans ce contexte, Jean-Michel Fauvergue ne me dira pas un mot sur cette affaire. On le sent bien : c'est trop tôt, trop à vif… La nuit du drame, il était sur place à Magnanville. Parce qu'il a l'air éprouvé, je lui propose de reporter notre entretien. « Certainement pas ! », m'assure-t-il. Nous évoquons donc, comme prévu, l'opération policière du RAID à Saint-Denis qui s'est déroulée le 18 novembre 2015.

Cinq jours après les attaques du 13 novembre 2015, qui ont fait 130 morts et des centaines de blessés dans Paris, on fait appel à vous pour procéder à l'interpellation du commanditaire présumé de tous ces attentats. Comment cela se passe-t-il ?

Revenons cinq jours plus tôt pour rappeler le contexte de cette intervention. Depuis la nuit de ce vendredi 13 novembre, le RAID est en état d'alerte permanent. Les gars restent mobilisés mais sont très marqués par tout ce qu'ils ont vu et vécu au *Bataclan*. Et ils se posent beaucoup de questions : comment mener une opération de police dans un secteur urbain et confiné face à des terroristes bardés de gilets explosifs ? À quel moment faire usage des armes ? Pas trop tôt, pour rester dans le cadre de la légitime défense, mais pas trop tard non plus pour ne pas risquer d'être atteint par l'explosion des gilets…

Le mardi 17 novembre, en fin de soirée, le directeur central adjoint de la Police judiciaire me contacte par téléphone : « *Jean-Michel, on a du lourd. On a repéré Abdelhamid Abaaoud, le cerveau présumé des attentats du 13 novembre. On a une adresse. Ils sont plusieurs à l'intérieur et ont peut-être des armes lourdes et des gilets explosifs. On pense qu'ils préparent une nouvelle attaque. On va sûrement avoir besoin de vous cette nuit. Tenez-vous prêts.* »

Je raccroche et en informe immédiatement l'ensemble de mon commandement et de mon état-major. Je suis préoccupé, voire obsédé par ces gilets explosifs qui font beaucoup monter la pression. On court, je le sais, un danger mortel. De plus, à ce jour, je ne connais pas encore la constitution précise des ceintures explosives utilisées par les terroristes le soir du 13 novembre. Or cela a son importance. Est-ce un explosif sec ? Instable ? Autre ?

À minuit, mon téléphone sonne à nouveau : « *C'est confirmé. L'opération, c'est pour cette nuit. À Saint-Denis.* » Nous convenons alors de l'heure de l'intervention : 4 heures du matin. Je demande à mon équipe de commandement de me rejoindre à Bièvres pour définir une stratégie à partir des quelques éléments dont nous disposons. Parallèlement, les colonnes d'assaut se préparent.

Assez rapidement, mes adjoints et moi-même nous rendons à Levallois-Perret, dans le 92, au siège de la DGSI, où l'on retrouve vers 2 heures du matin nos collègues de cette direction et ceux de la section anti-terroriste de la PJ. Ils nous exposent la situation et nous donnent quelques informations utiles. Ils se sont déjà rendus une fois sur place mais, ne voulant pas se faire repérer (« détroncher », comme on dit dans notre jargon), ils n'ont pas eu le temps de faire des repérages précis. Les services de renseignement nous montrent aussi des vidéos de surveillance sur lesquelles on distingue très nettement trois individus, dont une femme [61] portant un gros sac. Abdelhamid Abaaoud, lui, semble porter un gilet explosif. On suspecte la présence d'une quatrième personne. Mais nous n'en sommes pas sûrs.

Nous fixons définitivement l'heure de l'intervention. On nous assure le soutien d'équipes de la DCPJ nationale pour protéger nos extérieurs et éviter toutes fuites. Le plan Félin [62] est activé. La BRI de la DCPJ sécurise nos arrières et aseptise le secteur en créant une sorte de bulle infranchissable. La présence dans notre dos de nos collègues de la Police judiciaire nous rassure et nous réconforte. Le tigre de la PJ et la panthère du RAID [63] s'entendent à merveille.

Une fois la réunion terminée, nous rentrons à Bièvres pour briefer et récupérer nos effectifs. Je valide le mode opératoire. Primo, ouvrir la porte à l'explosif pour créer un effet de sidération mais aussi pour s'assurer qu'elle n'est pas piégée. Si c'était le cas, nos propres explosifs déclencheraient les pièges. Deuzio, progresser rapidement à l'intérieur pour interpeller les terroristes si possible au saut du lit (car on sait que personne ne dort avec une ceinture explosive). Voilà pour le scénario idéal. Mais les terroristes pourront très bien faire mine de sommeiller et nous attendre au pied de leur lit pour tout faire sauter. Comment savoir ?

À 3 heures du matin, une première colonne d'assaut, assistée de techniciens, de maîtres-chiens et de l'équipe médicale, quitte Bièvres.

---

61. Cette femme est la cousine d'Abdelhamid Abaaoud, qu'elle a aidé dans sa cavale après le 13 novembre.
62. Le « Plan Félin » signifie que le RAID et la BRI de la DCPJ coopèrent. La BRI vient en appui.
63. Le tigre est le symbole de la PJ et la panthère, celui du RAID.

Une seconde, qui procède à des perquisitions administratives en banlieue, nous rejoint directement à Saint-Denis. Au total, plus d'une centaine d'hommes sera déployée sur le terrain : SDAT, RAID et BRI / DCPJ confondus.

À 4 heures du matin, nous arrivons sur place, rue du Corbillon. Nous repérons les lieux : un immeuble quasi insalubre avec un porche, étayé par de grosses poutres en bois, qui donne dans une petite cour. De là part un escalier qui monte jusqu'à l'appartement, situé au 3e étage *[le Patron dessine l'intérieur de l'immeuble sur une feuille de papier]*. On installe le PC opérationnel sous le porche. La BRI nationale [64], assistée de la BRI de Versailles, nous assure une protection extérieure. Comme convenu, le quartier est bouclé et le périmètre est tenu par la Sécurité publique. On positionne nos tireurs « armes longues » dans la rue pour des tirs montants. Plus tard, ils grimperont dans les étages et sur les toits mais, pour l'heure, pas question de faire du bruit et de risquer d'éveiller les soupçons. Au 3e étage, il y a deux portes palières à droite. Nous déterminons celle qui donne sur l'appartement des terroristes. Les artificiers placent les explosifs. Il est 4 h 15. L'opération commence.

Et cela ne commence pas très bien.

En effet. Sur les trois systèmes d'explosifs posés sur la porte, seulement deux fonctionnent, à hauteur haute et basse. Le troisième, qui est sur la gâche, ne se déclenche pas. Le système de mise à feu, qui est un nonel (« non électrique »), n'initie pas la charge explosive. L'effet de sidération escompté est réduit à néant et il y a à présent deux gros trous dans la porte. Immédiatement, les artificiers reviennent pour changer la charge déficiente mais ils sont aussitôt visés à travers les trous de la porte par les tirs d'une arme automatique provenant de l'intérieur de l'appartement. Une chose est sûre désormais : les occupants de l'appartement sont bien éveillés. Les opérateurs du RAID ripostent depuis le palier tandis que les terroristes lancent deux grenades offensives avec un chemisage en fer, ou contenant de la limaille de fer, sur la colonne d'assaut. Quatre opérateurs sont blessés aux

64. La DCPJ compte en son sein une BRI par région et une BRI nationale.

membres supérieurs et inférieurs par les éclats. Aussitôt évacués, ils sont soignés par nos médecins. De notre côté, on réplique par des tirs de saturation à travers les trous de la porte – c'est la fameuse fusillade qui fera couler beaucoup d'encre dans les journaux. Ces tirs de barrage sont nécessaires pour maintenir à distance les terroristes, qui sont susceptibles de porter des gilets explosifs. Les murs du palier n'étant pas porteurs, si l'un des kamikazes s'y adosse et fait exploser son gilet, la colonne d'assaut risque d'être décimée.

Durant ces tirs de saturation, les opérateurs montent une porte-bouclier [65] pour l'installer devant la porte trouée afin que les terroristes n'aient plus de visibilité et ne puissent plus tirer à travers les trous. Mais alors qu'ils le mettent en place, ils reçoivent une troisième grenade. Un cinquième opérateur est blessé. Le porte-bouclier, qui ne repose alors que sur deux petits ergots, bascule sous le souffle de l'explosion au moment où des hommes du RAID répliquent ; les boucliers sont impactés. Le RAID compte donc à présent cinq hommes blessés par les fragmentations de grenade. Aucun des opérateurs ne sera impacté par balles.

Rien ne se passe donc comme comme prévu…

Dans ce type d'opération, rien n'est réglé au départ. On imagine un plan d'intervention mais il est bien rare qu'il se déroule exactement comme on l'a conçu. Notre force, justement, c'est de nous adapter au terrain et aux imprévus.

La situation est figée. Maintenus à distance par les terroristes qui peuvent tirer et grenader, mes opérateurs ne peuvent plus s'approcher. Soudain, trois individus se manifestent à l'étage du dessus. On les interpelle immédiatement et on les déshabille – c'est la procédure pour s'assurer qu'ils ne portent pas de gilets explosifs – car les appartements que nous sommes en train d'investir communiquent peut-être avec d'autres. On apprendra plus tard que ces hommes n'avaient aucun lien avec l'affaire. Mais pour l'heure, la prudence est de mise.

65. Le porte-bouclier est un dispositif amovible composé de rails latéraux permettant de glisser deux boucliers lourds anti-balles et d'offrir ainsi une protection fixe.

Puis nous restons longtemps dans la même configuration. Du fait du danger que représentent les explosifs, je ne veux rien précipiter. On alterne les tirs fournis et les tirs sporadiques pour maintenir la distance. Les snipeurs positionnés dans les rues montent alors dans les étages des immeubles voisins. Ils prennent l'appartement en étau et participent aux tirs pour éloigner les terroristes de la porte palière. On avance pas à pas. Le temps s'étire, on reste prudent et on privilégie d'abord la technique.

On envoie un robot avec une caméra dans l'appartement des kamikazes ; il y pénètre mais tombe dans les gravats. De nombreuses grenades ayant déjà été tirées, beaucoup de poussière se déverse du plafond. On ne voit rien sur l'écran. L'appartement semble dévasté. On n'entend aucun bruit. Deux hypothèses alors : soit les terroristes sont inanimés, soit c'est un guet-apens et ils nous attendent à l'intérieur pour se faire exploser.

On profite de l'accalmie pour évacuer les résidents encore présents dans l'immeuble, qui sont confiés à la section anti-terroriste pour contrôler leur identité. J'ai régulièrement mon directeur général au téléphone, à qui je détaille les différentes phases de l'opération. Le ministre de l'Intérieur est à ses côtés. Le procureur de la République, François Molins, et le préfet de Police dont dépend la zone d'intervention nous rejoignent sur place, à une centaine de mètres de là.

Après avoir grenadé des deux côtés de l'appartement, et n'arrivant pas à savoir si les terroristes sont prostrés, blessés ou neutralisés, nous envoyons Diesel, un berger malinois, en reconnaissance. Le chien entre dans la première pièce mais sentant une présence humaine derrière le mur, il file directement dans une autre pièce, hors de notre vue et de notre portée. Il se fait aussitôt abattre par 4 ou 5 tirs d'arme automatique.

Vous avez alors la certitude que les terroristes ne sont ni morts, ni inanimés.

Oui. De toute évidence, le danger est toujours présent. Et Diesel a contribué à sauver la vie de nos opérateurs, qui étaient attendus en embuscade. Mes hommes tirent à nouveau pour sécuriser les espaces. L'un de nos snipeurs aperçoit un protagoniste (une femme) par une fenêtre. S'engage alors un bref échange entre l'opérateur et cette femme (c'est le dialogue qui sera rapidement et largement diffusé dans les médias). L'opérateur lui donne des consignes auxquelles elle ne se conforme pas. On lui demande de se mettre à la fenêtre, les bras en l'air, mais elle retourne à l'intérieur. À peine quelques secondes plus tard, on entend une très forte explosion – certainement un gilet explosif – puis le souffle projette à travers les fenêtres une masse de débris: du verre, des bouts de plâtre, un matelas, des morceaux de corps humains… Le mur porteur se vrille, des cloisons s'effondrent… Puis plus aucun bruit alors ne nous parvient.

Sur le coup, je pense que c'est la femme qui portait le gilet explosif mais on apprendra plus tard que c'était le complice d'Abaaoud. La situation reste délicate. On ignore si tous les terroristes sont morts dans l'appartement. On envoie alors un drone par l'extérieur pour qu'il se place au-dessus des velux mais cela ne donne rien. On l'envoie ensuite à l'intérieur mais cela ne marche pas non plus. On ne voit et on ne sait toujours rien.

Soudain, on repère un homme qui bouge à l'intérieur. On lui demande de se positionner à la fenêtre mais il ne le fait pas. Craignant alors qu'il se plaque contre la paroi avec un gilet explosif pour faire sauter la colonne d'assaut, un tireur de précision, après plusieurs injonctions demeurées sans réponse, est obligé d'ouvrir le feu. Blessé à l'épaule, l'homme est évacué rapidement. De son côté, la colonne d'assaut tente de progresser mais on entend de nouveaux coups de feu. J'autorise alors un grenadage intensif[66] par toutes les ouvertures, côté cour et côté rue. Au même moment, le plancher du 3e étage, qui est instable, s'effondre. Immédiatement, tous les tirs cessent. La situation se fige. Pas question de se précipiter. Un gilet a explosé et je crains qu'il en reste d'autres. Mes équipes progressent extrêmement lentement. Je ne veux perdre aucun de mes hommes. Mais c'est bon, ils ne trouvent aucun autre explosif. L'intervention est terminée.

Dans les gravats, un étage plus bas, on retrouvera plus tard un corps qui s'avérera être celui d'Abdelhamid Abaaoud. Celui de sa cousine sera également découvert sous les décombres quelques jours après par les enquêteurs de la PJ et celui de leur complice sera aussi identifié dans le cadre de l'enquête.

66. Les grenades offensives utilisées par le RAID produisent un effet de souffle.

Les trois terroristes sont neutralisés. L'opération s'achève plus de sept heures après avoir été déclenchée, à 11 h 26. Avisées, les autorités nous rejoignent sur place. On saura plus tard que ce commando préparait une attaque dans le centre commercial de la Défense ainsi que dans un commissariat.

La fin de l'opération est retransmise en direct sur plusieurs chaînes de télévision. On ne voit pas grand-chose à l'image mais on entend les tirs, les explosions, les temps de silence… Vous en préoccupez-vous ?

Non. Pas du tout. Mais après l'opération, je vis un moment singulier. Alors que le ministre de l'Intérieur et moi avançons en direction des journalistes pour le point presse, Bernard Cazeneuve me glisse soudainement à l'oreille : «*Jean-Michel, je vous dois une reconnaissance éternelle !*»

Épuisé par l'intervention, n'ayant pas dormi depuis plus de 24 heures, je suis décontenancé.

«*Monsieur le ministre, ce n'est pas un peu trop, ça ?*» Alors il s'arrête net et me regarde droit dans les yeux : «*Non. Moi, je crois à l'Éternité ! Pourquoi, Jean-Michel, vous n'y croyez pas, vous, à l'Éternité ?*» Je ne sais que dire. La placidité et le sang-froid de ce ministre forcent une nouvelle fois mon admiration.

25. La polémique

« En France, il y a une vieille tradition du commentaire
a posteriori … *et des phrases qui parfois offensent et blessent.*
Ceux-là qui aiment les phrases ne prendront
jamais place dans les colonnes d'assaut. »
Bernard Cazeneuve lors de la remise de médaille
à 22 membres du RAID à Bièvres, le 18 février 2016.

Deux mois après l'opération, la presse s'interroge sur la manière dont le RAID a mené l'assaut à Saint-Denis. L'heure est à la polémique. Selon vous, d'où part-elle ?

Tout commence sur TF1. Le soir même de l'opération, à la demande du SICoP, l'organisme chargé de la communication de la Police, je me trouve sur le plateau, en direct, dans l'édition du journal de 20 heures. Le patron de la BRI est également présent. Lui parle du *Bataclan*. Moi, je réponds aux questions qui me sont posées sur l'intervention et je dis : « *On a été reçus par des armes de guerre, par des tirs nourris.* »

Deux mois après l'opération, un article de presse [67] faisant fi du secret de l'instruction révèle qu'aucune kalachnikov n'a été retrouvée dans les décombres et que seules 11 munitions provenant d'un pistolet automatique auraient été tirées par les terroristes contre près de 1 500 par le RAID. Nourrie et relayée par de nombreux médias, la polémique enfle très vite. Des journalistes s'interrogent alors sur la façon dont notre assaut a été conduit. À partir de là, j'entends dire tout et n'importe quoi : « *Les policiers se seraient-ils tirés dessus et blessés*

67. Une enquête de Mediapart parue le 31 janvier 2016.

mutuellement ? Le RAID n'aurait-il pas abattu son propre chien ? Pourquoi la porte a-t-elle résisté ? Les boucliers du RAID auraient été impactés… » J'en passe. On a très sincèrement l'impression que les médias traditionnels, sérieux, sont à la remorque de cette polémique lancée et menée par quelques professionnels du genre.

Ce qui est vrai, c'est que les terroristes n'avaient pas de kalachnikov et qu'ils ont peu tiré.

C'est effectivement ce que l'enquête a établi par la suite. Mais ne l'oublions pas, ce jour-là, quand je parle dans les médias, et notamment sur le plateau de TF1, je communique à chaud, sans avoir dormi depuis 24 heures. Je reconstitue l'opération avec les premières informations dont je dispose mais également avec les perceptions qui ont été les miennes durant l'intervention. C'est sans doute une erreur mais, pour le coup, elle est très humaine. Car il faut bien comprendre qu'au départ, il n'y a pas de « bonne version ». Chacun des intervenants a sa propre appréciation des faits, les vérités sont plurielles. Ainsi, l'opérateur qui est à la tête de la colonne d'assaut n'a pas la même vision que celui qui est plus éloigné. Lorsque ça rafale au 3e étage, celui qui est au 2e entend les tirs mais ne sait pas exactement ce qu'il se passe plus haut : il ne vit pas la même situation. Par conséquent, leurs versions seront différentes. Pour moi, c'est pareil. Pendant l'opération, je suis dans le PC opérationnel, sous le porche, et non devant la porte de l'appartement des terroristes. Je ne vois pas tout. Et personne ne peut tout voir dans ces circonstances.

De plus, lorsqu'on est pris sous le feu [68] ou en situation de guerre, les sensations sont faussées. On interprète différemment les choses. La perception du temps, par exemple, n'est pas la même. On est à l'intérieur du chaudron. On n'a pas de vision extérieure, globale, de la situation. Il faut donc plusieurs débriefings pour reconstituer tout le puzzle et on n'y arrive jamais totalement. Il est très important de le comprendre.

N'oublions pas non plus que nous intervenons quelques jours seulement après les attentats du 13 novembre. Mes hommes sont encore

68. Le livre de Michel Goya, écrivain militaire, *Sous le feu : la mort comme hypothèse de travail* (Éditions Tallandier, 2015) explique très bien cela.

marqués, et même hantés, par les images du *Bataclan* et des terrasses. L'objectif de la mission est d'interpeller le commanditaire de tous ces massacres. On ne peut pas dissocier ces deux opérations de police et les disséquer comme si l'une n'avait rien à voir avec l'autre.

Par ailleurs, que les terroristes soient armés ou non de kalachnikovs, qu'est-ce que cela change ? N'avaient-ils pas des grenades qui ont blessé cinq d'entre nous ? N'avaient-ils pas des gilets explosifs, qui ont tué et blessé tant de nos concitoyens le 13 novembre ? Est-ce qu'une arme automatique de 9 mm n'est pas une arme destinée à tuer aussi sûrement qu'une munition de kalachnikov ?

Comment vivez-vous cette polémique ?

Les policiers du RAID sont allés au feu. Ils ont risqué leur vie dans une opération de très haute dangerosité. Cinq d'entre eux se sont retrouvés à l'hôpital. Ils ont neutralisé les terroristes, dont le commanditaire supposé des massacres du 13 novembre, et ainsi déjoué les attentats que ces derniers préparaient dans le quartier de la Défense. Ils ont donc sauvé de très nombreuses vies.

Saint-Denis, c'est une opération de police réussie. Réussie par le RAID, réussie par les autres unités sur le terrain – plus d'une centaine d'hommes ont été déployés, ne l'oublions pas – ainsi que par tous les services de renseignement et d'enquête. Beaucoup de journalistes étrangers s'en sont montrés admiratifs. Certains nous ont même dit : « *On ne comprend pas cette polémique.* » Mais ils n'en ont pas été surpris tant le *french bashing* est devenu l'un des passe-temps favoris d'une catégorie limitée, mais combien influente, de nos médias.

Le ministre de l'Intérieur, Bernard Cazeneuve, défendra d'ailleurs le RAID à plusieurs reprises, notamment lors de la remise des 22 médailles le 18 février 2016 : « *Je ne laisserai jamais personne salir le travail du RAID.* » J'aurais voulu faire de même mais il m'a dit : « *C'est inutile. Quoique vous disiez, cela ne servira qu'à relancer la polémique et les journalistes camperont sur leurs positions.* » Il avait raison.

Vous trouvez donc cette polémique injuste ?

Oui, extrêmement injuste. Et assez consternante, dans le fond. Au RAID, on vit les événements dans le monde réel, face à des agresseurs réels et à des balles tout aussi réelles. Pas dans le fantasme, ni en sécurité derrière un ordinateur… Par ailleurs, je suis policier de formation et non communicant. Et je pense être meilleur policier que communicant. Mais il me semble, même si je dois manquer de modestie, être meilleur communicant que certains journalistes ne sont policiers !

Parce qu'ils ont cliqué trois fois sur internet ou parce qu'ils ont suivi un reportage sur le travail des unités d'intervention, certains pensent être de meilleurs policiers que le chef du GIGN, de la BRI ou du RAID. D'ailleurs, ils ne se gênent pas pour vous le dire : « *Mais c'est évident, vous auriez dû plutôt agir comme ça !* » Avec l'aplomb de ceux qui ne doutent de rien et qui se trompent sur tout.

Qu'auriez-vous envie de dire, très librement ?

Il est nécessaire, selon moi, que vos confrères sérieux et amoureux de leur métier (et j'en ai rencontré beaucoup) prennent définitivement leurs distances avec les polémistes professionnels et les cercles à penser égocentrés, éloignés du terrain et des préoccupations quotidiennes de nos concitoyens. Ceux-là n'admirent que leur reflet dans un miroir qu'ils se passent de main en main. Le retour aux analyses de fond et à l'information vraie est sans doute indispensable pour que votre profession ne tombe pas dans la dictature de l'à-peu-près, distillée avec force.

Malheureusement, quand une polémique débute, il est impossible de l'arrêter. Il faut juste attendre que cela passe, le plus sereinement possible. Je pense que nos compatriotes n'ont pas apprécié ce mauvais procès. Pour beaucoup, le RAID est devenu un des derniers remparts contre la menace et le terrorisme. C'est un symbole national dont ils sont fiers. Et ça, c'est un élément que doivent prendre en compte nos contempteurs qui aimeraient connaître la même gloire sans courir les risques du terrain.

Le prochain rendez-vous est fixé au mercredi 1er juillet 2016.

26. La part du combat

« Pour maîtriser l'art du combat,
il faut en saisir la philosophie.
Sans esprit, le corps est sans utilité. »
Maître Yew Ching Wong.

Vendredi 1er juillet 2016

Dans l'actualité du mois de juin précédent, un terrible attentat rappelant celui du Bataclan *s'est produit le 12 juin dans une boîte de nuit à Orlando, en Floride. Dans la tuerie, 49 personnes ont perdu la vie. C'est le plus lourd bilan d'une fusillade dans l'histoire des États-Unis. En France, des violences ont fait 35 blessés à Marseille en marge du match Angleterre-Russie, dans le cadre de l'Euro 2016. Mobilisée sur tous les fronts – l'Euro 2016, les manifestations contre la loi Travail, le mouvement « Nuit debout » –, la police française semble à bout.*

J'arrive au RAID dans la matinée. RAS. Un jour plutôt tranquille sous un ciel lumineux. Plus tard, en début de soirée, je rencontrerai Madame Fauvergue, la femme du patron du RAID.

À quand remonte votre passion pour les arts martiaux ?

À loin ! Je les découvre à l'âge de 9 ans à Grasse, où notre famille est installée. Mais auparavant, mon père m'inscrit chez les scouts avec mon frère aîné. Là, dans cette meute de louveteaux, lorsque je veux monter en grade après deux années d'ancienneté, je me fais injustement souffler la place par le fils de l'un des encadrants, un débutant plus jeune que moi. Vexé, et aussi très en colère, je m'explique virilement avec le nouvel impétrant. La direction le prend mal. Mon frère et moi sommes renvoyés. Mes parents nous inscrivent alors au judo. Sur les tatamis, je me défoule bien. Il faut dire aussi que nous nous rendons tous les deux à la salle de sport à vélo, à l'autre bout de la ville, par des routes qui grimpent fort. Au retour, nous sommes épuisés.

Quelque temps plus tard, nouvelle injustice. Mon prof de judo inscrit tout le groupe à une compétition départementale. Étant le plus jeune, je ne fais pas partie des favoris mais je me qualifie pour les régionales en battant plusieurs autres gamins. Mon prof ne me sélectionne pourtant pas. Je suis furieux: «*J'ai gagné! J'ai gagné!*», lui ai-je répété. Plus tard, je comprendrai qu'il ne voulait pas m'envoyer au tapis trop vite et qu'il me protégeait. J'ai encore beaucoup à apprendre…

Donc vous continuez!

En effet, ado, je ne lâche pas. Étant plutôt d'un petit gabarit, l'idée de trouver des solutions techniques face à un combattant plus physique que moi me plaît beaucoup. Avoir une bonne garde, travailler en contre… Bien sûr, je reviens parfois avec quelques bleus mais ça ne me gêne pas. Plus tard, quand je jouerai au rugby, je prendrai aussi des coups. Mais toujours dans un bon esprit. C'est l'essentiel.

Vers 15 ans, lorsque j'arrive à Paris avec mes parents, c'est l'époque du Kung-Fu. La légende de Bruce Lee fait fureur. Mais «*Kung-Fu*» est en vérité un terme impropre. Le bon terme, c'est «*Wushu*». Plus ancien, il désigne l'ensemble des arts martiaux chinois, qui ont autant de styles différents qu'il y a de Chinois!

Inscrit d'abord dans un club, porte de Clignancourt, je retrouve Jean-Roger, un ami de longue date avec lequel je jouais aussi au rugby. On se passionne tous les deux pour les techniques de combat: clés, travail en pression sur des points sensibles, coups frappés, coups de pied ou de poing, balayages… On s'intéresse aussi beaucoup à tout ce qui fait la beauté des arts martiaux: la méditation, la respiration, la concentration… On apprend aussi à récupérer. On allie notre envie de combattre et le retour au calme. Rien de mieux pour des adolescents!

Que recherchez-vous dans cette discipline ?

Dans les arts martiaux comme dans le rugby, je cherche le contact. Le défi physique. Le pouvoir de faire face à l'autre mais à la loyale, avec des règles. La possibilité de résister à un coup comme à la douleur. J'apprécie tout particulièrement le travail des pieds et des poings : pouvoir entrer dans une garde, porter des coups, bouger, trouver la faille…

Le temps passe. Je progresse. J'entre à la Fédération française de karaté où il y a une section « *Wushu* ». Je participe aux compétitions nationales et internationales, ce qui m'offre la possibilité de voyager, notamment en Chine, en 1987, à l'époque où ce pays est encore fermé. Là-bas, les maîtres chinois nous font travailler sans repos : un jour, ils nous apprennent une technique, le lendemain, une autre. Ils nous embrouillent volontairement pour nous faire progresser. Au cours du stage, je perds plusieurs kilos mais je rentre avec de nouvelles connaissances. Je prends alors davantage de responsabilités au sein de la Fédération. Mais je vais devoir les abandonner au gré de mes mutations professionnelles.

Jeune policier, vous continuez à pratiquer ?

À Paris, je pratique et j'enseigne les sports de combat : le bodji, le sanda et la boxe française. Je décroche mon brevet d'éducateur sportif. À l'école des Commissaires de police, à Saint-Cyr-au-Mont-d'Or, je rencontre Claude Trinh, qui est le responsable des moniteurs de sport mais aussi professeur de judo, d'aïkibudo et d'aïdo. Pendant ma formation, il m'enseigne le travail du sabre, une discipline qui allie concentration et dynamisme. Lorsque je reviens à Paris, en poste à la PJ, je monte et préside un club où j'enseigne également. En Nouvelle-Calédonie, où personne ne s'intéresse à l'époque aux arts martiaux chinois, je monte deux clubs. En Guyane, j'enseigne dans un club de karaté, où j'ouvre une section « *Wushu* ». Au Mali, je crée une section multisports. Au Gabon, je prends des cours de boxe américaine et de full-contact.

Avec le temps, j'apprends à mieux réagir face aux différents types d'agressions, qu'elles soient physiques ou mentales. J'apprends aussi à mieux définir mes priorités, à travailler dessus, à faire en sorte que les lignes soient respectées. C'est évidemment très personnel mais je pense que les arts martiaux, conjugués à mon expérience policière, font que j'analyse parfois les situations différemment des autres.

C'est-à-dire ?

Lors d'un combat, j'essaie d'appliquer les principes, les codes et les préceptes qui m'ont été enseignés. En clair, je ne m'encombre pas de choses qui ne me serviront pas et pourraient même me faire perdre. Face à un adversaire, il ne s'agit pas de chercher à impressionner. Tout cela, c'est superficiel. L'important, c'est d'observer la manière dont votre opposant bouge : ses pieds, ses mains. Est-il rapide ? Lors d'une crise, c'est pareil, je me concentre sur l'essentiel.

Justement, lors d'opérations comme celle de la porte de Vincennes, la pratique des arts martiaux vous aide-t-elle ?

Oui. J'entre en « mode combat ». Je suis concentré. J'écarte tout ce qui parasite mon action : fausses rumeurs, présence massive des médias… Face à un terroriste comme Coulibaly, ce n'est bien évidemment pas un combat à la loyale. D'ailleurs, que ce soit porte de Vincennes, au *Bataclan*, sur les terrasses, à Magnanville ou ailleurs, les terroristes que nous avons dû affronter n'ont rien du combattant. Ils n'ont ni la technicité, ni la volonté forgées par l'entraînement quotidien, ni le sens de l'honneur, ni le goût du combat à égalité. Je dirais même qu'ils sont le contraire d'un combattant. Enfermés dans des pensées sectaires, ils ont un mépris total pour la vie. Pour sa beauté. Ils ont souvent peu vécu et ne connaissent pas grand-chose. Ils tuent des femmes et des enfants. Ils tuent des personnes qui leur sont 100 fois supérieures. Ils tuent des gens désarmés avec lâcheté, sans pitié et sans courage. Et, contrairement à ce qu'ils pensent, ils ratent leur mort comme ils ont raté leur vie.

Mais donner la mort lors d'une intervention, même face à un terroriste déterminé à mourir, c'est certainement difficile ?

La question est fondamentale. C'est évidemment un dilemme. S'il est clair que toute vie est sacrée et doit être respectée, que faire alors face à un individu qui menace de tuer un otage ? Que penser d'un homme dont le seul désir, au nom d'une folie barbare, est de tuer, poignarder, décapiter, mutiler, s'exploser… ? C'est insupportable. Je suis un policier et ma mission, mon combat, c'est de sauver la vie des otages par tous les moyens.

Et en d'autres circonstances ? Face à des forcenés ?

C'est très différent. Comme je vous l'ai déjà expliqué, le plus souvent, au RAID, nous intervenons sur des individus qui ont perdu pied au point de prendre en otage des proches qu'ils aiment. Notre rôle, et notre honneur, c'est de libérer les otages mais aussi d'éviter au preneur d'otage, qui est généralement dans une souffrance extrême, de commettre l'irréparable. De lui donner une autre chance. On y arrive dans 99 % des cas.

N'êtes-vous pas tenté, parfois, de tout laisser tomber : la police, les arts martiaux… De mener une vie peut-être moins exigeante ?

Non. C'est très binaire comme question. Cela sous-entend qu'il y aurait d'un côté l'exigence et le travail et de l'autre, la liberté. Je ne vois pas les choses ainsi. En suivant ma propre voie, j'ai bâti ma carrière mais aussi ma vie tout entière : familiale, amicale. Être policier et pratiquer les arts martiaux ne m'empêchent ni de voyager, ni de profiter de la vie ! La liberté se nourrit du travail comme le travail se nourrit de la liberté.

27. Fille de flic, femme de flic !

« Ma femme me le dit tout le temps ! »
L'inspecteur Colombo.

Un peu plus tard, en début de soirée.

Comme convenu, j'ai rendez-vous avec Madame Fauvergue, la femme du patron du RAID, dans une brasserie parisienne. Son époux est présent. Nous discutons tous les trois autour d'un verre. Cette rencontre a lieu à mon initiative.

La police est un milieu que vous connaissez bien puisque votre père était policier. Quels souvenirs gardez-vous de lui ?

Enfant, je le vois peu. Nous vivons en banlieue parisienne et mon père travaille à Paris, où il fait les « grandes tournées », autrement dit les trois-huit. Il part tôt, rentre tard. Je passe davantage de temps avec ma mère.

Pour moi, il y a deux faits marquants. Le premier, c'est le jour où il rentre à la maison avec la gale qu'il a attrapée lors d'une mission. Le second, ce sont les attentats islamistes de 1995 à Paris. Une bombe explose dans le RER B, à la station Saint-Michel. Avec quelques collègues, mon père, qui travaille juste à côté, sur l'Île de la Cité, se rend immédiatement sur place. Il sauve une femme en lui faisant un garrot. Intoxiqué par la fumée pendant l'intervention, il passe ensuite plusieurs jours à l'hôpital. Lui qui avait fait son service militaire en Algérie et avait déjà vécu cette guerre restera marqué à vie par cet attentat.

Quand rencontrez-vous Jean-Michel ?

Toute jeune ! Je fais sa connaissance lors d'une soirée organisée par une de mes amies. Jean-Michel vient tout juste d'entrer à l'école des Officiers de Paix. J'ai 16 ans, lui 22. Il est beau comme un dieu. Je tombe sous le charme… On ne se quittera plus jamais.

Vous l'accompagnez donc tout au long de sa carrière. Comment vivez-vous sa prise de fonction au RAID ?

Être le chef du RAID, Jean-Michel l'a toujours voulu ! Avant de s'engager, bien sûr, il me demande ce que j'en pense et je lui réponds : « *C'est largement mérité, fonce !* » Car avant d'en arriver là, il y a eu les GIPN, les stups, les missions à l'étranger, les permanences, les gardes dans le 93, tous ces postes pour lesquels il s'est donné à fond. Très souvent, se croyant encore sur le terrain, je l'entendais parler dans son sommeil : « *J'appelle TS 840 ! J'appelle TS 840…* » *[Rires.]*

Évidemment, lorsqu'il prend ses fonctions au RAID, je suis loin d'imaginer toute la série d'attentats qui l'attend, qui nous attend tous… Et toutes les émotions qui vont suivre.

Et cette série commence par la tuerie de* Charlie Hebdo*, le mercredi 7 janvier 2015 en fin de matinée…

Ce jour-là, nous assistons tous deux à la cérémonie d'enterrement d'un proche lorsque mon mari me quitte précipitamment. Je comprends immédiatement qu'il se passe quelque chose de grave. De retour à la maison, je n'allume pas tout de suite la télévision. Je me protège… Mon portable n'arrête pas de sonner. Des membres de ma famille et des amis m'appellent les uns après les autres : « *Tu as vu ? Ils sont tous morts à* Charlie Hebdo. *C'est terrible. As-tu des nouvelles de Jean-Michel ?* » Non, je n'en ai pas. Je ne le dérange jamais lorsqu'il est en mission. Je le laisse travailler. Il m'adressera, je le sais, un SMS une fois l'opération terminée. Une règle d'or entre nous.

Les heures passent. Sans nouvelle de lui, j'écoute les infos. Et comme tout le monde, je suis sidérée par la violence des événements. La mort du gardien de la Paix, Ahmed Merabet, me choque particulièrement.

Les frères Kouachi, les auteurs du massacre, sont en fuite. Le RAID les pourchasse. Êtes-vous inquiète pour votre époux ?

Les journalistes suivent cette traque en direct. Je vois régulièrement mon mari à l'image sur les chaînes d'info en continu. Je suis stupéfaite ! Les autres épouses des hommes du RAID le sont également mais je l'apprendrai plus tard (à cette époque, je ne les connais pas encore très bien). La diffusion de toutes ces images est très anxiogène pour moi comme pour nous toutes. La tension est palpable. Le danger, réel… J'essaie de ne pas trop regarder.

Après deux jours de cavale, les frères Kouachi se retranchent dans une imprimerie à Dammartin-en-Goële. Jean-Michel est sur place avec le RAID et le GIGN. Profitant d'une accalmie, mon mari me passe un coup de fil, le premier depuis presque trois jours. Lorsqu'il raccroche, je repense à ce qu'il m'a toujours dit : « *Ne t'inquiète pas trop. S'il m'arrivait quelque chose de grave, tu serais prévenue dans le quart d'heure qui suit.* » Je garde donc confiance. Mais mes peurs se raviveront quelques heures plus tard…

Lors de la prise d'otages à l'*Hyper Cacher*, porte de Vincennes ?

Oui. À partir de là, tout le monde me rappelle : « *Allume la télévision ! Il y a une prise d'otages porte de Vincennes. Le RAID est sur place. Regarde !* » Bien sûr, je fais tout le contraire : je coupe immédiatement les infos, je ne réponds plus au téléphone et je rentre dans ma coquille en mode « protection ».

Vers 17 heures, la maman de Jean-Michel, qui est de passage chez nous, à la maison, vient me voir : « *On dirait que c'est l'assaut !* » me dit-elle immédiatement. Je retourne dans le salon avec elle. À la télévision, alors que ça pétarade de partout, je vois mon mari courir sans casque ! Je suis folle furieuse et lance à son image sur l'écran : « *Toi, quand tu vas rentrer à la maison, tu vas m'entendre !* » S'approcher du danger sans protection, mon époux l'avait déjà fait en Guyane, lors d'une opération musclée, et nous nous étions fortement disputés à ce sujet. À la porte de Vincennes, par expérience, je sais très bien qu'il peut y avoir d'autres terroristes que Coulibaly à l'intérieur de la supérette. Or je continue à voir à l'écran mon mari sans casque et je me dis : « *S'il continue comme ça, il va aller au carton !* » La pression monte fort en moi. Mon portable n'arrête pas de vibrer. Je ne réponds pas. J'essaie de me rassurer : « *Jean-Michel ne va tout de même pas aller au-devant du danger ainsi ! Il a trop d'expérience pour cela !* » Je voudrais éteindre la télévision mais je n'y arrive pas. J'ai du mal à respirer…

L'assaut est terminé. Sur les images, on voit un homme du RAID tiré sur la chaussée par ses collègues. Est-il blessé ? Est-il mort ? Je pense : « *Oh, mon Dieu. Il y a des femmes et des familles qui vont pleurer ce soir…* » *[En évoquant cette scène, des larmes lui montent aux yeux. Elle se retient de pleurer et poursuit son récit.]* Je suis surprise par la rapidité de l'opération. Dans l'affaire Merah, les négociations avaient duré 20 heures (mon mari m'en avait expliqué les raisons). Pourquoi autant de précipitation aujourd'hui ? Des otages ont-ils déjà été tués ? Lorsque ces derniers sortent en courant, j'essaie de les compter… Et quand je ne vois plus mon époux à l'image, j'imagine le pire. J'ai peur et j'éprouve surtout beaucoup de colère envers lui. Le savoir sans protection me hante : « *Mon coco, si tu es au Ciel, crois-moi, je vais aller te chercher ! Et tu vas te faire engueuler !* »

[Jean-Michel prend la parole.]

J.-M. F. : Elle n'a pas attendu que je sois au Ciel ! Après trois jours d'opération non-stop, de retour à la maison vers 4 heures du matin, je m'effondre littéralement de sommeil. Ma femme me laisse dormir quelques heures. Mais à mon réveil, j'ai droit à sa colère, à son chagrin, à son désespoir… Je tombe des nues. Le RAID et la BRI ont sauvé 26 otages. Je m'attendais plutôt à ce qu'elle soit fière de moi. Plus tard, je comprendrai le terrible impact de la médiatisation de cette opération sur les familles. Y compris sur la mienne.

Mme Fauvergue : C'est vrai, face à ma colère, il tombe des nues. Mais pour moi, c'est très clair : il y a un avant et un après Vincennes. Après cette opération, je lui demande de me donner des numéros de téléphone : ceux de ses adjoints, de leur épouse, et d'autres encore. Je lui suggère également qu'une permanence téléphonique soit désormais ouverte à Bièvres afin de renseigner les familles en temps réel en cas de crise majeure. Ce qui sera fait.

Le 13 novembre 2015, des attentats frappent à nouveau la France. Ce soir-là, vous dînez tous ensemble, votre mari, ses adjoints et leur femme, au moment des premières alertes.

Oui, nous dînons tous ensemble à la maison lorsque l'officier du RAID présent au Stade de France appelle Jean-Michel pour lui signaler une première explosion. « *Pas la peine d'appeler les autres, ils sont tous avec moi !* », lui précise mon époux. En moins de deux minutes, tous les hommes se déshabillent presque entièrement, enfilent leur tenue de combat, prennent leurs gros sacs et disparaissent dans la nuit… Après leur départ, les épouses allument la télévision. Les nouvelles sont confuses. Elles rentrent chez elles et je raccompagne l'une d'elles car son mari est parti avec la voiture. Sur la route, on se fait arrêter deux fois par la police, qui nous demande d'ouvrir le coffre ! « *On devrait leur dire ce que font nos époux !* », me souffle ma passagère à l'oreille. « *Non, non. Restons discrètes, c'est juste un contrôle. Mais cela prouve que ça doit être chaud dans Paris !* » On repart en écoutant la radio. Les nouvelles sont inquiétantes. On parle du Stade de France à Saint-Denis et de coups de feu entendus dans Paris. Je sens l'angoisse monter en moi mais je suis encore très loin d'imaginer la tragédie qui est en train de se dérouler au *Bataclan*. Je dépose ma passagère chez elle et, sur le chemin du retour, je coupe toutes les infos. Pour résister à la peur et à la pression, je choisis de mettre de la musique. Une jolie musique. Comme convenu entre nous, j'attendrai le SMS de mon mari pour me dire qu'il va bien et que tout est fini.

Des heures plus tard, je reçois le SMS de Jean-Michel qui m'assure qu'il est en sécurité. Lorsqu'il rentre, je n'ai pas besoin d'allumer la télévision pour comprendre qu'il vient de vivre la nuit la plus dramatique de sa vie. Jamais je ne l'ai vu aussi mal au retour d'une mission. Jamais je ne l'ai vu aussi triste. Je le prends dans mes bras. Nous restons silencieux…

Et quatre jours plus tard, c'est l'opération à Saint-Denis ?

Oui, et là, c'est terrible. Mon père m'appelle en larmes :

« *On est venu t'annoncer ?*

— *M'annoncer quoi ?*

— *Que Jean-Michel a été blessé !*

— *Non ! Je n'ai aucune nouvelle.* »

Mon mari m'avait quittée la veille à 22 heures et je savais qu'il préparait une grosse opération mais j'étais plutôt en confiance. Très inquiète après ce coup de fil, je tourne et retourne cette information dans mon esprit. Heureusement, je reçois rapidement un SMS de mon époux : « *Si tu entends dire que je suis blessé, rassure-toi, j'ai juste reçu un éclat de plâtre dans la jambe. Rien de grave.* » Je m'apaise un peu. Et, comme je vous l'ai déjà confié lors de sa remise de médaille à Bièvres, je me dis : « *Si mon mari doit un jour tomber au feu, c'est qu'il devra en être ainsi. Ce ne seront pas les terroristes qui décideront !* »

Comme votre époux, vous croyez à une vie après la mort ?

On va vivre ici ensemble jusqu'à 100 ans ! Mais s'il doit partir avant, nous nous retrouverons. J'en suis certaine, oui.

Les terroristes sont neutralisés mais, deux mois après l'opération éclate une polémique sur la façon dont elle a été menée. Comment la vivez-vous ?

Quelle polémique ? Celle des journalistes qui prétendent que des opérateurs se sont tirés dessus et que le RAID a tué son chien ? Tout cela est honteux. Les attentats ont été déjoués et les policiers sont tous rentrés chez eux en vie. Voilà l'essentiel ! De toute manière, même si vous sauvez le monde entier, certains trouveront toujours quelque chose à redire.

Comment vivez-vous l'affaire de Magnanville, où Jean-Baptiste Salvaing et Jessica Schneider ont été assassinés, cette dernière devant son petit garçon ?

Mon mari revient de cette intervention totalement bouleversé : « *Tu te rends compte, il y avait un petit de 3 ans !* » Sur le coup, il ne dira rien de plus. Pour me protéger. L'idée qu'on puisse s'attaquer aux policiers et à leur famille me touche évidemment profondément. Suite à cet épisode, je demande à voir la psychologue du RAID mise à la disposition des familles.

Comment votre mari gère-t-il son stress ?

Je suis mariée à un guerrier ! *[Sourires.]* Je l'ai rarement vu vraiment stressé. Sa pratique régulière des arts martiaux y est certainement pour quelque chose. Mais depuis le début de toute cette série d'attentats, mon mari semble profondément atteint dans son cœur d'homme. Il n'est plus tout à fait le même. Il y a davantage de tristesse en lui…

Quelles qualités faut-il avoir, selon vous, pour être l'épouse du patron du RAID ?

Il faut être forte. On passe beaucoup de temps seule. On s'occupe des enfants, de la maison… Mon mari me dit souvent : « *Je suis ton moteur et toi, tu es mon essence.* » Mais c'est vrai. Pourtant, faute de confiance en moi, et avant qu'il n'entre au RAID, j'ai longtemps pensé ne pas pouvoir être une force pour lui. Aujourd'hui, je sais qu'il puise son équilibre dans sa famille. C'est un travail d'équipe !

Et vous, comment faites-vous pour garder votre équilibre personnel ?

Je suis coach en libération émotionnelle donc je travaille sur moi constamment. Je pratique le yoga et je m'intéresse à la cohérence cardiaque, une pratique proche de la méditation qui consiste à prendre le temps de respirer de façon rythmée plusieurs fois par jour. Je m'accroche à tout ce qui est bon pour moi et ma tribu. C'est ma manière à moi de lutter contre la violence. De ralentir le rythme…

Quels liens faites-vous entre votre père et Jean-Michel, deux policiers au cœur de votre vie et des pires attentats de Paris ?

Je n'en fais pas vraiment. Mais ils ont en commun la rigueur et le sérieux dans le devoir à accomplir. Une force patriotique sans faille. Papa s'investissait dans l'accomplissement des tâches qu'on lui confiait alors que Jean-Michel a plutôt une âme de chef et de guerrier. C'est un combattant qui veut sauver des vies. Après l'opération de Vincennes, mon époux m'a souvent répété : « *On a sauvé 26 vies ! Et même 27 ! Il y avait une femme enceinte parmi les otages.* » Et je lui ai répondu à chaque fois : « *Et peut-être même 28 ! Imagine qu'elle porte des jumeaux !* »

Au milieu de toutes ces horreurs, c'est bien sûr à la vie qu'il faut se raccrocher.

Cette rencontre avec Madame Fauvergue me touche beaucoup.

Le prochain rendez-vous avec Jean-Michel Fauvergue est fixé au vendredi 8 juillet.

Quatrième partie

DE L'EURO 2016
À L'ÉLECTION PRÉSIDENTIELLE

28. Compagnons d'armes !

« *L'amitié double les joies et réduit de moitié les peines* [69]. »
Francis Bacon.

Vendredi 8 juillet 2016

Dans l'actualité... Plus que jamais, dans ce contexte d'Euro 2016, les questions de sécurité continuent à faire les gros titres des journaux, avec 60 000 policiers et gendarmes mobilisés, les « fans zones » à sécuriser... Le joueur de l'équipe de France Antoine Griezmann a offert le ballon du match France-Irlande à Hugo, le fils aîné du policier tué avec sa compagne à Magnanville. La commission d'enquête parlementaire sur l'action de l'État face aux attentats du mois de novembre 2015 a rendu son rapport avec 39 propositions nouvelles. Les manifestations contre la loi Travail se calment un peu.

Après trois mois de grisaille, le soleil illumine enfin Paris. Ciel bleu ou pas, le patron du RAID est sous pression mais il s'attache à n'en rien montrer.

Pour vous, on le sent bien, le relationnel compte beaucoup. Vous parlez souvent des liens qui vous unissent à vos adjoints, à vos commandants opérationnels, à vos hommes... C'est important pour vous ?

Travailler en équipe, pour moi, c'est vital. J'apprécie particulièrement ces moments où, à plusieurs autour d'une table, chacun apporte

69. Francis Bacon (1561-1626), dans *The Essays or Counsels civil and moral of Francis Bacon*, 1597.

son expérience, ses idées, son point de vue. J'ai ma ligne directrice mais je suis toujours à l'écoute. J'enrichis les projets de service du RAID grâce à l'expérience des uns et des autres. C'est vrai sur le plan décisionnel comme sur le plan opérationnel. J'ai besoin d'être en contact avec les opérateurs et les officiers, de connaître les ressentis, de prendre du temps avec eux. Partager un café, passer au stand de tir, aller les voir sur les lieux d'entraînement… C'est essentiel pour moi.

Parlons d'abord des opérateurs.

Quelles que soient la section et l'antenne à laquelle ils appartiennent, j'ai pour eux de l'admiration, du respect et de l'affection. Travailler au RAID demande beaucoup d'abnégation et de courage. Lorsqu'ils sont sur le terrain, les hommes en noir – et les femmes car il y en a aussi quelques-unes – arrivent à former un bloc compact qui ne se dissout jamais, même dans les situations les plus extrêmes, comme à Vincennes, au *Bataclan* ou à Magnanville. Ils donnent tout. Absolument tout. Diriger ces hommes et ces femmes est pour moi un immense honneur. Ils vivent leur job comme un apostolat et répondent à mes attentes en termes de commandement.

Compte tenu de leurs missions, de leur investissement et des dangers encourus, je reconnais que je les protège et les chouchoute un peu. Alors ils exagèrent parfois en adoptant des comportements d'enfants gâtés mais quand ils abusent, je les recadre sans les infantiliser. Je veux juste que les relations soient claires. Le plus souvent, ils en sont reconnaissants, précisément parce qu'il y a ce relationnel très fort.

Et puis il y a ceux qui constituent votre équipe de management…

C'est une équipe que j'ai construite, qui compte beaucoup pour moi et que j'aimerais évoquer ici.

D'abord, il y a Éric Heip, mon premier adjoint, L2. C'est un garçon que j'ai recruté moi-même. Dès mon premier entretien avec lui, j'ai tout de suite accroché. Commissaire divisionnaire, avec une solide expérience du commandement dans le cadre de la Sécurité publique, il m'est apparu comme le candidat idéal. En plus, comme nous absorbions à l'époque les groupes d'intervention qui dépendaient de la

Sécurité publique, j'ai pensé qu'il nous serait très utile. Il est droit, clair, très ordonné dans sa manière de commander. J'ai une totale confiance en lui. Il a été sur toutes les dernières opérations : Vincennes, les attentats du 13 novembre, Saint-Denis, Magnanville... Avec un homme de cette trempe, on va au bout du monde. Lorsque je quitterai le RAID, j'aimerais qu'il puisse me succéder mais, hélas, la décision ne m'appartient pas. J'éprouve aujourd'hui pour lui une immense affection et un profond sentiment d'amitié.

Ensuite, il y a Éric Gigou, mon deuxième adjoint, L3. Il a commencé en bas de l'échelle et a gravi tous les échelons : gardien de la Paix, officier, commissaire... Il a longtemps travaillé au service de l'anti-terrorisme, un milieu qu'il connaît parfaitement, ce qui nous a beaucoup aidés ces derniers temps. Il a des connexions avec toutes les équipes de police extérieures. Et en plus, un humour ravageur ! C'est aussi un ami.

Au poste de commandant opérationnel, encore un Éric, lui aussi doté d'un humour féroce ! Éric B. (L4) vit entièrement pour le RAID. Il y est né et il y mourra... Je l'ai rencontré une première fois en Nouvelle-Calédonie, où il était venu former pendant trois semaines le GIPN local que j'avais contribué à créer. Nous avons poursuivi nos relations quand j'étais à la tête des GIPN de 1994 à 1997. Quand j'ai créé mon état-major à Bièvres après avoir pris mes fonctions, j'ai immédiatement pensé à lui pour prendre la tête de cette structure. « *Pourquoi m'avoir choisi moi ?* », m'a-t-il demandé un jour. Je lui ai répondu : « *Parce que tu as toutes les qualités pour occuper ce poste. Et en matière de recrutement, crois-moi, je me trompe peu souvent. C'est l'une des rares qualités que je me reconnais !* » Il a aujourd'hui en charge tous les aspects opérationnels de l'unité centrale du RAID ainsi que des antennes en région. Porte de Vincennes, c'était lui, le chef opérationnel. On lui doit une large partie de notre réussite.

À mes côtés, il y a aussi Matthieu Langlois, le médecin-chef du RAID. Lorsque j'ai pris mon poste, il venait tout juste de prendre le commandement de l'unité médicale du RAID. On a commencé presque en même temps. C'est un gars extraordinaire ! Et en cas de crise majeure, il est d'une efficacité, d'un courage et d'une lucidité hors du commun. Au *Bataclan*, c'est lui qui est entré le premier dans la fosse, qui a évacué les très nombreux blessés avec son collègue médecin. Matthieu m'a ouvert les portes d'un autre monde : celui de la médecine de guerre appliquée aux interventions. Ensemble, nous avons beaucoup échangé pour tenter d'améliorer nos process d'intervention afin de secourir le mieux possible les victimes. C'est un homme clef dans notre dispositif. Quelqu'un à suivre…

Il y a également chez nous des officiers atypiques comme Jean-Marc G., notre chef d'intervention, qui a fait toute sa carrière au RAID. Parti trois ans au Kosovo, il a essuyé le feu plusieurs fois et mené à bien des opérations périlleuses. Dans la cinquantaine, robuste, il continue à s'entraîner du matin au soir. C'est un homme chaleureux, à la fois proche des gars et de la hiérarchie. Il était également sur toutes les dernières opérations. À Magnanville, c'était lui, le commandant opérationnel. Nous lui devons beaucoup.

Éric S., surnommé « l'acariâtre » parce qu'il joue parfaitement ce rôle, est invité partout : pots, fêtes, repas… On sait tous d'avance qu'il va nous raconter plein d'anecdotes croustillantes sur un ton qui n'appartient qu'à lui et nous envoyer des piques acides sur un certain nombre de dossiers. Bref, il fait le show. Mais, plus sérieusement, cet homme gère tout l'appui technique opérationnel et il le fait vraiment très bien : les tireurs de précision, les maîtres-chiens, les techniciens… Issu du renseignement, il a intégré le RAID il y a une dizaine d'années et a été, lui aussi, de tous nos derniers combats.

Martial, qui m'a remis ma médaille d'officier de l'Ordre national du mérite, incarne le meilleur de nous. Il vit RAID, il respire RAID, il mange RAID… Chef d'équipe de très haut niveau, il a été sur tous les fronts. Sous le feu à Roubaix, blessé par balle à Vincennes, il a une sorte de sixième sens. Ici, c'est simple, tout le monde l'aime. C'est un guerrier avec un cœur énorme. Il représente à lui seul l'ensemble des opérateurs du RAID.

À mes côtés, j'ai aussi Laurent, le chef de l'international. Chargé de valoriser l'image du RAID auprès des partenaires extérieurs et des médias, il est très investi. L'unité et moi-même lui en sommes reconnaissants.

Je n'oublie pas non plus, Murielle, Catherine, Cécile et Christine, nos adorables secrétaires qui se sont tant inquiétées pour nous.

Et le chef des négociateurs ?

Fabrice C. ? Vous l'avez rencontré lors de nos premiers entretiens. Après des années passées au RAID, il vient de nous quitter pour d'autres aventures. Il a joué un rôle important dans la cohésion du groupe et a beaucoup fait évoluer le service « négo ».

Tous ces hommes et ces femmes sont le cœur, la tête et le poumon du RAID. Ils donnent l'impact et la respiration vitale qui me permettent de ne pas me prendre trop au sérieux et de me remettre en question. Ce sont désormais mes compagnons d'armes et mes amis. Ce sont eux qui font le RAID.

Vous êtes le chef du RAID. Qu'attend-on, selon vous, de la personne qui occupe ce poste ?

« Management de cœur et commandement de guerre » sont les principes fondamentaux pour diriger une unité d'élite. Le chef du RAID, c'est un chef de guerre qui mène ses gars au combat, qui donne une direction précise et des instructions fermes. C'est un homme qui doit inspirer confiance et prendre ses responsabilités. C'est aussi un manager qui oriente et transforme son service par temps calme pour mieux la préparer en prévision des tempêtes. Un manager qui sait reconnaître la valeur de ses hommes et le leur dit.

Dans le fond, qu'est-ce qui vous unit le plus, vous et vos hommes ?

L'amitié, beaucoup, ainsi que je l'ai dit. La confiance, toujours. L'humour aussi, qui nous aide à tenir après des moments difficiles. Les combats passés… Nos liens ont d'ailleurs été sûrement renforcés par les événements tragiques auxquels nous avons dû faire face ces deux dernières années, tous ensemble. Mais il y a aussi des moments de vie partagés plus légers. Quand il fait beau, on installe des tables dehors pour faire un barbecue. On rit, on mange, on parle… On profite de ces beaux moments car on a tous une conscience aiguë de la fragilité de la vie et de la brutalité du monde.

Et le relationnel avec les familles ? Vos familles ?

Je pense que le relationnel avec les familles est primordial dans tous les métiers de police. J'ai couru des risques tout au long de ma carrière mais au RAID, le danger peut surgir à chaque instant. Pendant et après des affaires comme celle de Vincennes, fortement médiatisées et filmées en direct, les familles ont eu peur. Mon épouse vous a confié ce qu'elle a vécu à ce sujet, l'angoisse qu'elle a éprouvée et combien le déferlement des images est très perturbant, voire affolant. Toutes les familles des opérateurs ont traversé cette même épreuve. J'ai alors pris conscience que je me devais de répondre aux inquiétudes légitimes des familles en les rassurant, en les soutenant. Car, ne l'oublions pas, derrière chaque opérateur « exceptionnel », il y a souvent des familles « exceptionnelles ». Des femmes, des hommes, des parents, des frères, des sœurs, des amis…, qui portent parfois les opérateurs à bout de bras. Le RAID, ce n'est pas seulement une unité, c'est un tissage social. D'où la mise en place à Bièvres d'une permanence téléphonique en cas de crise majeure afin de pouvoir renseigner les familles en temps réel.

D'où votre équilibre ?

Oui. Un équilibre entretenu mais aussi renforcé par l'association du RAID qui organise des repas et des fêtes avec les familles. À l'occasion des 30 ans du RAID, on a d'ailleurs rendu un hommage solennel à toutes les familles. J'ajoute que nombre d'hommes et de femmes du RAID s'impliquent activement dans des actions associatives. À Bièvres, on accueille ainsi régulièrement des enfants malades pour des visites. Les gars s'en occupent entièrement. Il y a ici quelque chose que je n'ai vu nulle part ailleurs, dont on ne parle pas beaucoup, par pudeur, mais qui compte énormément.

Une humanité, peut-être ?

Oui, sûrement. Une humanité. Et aussi une fraternité, au sens étymologique du terme : « *frater* » signifie « frère ». Frères d'armes. Compagnons d'armes…

Le prochain rendez-vous est fixé en septembre. Après les vacances.

29. Magnanville

« Ces existences, si prometteuses, ont été brutalement anéanties, victimes d'un terrorisme habité par la haine. Le pays tout entier … s'en est trouvé saisi d'indignation et d'horreur, surtout quand il a appris que le fanatique avait commis son ignoble forfait devant le petit garçon et qu'il avait fallu l'intervention courageuse du RAID pour mettre un terme à cette abomination. »

François Hollande, le 17 juin 2016 à Versailles,
lors de hommage solennel rendu au couple de fonctionnaires
de police assassinés deux jours auparavant.

Mercredi 19 octobre 2016

Je retrouve le patron du RAID plusieurs semaines après l'été. C'est-à-dire après le terrible attentat au camion-bélier à Nice, le soir du 14 juillet, qui a coûté la vie à 86 personnes. Après le crime barbare commis dans une église le 26 juillet à Saint-Étienne-du-Rouvray, près de Rouen, où deux islamistes radicaux ont égorgé un prêtre en pleine messe. Après toute une série d'attentats déjoués à Paris et ailleurs. Après de nombreuses arrestations d'hommes et de femmes mais aussi de mineurs prêts à jouer aux terroristes… Après l'attaque au cocktail Molotov d'une voiture de policiers, le 8 octobre à Viry-Châtillon, par une dizaine de personnes et durant laquelle 4 policiers ont été blessés dont deux grièvement brûlés. Cette dernière attaque, non terroriste, a choqué toute la police et a donné lieu à un important mouvement de protestation.

Nous reprenons nos entretiens où nous en étions restés.

Le lundi 13 juin 2016, une attaque terroriste à l'arme blanche vise un couple de fonctionnaires de police, Jean-Baptiste Salvaing et Jessica Schneider, à Magnanville. Le RAID est-il aussitôt appelé pour intervenir ?

Oui. Nous sommes au début de l'Euro 2016 et les effectifs du RAID sont mobilisés à 100 %. De permanence à Bièvres, L3 reçoit l'appel vers 21 heures : « *Un commandant de police se serait fait poignarder devant chez lui à Magnanville, dans les Yvelines. L'auteur des faits aurait crié "Allahu Akbar !" puis se serait enfermé au domicile du policier, prenant en otage sa compagne et son enfant.* » Alerté à mon tour, j'ordonne à mon adjoint de se rendre immédiatement sur place avec l'échelon rapide d'intervention. Parallèlement, je demande à L2 de revenir à Bièvres avec la colonne d'assaut qui se trouve alors en réserve au Stade de France. De mon côté, j'enfourche ma moto pour revenir le plus vite possible à Bièvres, où mon chauffeur m'attend. Puis nous filons tous deux en voiture à très vive allure vers Magnanville. Sur le trajet, je communique avec mon DGPN et mon adjoint. L3 est arrivé sur place avec l'ERI, un officier chargé du renseignement et deux négociatrices du RAID.

Les primo-intervenants de la Sécurité publique bouclent le périmètre. Mortellement poignardée, la victime est rapidement identifiée. Il s'agit bien de Jean-Baptiste Salvaing, commandant de police affecté à la sûreté urbaine du commissariat des Mureaux en qualité de chef adjoint. Avant de mourir, il a courageusement tenté d'avertir ses voisins : « *Sauvez-vous ! Sauvez-vous !* »

Lorsque j'arrive sur les lieux, tous les opérateurs du RAID sont en position près du pavillon. Les ouvertures sont tenues, les snipers en place sur des points hauts et les négociatrices ont établi un premier contact au mégaphone avec le preneur d'otage.

Je me poste au PC opérationnel avec L2 et Jean-Marc, mon commandant opérationnel. Je demande à L3 de rester au PC négociation avec nos deux négociatrices pour qu'il m'informe des échanges en direct. Le meurtrier présumé est à l'intérieur de la maison et retient toujours en otage la compagne de Jean-Baptiste Salvaing, Jessica Schneider, et leur petit garçon, âgé de 3 ans.

Pensez-vous qu'il s'agit d'une affaire sans lien avec le terrorisme ? Et que la négociation aboutira ?

L'assassin présumé s'est attaqué à un commandant de police. C'est un acte fort, nouveau et hautement symbolique. Je suis persuadé qu'il s'agit d'un acte terroriste mais je ne peux pas écarter les autres pistes : affaire personnelle, passionnelle, règlement de comptes… D'ailleurs, une information nous parvient : « *Un différend aurait eu lieu entre le policier et un voisin.* » Je charge la BRI nationale, avec laquelle nous coopérons dans le cadre du plan Félin, de « purger le tuyau [70] ». Très vite, nous saurons que c'est faux.

On a maintenant les plans du pavillon. Les snipeurs, qui sont aussi là pour nous décrire la situation, ne voient rien. Le preneur d'otage, à l'étage, s'approche d'un velux mais s'en éloigne aussitôt. Les deux négociatrices sont en ligne avec lui. Après plusieurs échanges, le terroriste nous menace directement : « *J'ai des surprises pour vous, le RAID !* » Je n'ai plus aucun doute : il s'agit bien d'une attaque terroriste – nous apprendrons d'ailleurs plus tard que l'auteur des faits avait été condamné en 2013 pour participation à une filière djihadiste entre la France et le Pakistan. Et la maison pourrait être piégée. L'option d'un assaut se dessine alors très clairement. D'expérience, je sais qu'il n'y a pas de temps à perdre face à ce genre d'individu. Mon commandant opérationnel me propose une stratégie. À ce moment-là, nous ignorons encore que la maman, Jessica Schneider, est décédée.

En contact direct avec Bernard Cazeneuve, le ministre de l'Intérieur, notre DGPN Jean-Marc Falcone nous rejoint au PC autorité. Le préfet du département et le procureur de Versailles sont également présents. L'affaire a un caractère judiciaire car il y a non seulement une prise d'otages mais aussi un crime commis sur la voie publique. À tous, je rends compte de la situation et de notre dispositif pour dénouer la crise. Validé, l'assaut va bientôt être donné.

Les médias sont tenus à distance du pavillon. Le porte-parole du ministre de l'Intérieur, Pierre-Henry Brandet, leur fait un point presse à heures fixes. C'est une bonne méthode. Les journalistes seront un peu interloqués lorsqu'il leur dira : « *Le RAID est encore en train de*

---

70. « Purger le tuyau » signifie « vérifier l'information » dans le jargon policier.

négocier » alors que, simultanément, ils entendront les fortes déflagrations de notre assaut.

En effet, à l'aide d'un matériel de pointe, les techniciens du RAID localisent précisément le djihadiste. Je m'apprête à donner le « TOP assaut » lorsque j'apprends que l'enfant se trouverait lui aussi au premier étage. Pas question alors de se servir de grenades offensives qui, bien qu'étant non létales, ont un fort pouvoir de souffle et de détonation. Ce serait trop risqué pour un tout-petit. À la dernière seconde, je change tous nos plans : nous ferons un grenadage à vue et à main.

L'assaut commence. La colonne s'introduit dans la maison par le rez-de-chaussée. Menaçant, arme à la main [71], le terroriste descend du premier étage. Aussitôt neutralisé, il tombe et meurt en bas de l'escalier. Les opérateurs investissent l'étage où ils découvrent l'enfant, prostré mais vivant. À mon tour, je pénètre à l'intérieur du pavillon. Mes gars me désignent plusieurs sacs sur le sol susceptibles d'être piégés. J'avance donc avec prudence. Et je vois le corps de notre collègue, Jessica Schneider, gisant au pied de l'escalier. Elle semble être décédée depuis plusieurs heures. Peut-être même a-t-elle été assassinée avant son compagnon. Ce sera à l'enquête de le déterminer.

Pour aller chercher l'enfant au premier étage avec les opérateurs, on fait appel à un voisin, un policier proche de la famille, car voir un visage familier pourra sans doute le rassurer. La petite tête blonde passe alors sous mes yeux, portée et entourée par mes hommes. Évacué, il est aussitôt confié à Matthieu Langlois, notre médecin-chef.

Que ressentez-vous après cette intervention ?

Sur le coup, une colère terrible ! Notamment parce que, comble du sort, le corps du terroriste est tombé sur celui de Jessica Schneider. Cette image et cette proximité me sont insupportables. J'ai l'impression que le djihadiste est en train de la salir. Je voudrais écarter son corps du sien mais, bien sûr, je ne le fais pas. Je dois laisser les lieux en l'état pour les besoins de l'enquête.

Deux jours plus tard, nous sommes tous alignés, place Beauvau, pour rendre un premier hommage à nos deux collègues assassinés.

71. L'arme se révélera factice.

François Hollande est là. Je suis au premier rang. Face à nous, un portrait des deux victimes souriantes est dressé. Les images de la scène de crime me reviennent. Une infinie tristesse m'étreint alors et m'empêche de répondre au Président lorsqu'il vient me serrer la main.

Retransmis en direct sur plusieurs chaînes de télévision, un hommage national est aussi rendu à Versailles le vendredi 17 juin.

C'est exact. Recouverts du drapeau français, les deux cercueils sont placés au milieu de la cour du château, qu'illumine un beau soleil. Toute la Police nationale est présente. Le RAID aussi. Le président de la République fait un discours très émouvant: «*Jessica Schneider, 36 ans, et Jean-Baptiste Salvaing, 42 ans, étaient deux fonctionnaires … qui ne cherchaient ni gloire ni honneur mais qui faisaient leur devoir avec discrétion et rigueur. Deux héros du quotidien …, victimes d'un terrorisme habité par la haine.*» Le couple laisse deux enfants orphelins, le petit Matthieu, 3 ans, mais aussi Hugo, 8 ans, le fils aîné du policier.

Car ce soir de juin 2016, ce qu'a tué Daesh, c'est aussi un couple qui s'aimait et qui aimait profondément ses enfants. D'une certaine façon, le RAID est ainsi amené à protéger les liens d'amour, les liens d'amitié, les liens sociaux, tout ce qui fait la beauté et la valeur de la vie – tout ce que le terrorisme tente précisément de détruire.

Manuel Valls et Bernard Cazeneuve traversent la cour pour venir saluer le RAID et nous soutenir. Mais lorsque les cercueils repartent au son de la marche funèbre, les images des corps sans vie du couple se bousculent à nouveau dans ma tête. Elles me hanteront un certain temps.

Après toute cette série d'attentats très douloureux, est-ce pour vous l'affaire de trop?

Non, je ne le pense pas. Mais pour moi comme pour mes hommes, le seau se remplit encore un peu plus. Après cette dernière attaque particulièrement ignoble revendiquée par Daesh, nous nous sentons atteints dans nos cœurs d'homme et de policier.

Ces propos ravivent la profonde tristesse qu'avait alors suscitée en moi cette tragique affaire. Mais il est difficile d'échapper à la tristesse après tous ces drames. Ce n'est pas pour rien que Matthieu Langlois dédie son livre au petit Matthieu… Et puis, il y a cette accumulation, ce seau qui se remplit inexorablement en soi que décrit si justement le patron du RAID.

Rouler fenêtre ouverte me fait du bien.

Notre prochain rendez-vous est fixé au vendredi 18 novembre.

30. Nuit blanche

« Aider me plaît infiniment plus que de combattre. »
Émile de Girardin.

Vendredi 18 novembre 2016

Dans l'actualité… Le 8 novembre, Donald Trump a été élu le 45e président des États-Unis. Le 12 novembre, le Bataclan *a réouvert ses portes. Sting, premier artiste à se produire sur la scène un an après les attentats, a commencé son concert par une minute de silence et ces mots, en hommage aux victimes : « Ce soir, nous avons deux tâches à concilier : d'abord, se souvenir de ceux qui ont perdu la vie dans l'attaque, ensuite célébrer la vie, la musique, dans ce lieu historique… Nous ne les oublierons pas. Nous ne vous oublierons jamais. » Le lendemain, le chef de l'État et la maire de Paris ont dévoilé six plaques commémoratives dans chacun des lieux frappés par les attentats du 13 novembre 2015 et les noms de toutes les victimes ont été lus à haute voix.*

À mon arrivée au RAID, je demande à Jean-Michel Fauvergue ce qu'il pense de la réouverture de la salle de spectacle. « C'est très bien. La vie est plus forte ! On appelle cela la "résilience". » Puis il m'offre un café. J'appuie sur « REC ».

Jusqu'à présent, nous avons surtout parlé des interventions liées au terrorisme. Pouvons-nous évoquer les autres types d'intervention ?

Assurément. Le RAID, je le rappelle, a été créé pour intervenir sur des forcenés et des preneurs d'otages dans des milieux clos. Certains commettent des braquages. D'autres, parce qu'ils traversent un moment difficile (rupture amoureuse, perte d'emploi, arrêt d'un traitement médicamenteux, deuil...) ou souffrent de troubles psychologiques (dans les pays occidentaux, on considère qu'1 % de la population souffre de troubles psychologiques plus ou moins graves, soit 650 000 personnes en France) sont susceptibles de commettre un acte grave, de mettre en danger leurs concitoyens, voire leur propre famille.

Le RAID, avec toutes ses antennes, intervient en moyenne entre 60 et 80 fois par an sur des individus en crise, soit une intervention tous les 4-5 jours environ sur le territoire national. Dans la majorité des cas, nous avons affaire à des hommes mais il arrive parfois que cela soit des femmes. J'ai en mémoire l'histoire d'une maman, dans la région PACA, qui menaçait de se défenestrer avec ses deux enfants en bas âge. L'antenne RAID de Nice a sauvé toute la famille en menant un double assaut simultané : des opérateurs sont entrés à l'intérieur de l'appartement par la porte principale tandis que d'autres descendaient du toit en rappel pour atteindre le balcon.

Dans tous les cas, aucune de ces affaires ne doit être prise à la légère. Car si 90 % d'entre elles sont résolues grâce à la négociation et à notre technicité, à chaque fois, le risque est réel. En août 1989, à Ris-Orangis, le RAID a d'ailleurs perdu deux de ses hommes face à un forcené de combat [72], fou d'armes de grande chasse, qui s'était barricadé chez lui. Ce drame a marqué les esprits.

Plus récemment, pendant l'Euro 2016, nous sommes intervenus sur un homme retranché chez lui. Il venait de blesser grièvement sa femme et menaçait de mettre fin à ses jours. Ce sont ses enfants qui ont donné l'alerte.

[Pour évoquer cette affaire, le patron du RAID fait appel à Éric Gigou, L3. C'est lui qui a mené l'opération. Il raconte.]

---

72. Un « forcené de combat » est une catégorie de personnes bien particulière pour le RAID : elles ne sont pas réceptives à la négociation et se montrent généralement très violentes.

Éric Gigou : Nous sommes en plein Euro 2016. Jour après jour, nos effectifs sont engagés pour sécuriser les matchs. Je suis de permanence au RAID [73] lorsque je reçois un appel aux alentours de minuit : « *Un individu vient de faire feu sur son épouse avec un fusil de chasse. Ses deux enfants ont pu s'échapper. L'homme est retranché à son domicile. Sa femme est à l'intérieur, grièvement blessée ou décédée.* » Le drame se déroule à une centaine de kilomètres de Paris, c'est donc à nous, l'unité centrale de Bièvres, d'intervenir. Sans perdre une seconde, j'envoie en précurseur un officier du RAID chargé du renseignement. Mission : prendre contact avec les collègues policiers et les autorités locales déjà saisies de l'affaire, interroger le voisinage, préparer notre arrivée. De mon côté, je prends la route avec une trentaine d'hommes, soit une dizaine de véhicules, et reçois par radio les informations. Le forcené a, semble-t-il, utilisé un fusil de chasse de gros calibre. Très certainement un chasseur. Autrement dit, un individu potentiellement très dangereux et intelligent puisqu'il manipule les armes et sait piéger du gibier. Des hommes souvent plus difficiles à surprendre.

Pendant le trajet, je diffuse les premiers renseignements à tout le convoi et commence à réfléchir à une stratégie d'intervention avec mon commandant opérationnel. Je m'appuie également sur un officier négociateur et un médecin du RAID. Objectif : interpeller l'auteur présumé des faits et, bien sûr, sauver son épouse si c'est encore possible.

Nous arrivons sur place dans la nuit noire. L'homme est toujours retranché dans son domicile, un pavillon entouré d'un jardin. Chacun sait ce qu'il a à faire. D'abord, relever tous les effectifs locaux qui ont créé un périmètre de sécurité parfaitement hermétique pour éviter la fuite de celui qui vient de commettre une tentative d'homicide et qui, armé d'un fusil de chasse, pourrait tirer sur n'importe qui. Ensuite, faire le point avec tous nos homologues – policiers, secours sur place – et les autorités.

Rapidement, nous recueillons le témoignage des deux adolescents qui ont assisté à la scène avant de s'échapper. « *Maman veut divorcer.*

73. Les commissaires de police du RAID passent entre 12 et 14 heures par jour à leur bureau, en entraînement ou sur le terrain. Ils sont aussi de permanence une semaine sur deux, week-end compris.

… *Papa a bu, il a perdu la tête.* » Notre médecin échange avec eux pour tenter d'évaluer les blessures infligées à leur mère et ses chances de survie. Le négociateur du RAID, lui, prend le relais des policiers locaux qui sont déjà entrés en contact avec le forcené, qui menace toujours de se suicider. Pour ma part, je présente ma stratégie d'intervention aux autorités administratives et judiciaires du département présentes sur le terrain.

L'affaire est délicate. Il va falloir se « hâter lentement », comme je le dis souvent. Même si je garde l'espoir de sauver la maman, je crains malheureusement qu'elle ne soit décédée. Mais nous voulons absolument interpeller le père vivant pour que ses enfants ne vivent pas un drame supplémentaire. Et le remettre à la justice.

Où sont les deux adolescents pendant l'intervention ? Les avez-vous rencontrés ?

É. G. : Oui, dans une ambulance. Ils bénéficient d'un soutien psychologique mais je tiens à ce qu'ils restent auprès d'un officier du RAID pour nous fournir un maximum de renseignements utiles à l'opération. Je les ai rencontrés à mon arrivée, sans cagoule. Je leur ai dit : « *Nous sommes le RAID. Nous allons tout faire pour porter secours à votre mère et tenter de sauver votre père de lui-même.* » C'est important. Voir des hommes cagoulés et surarmés peut être traumatisant pour ces jeunes. Je leur promets de revenir les voir après l'intervention.

J'affine la stratégie avec l'officier tactique et je maintiens un contact permanent avec nos négociateurs. Le forcené parle facilement au téléphone mais ne lâche pas son arme, ce qui m'inquiète beaucoup – il ne nous voit pas mais, grâce à des outils techniques particuliers, nous le voyons très bien. J'en avise les autorités : « *Cet homme sait tirer et dispose d'une arme extrêmement dangereuse. Malgré notre puissance de feu balistique et tactique, il peut tuer un opérateur.* » La configuration des lieux ne nous est pas non plus favorable. Le forcené est debout, à proximité immédiate d'une porte d'entrée en partie vitrée. Impossible donc de pénétrer dans l'habitation sans être vus. Les autres voies d'accès ne sont pas plus praticables.

Les négociateurs continuent d'échanger avec le père de famille dont le taux d'alcool commence à baisser. Son épouse gît à ses pieds, baignant dans son sang, et il comprend peu à peu qu'il vient de commettre un acte effroyable. Il s'inquiète du jugement de ses enfants. Peu disposé à rendre les armes, il alterne les menaces. Pointe son fusil vers l'extérieur ou bien sur lui-même. On continue à négocier.

Les chances de survie de son épouse ne s'amenuisent-elles pas ?

É. G. : Avant d'arrêter ma stratégie, je demande l'avis médical des pompiers présents sur place et de notre médecin. Eu égard à la blessure décrite par les enfants (un coup de feu en pleine poitrine) et l'heure à laquelle se sont déroulés les faits, les chances de survie de la victime sont quasiment nulles. Je préfère donc éviter les coups de feu car ils pourraient avoir des conséquences dramatiques sur mes hommes et sur ce père de famille. De plus, entre l'Euro 2016 et l'affaire de Magnanville, les opérateurs ont été éprouvés physiquement et psychologiquement. Je dois en tenir compte dans la gestion de cette intervention. Cela peut paraître contradictoire mais les autorités, procureur en tête, le comprennent très bien. Si la femme nous donnait un réel signe de vie, bien sûr, nous accélérerions immédiatement la manœuvre. Je me souviens bien de Magnanville. Ce fut une épreuve difficile. Régulièrement, je suis obligé de m'astreindre à la froideur, à la distance, afin de rester professionnel et de ne pas me laisser submerger par l'émotion, surtout lorsque cela touche des enfants ou des jeunes, comme ce fut le cas au *Bataclan* et sur les terrasses des cafés et des restaurants en novembre 2015.

Alors on va y aller doucement. Par peur d'affronter le regard de ses enfants, le forcené peut facilement basculer dans le suicide « *by cop* », c'est-à-dire « par policier interposé ». Une réaction fréquente, dangereuse pour tout le monde. Donc on va tous retenir notre souffle et combiner la négociation à distance et l'intervention tactique. Puis, comme au ralenti, je vais faire apparaître l'équipe d'assaut dans son champ de vision et le préparer lentement à une sortie de crise.

Avant de lancer l'assaut, j'appelle Jean-Michel au milieu de la nuit pour lui rendre compte de la stratégie adoptée :

« Le forcené refuse de lâcher son arme. Il la dirige toujours vers nous ou la maintient sous son menton, le doigt sur la queue de détente. Il ne souhaite pas de reddition. J'envisage…

— *Ok. Je valide à 100 % ta stratégie. Tiens-moi au courant.* »

Savoir que mon chef me soutient professionnellement et psychologiquement fait beaucoup baisser la pression. Comme s'il ôtait le bouchon de la cocotte-minute. Surtout dans cette opération où, durant l'assaut, la vie des hommes du RAID est réellement en danger.

Après des heures de patience, bouclier en main, les opérateurs se lancent. La colonne pénètre très lentement dans le pavillon, presque centimètre par centimètre. Le premier d'entre eux devra neutraliser le forcené avec un pistolet à impulsion électrique (un taser), une arme qui ne fait pas le poids face à un fusil de chasse et qui n'est efficace qu'à partir de 15 mètres. Il faudra tirer au bon moment car il n'y aura pas de deuxième chance ! Dans le PC opérationnel, nous sommes tous en apnée. Un de mes gars nous informe de la progression de la colonne par radio : « *Nous sommes en vis-à-vis. Il ne fait pas feu. Son épouse est décédée.* » L'opération se termine comme nous l'avions espéré. Le forcené est neutralisé. Sauvé malgré lui. Pour tous, c'est le soulagement.

Quatre heures plus tard, je retourne voir les deux adolescents, comme je le leur avais dit : « *On a interpellé votre papa. Il est sain et sauf.* » Les médecins, eux, doivent leur annoncer le décès de leur maman : « *Elle a perdu la vie rapidement, suite à ses blessures. Personne n'aurait pu la sauver.* »

Le jour se lève. Nous rentrons tous au RAID. Je n'ai pas dormi depuis la veille. Ce soir, il y a le match de l'Euro. Je suis de garde. Je dormirai plus tard.

Quel est le rôle d'un patron du RAID lorsqu'il n'est pas sur place ? Ou dans ce type d'affaire ?

Jean-Michel Fauvergue : Il faut être disponible jour et nuit, 24 heures sur 24, car on ne peut diriger un groupe de cette envergure sans être en contact les uns avec les autres. Il faut savoir absorber les pressions et, surtout, ne pas les faire peser sur ses équipes, ce qui pourrait conduire à des dangers supplémentaires. À moi d'apporter toute la sérénité nécessaire pour espérer un résultat positif : sauver les victimes, interpeller les forcenés sans échange de coups de feu, les remettre à la justice pour qu'ils répondent de leurs actes, n'avoir aucun blessé dans nos rangs… Dans le cas présent, si l'homme avait tiré sur les opérateurs, ils auraient répondu. Légitime défense. Bien sûr, nous aurions été couverts mais, pour le RAID, ce n'est pas satisfaisant. Son suicide aurait aussi été un échec à nos yeux.

Dans ces affaires qui ne sont reprises ni médiatiquement, ni politiquement, ni liées au terrorisme, fort heureusement, nous avons le temps pour nous.

Midi 30. Une annonce est diffusée dans les haut-parleurs: «À tous! Rendez-vous dans la salle du rez-de-chaussée pour le beaujolais nouveau!»

«C'est aussi ça, la vie au RAID», précise le Patron devant mon air amusé, «des moments de convivialité nécessaires. Mais la modération est de mise. Les opérateurs consomment plus de boissons énergisantes et de bonnes vitamines que de cochonnailles et de beaujolais!»

Je m'éclipse. Prochain rendez-vous le vendredi 9 décembre.

31. Nice, un 14 juillet

« *En tuant ces innocents, l'assassin a détruit, a sabré et meurtri ce qui nous attache : la vie, non pas la pavane de luxe et de vanité telle qu'un esprit confus peut l'imaginer, mais la vie ordinaire, avec ses menus plaisirs, ses fêtes patronales, ses historiettes amoureuses sur la plage de galets, ses jeux d'enfants aux cris stridents, ses baladeurs à rollers ou ses petits vieux somnolant sur leurs chaises longues, ses auto-stoppeuses ébouriffées ou ses photographes de couchers de soleil. … Que soit maudit l'assassin qui a ouvert cette blessure dans cette ville* [74]. »

Jean-Marie Le Clézio, originaire de Nice.

Vendredi 9 décembre 2016

Dans l'actualité… Dans la nuit du 19 au 20 novembre, 7 individus projetant de commettre des attentats terroristes en France ont été interpellés à Strasbourg et Marseille par la DGSI. L'un d'entre eux travaillait dans une école primaire comme animateur et était apprécié des enfants. Stupeur. Le 22 novembre, le RAID a ouvert une nouvelle antenne à Toulouse. Le 27 novembre, à la surprise générale, François Fillon est sorti vainqueur de la primaire de la droite pour la campagne présidentielle. François Hollande, lui, a renoncé à un second mandat. Le 6 décembre, Bernard Cazeneuve a été nommé Premier ministre et Bruno Le Roux, ministre de l'Intérieur. Manuel Valls a donné sa démission pour se présenter comme candidat aux primaires de la gauche.

En Syrie, les bombes pleuvent sur Alep. À Cuba, Fidel Castro est mort.

J'arrive au RAID et, sans perdre de temps, nous poursuivons nos entretiens car Jean-Michel Fauvergue doit repartir rapidement en province.

---

74. « À Nice, avec douleur et colère », texte publié dans *Le Point* au lendemain de l'attentat du 14 juillet et lu lors de la cérémonie d'hommage aux victimes.

Le soir du 14 juillet 2016 à Nice, vers 22 h 40, un camion fou surgit et fonce dans la foule venue assister aux festivités du 14 juillet sur la promenade des Anglais. Après 2 kilomètres de course macabre, le 19 tonnes emporte avec lui la vie de 86 personnes et fait des centaines de blessés [75]***. L'Euro 2016 vient tout juste de se terminer. Comment vivez-vous cet effroyable attentat ?***

Mobilisé à 100 % tout au long de l'Euro 2016, comme nous l'avons vu, le RAID est sous tension permanente avec des personnalités à protéger, de nombreuses zones à sécuriser et des centaines de fausses alertes à « purger ». Match après match, la pression monte d'un cran mais, finalement, et contrairement à ce que tout le monde craignait, l'événement se déroule très bien. Aucune attaque terroriste. Rassuré, François Hollande s'adresse alors aux Français à la mi-journée lors de sa traditionnelle interview télévisée du 14 juillet : « *On ne peut pas éternellement prolonger l'état d'urgence. L'état d'urgence fait partie des situations exceptionnelles. Nous avons [maintenant] une loi qui nous donne les garanties pour l'action contre le terrorisme. … L'état d'urgence, qui expire le 26 juillet, ne sera pas prolongé.* »

Ce soir-là, je suis invité avec mon épouse à un barbecue à l'ambassade d'Australie, à deux pas de la tour Eiffel, pour voir le feu d'artifice. Quelques mois auparavant, impressionnés par la manière dont la FIPN (le RAID et la BRI) avait mené les opérations lors de la prise d'otages de la porte de Vincennes et voulant en savoir davantage sur nos process d'intervention, l'ambassadeur australien et le Premier Ministre, Tony Abbott, étaient venus nous rendre visite à Bièvres. À cette occasion, nous avions noué de bonnes relations.

Comme tous les convives, je suis sur la terrasse. L'ambiance est festive et agréable. Les premières fusées partent dans le ciel et… mon téléphone se met à vibrer avec insistance. À l'évidence, plusieurs personnes tentent de me joindre en même temps. Mauvais signe. Immédiatement, je contacte mon DGPN. L'appel ne passe pas. Je joins alors L3, qui m'informe de la situation à Nice : « *Un camion vient de foncer sur la foule sur la promenade des Anglais. Il y a des dizaines de morts et de nombreux blessés.* »

75. Parmi ces 86 personnes, 10 enfants et adolescents perdront la vie dans cet attentat revendiqué par Daesh quelques jours plus tard. Des milliers de personnes, touristes et familles, assistaient à la fête ce soir-là.

Je quitte précipitamment mon épouse et mes hôtes pour retourner à Bièvres. En bas de l'immeuble où se déroule la réception, j'ai du mal à fendre la foule venue assister au feu d'artifice pour me rendre de l'autre côté des barrières, là où est garée ma moto. Par téléphone, je mets aussitôt le RAID – l'unité centrale mais également toutes les antennes régionales – en état d'alerte maximale. Chacun est appelé à revenir à sa base. À Nice, l'antenne du RAID est mise à la disposition de la direction départementale de la Sécurité publique.

Sur la route (ma moto est équipée d'un système de communication qui me permet des liaisons directes avec mes équipes), je reçois d'autres nouvelles très inquiétantes : « *Des individus tireraient dans la foule à plusieurs endroits différents.* » Comme toujours, dans ce type de situation extrême et dramatique, toutes sortes d'informations circulent. Beaucoup sont fausses mais il est de notre devoir de les vérifier à chaque fois.

Lorsque j'arrive à Bièvres, mes adjoints sont tous déjà là. On vient de faire atterrir pour nous un avion de la Police aux frontières à l'aérodrome militaire de Villacoublay. Une colonne composée d'une vingtaine d'hommes est prête à décoller avec moi pour prêter main-forte aux collègues niçois.

À Nice, c'est la panique totale. Les familles et les touristes venus assister aux festivités fuient de tous les côtés ou se réfugient là où ils le peuvent. Dans les bars, les hôtels, les parkings souterrains, quelque part sur la plage… Les opérateurs de notre antenne niçoise sécurisent les lieux et se rendent là où des terroristes auraient été aperçus et des tirs entendus. À chaque fois, ce sont de fausses alertes. Mais les rumeurs vont bon train. À un moment donné, mes hommes interpellent un gars avec une arme de poing. Ce n'est pas un terroriste. C'est un Niçois qui, affolé, est allé chercher chez lui de quoi se défendre.

Craignez-vous un attentat multiple ? Comme le soir du 13 novembre 2015 à Paris ?

Bien sûr. Dans le cadre du nouveau schéma d'intervention voulu par le ministère de l'Intérieur, je demande d'ailleurs par téléphone au chef du GIGN de mettre à ma disposition l'antenne du GIGN d'Orange en leur donnant comme mission dans un premier temps de faire mouvement vers le commissariat de Nice. Mise en réserve, cette équipe ne sera finalement pas engagée. À Nice, la situation est assez rapidement sous contrôle. Après avoir parcouru 2 kilomètres à toute allure sur la promenade des Anglais, renversé des centaines de personnes et tué 86 d'entre elles, le terroriste au volant du 19 tonnes est neutralisé – il est abattu par les policiers du service d'ordre. L'homme était seul à bord. Il n'y aura pas d'autres actions terroristes ce soir-là.

Ma colonne et moi ne décollons donc pas de l'aérodrome. L'avion de la Police aux frontières est alors remis à la disposition de la section anti-terroriste, qui se rend aussitôt sur place pour mener l'enquête et faire les premières constatations. Tard dans la nuit, je libère mes adjoints et une partie des effectifs pour qu'ils se reposent. Encore une fois, on ne sait jamais de quoi demain sera fait. Je dors sur place dans mon bureau.

Après quelques heures de sommeil, comment percevez-vous cette attaque terroriste, qui choque profondément la population française ?

Au RAID, nous travaillons sur tous les modes opératoires qui nous semblent plausibles. Celui du camion-bélier (bien souvent piégé) a déjà été utilisé à plusieurs reprises sur les théâtres de guerre. En France et au Canada, il y avait déjà eu des alertes aux attentats avec des véhicules fous. Ce type d'attentat demande peu de moyens et peu de préparation. Des attentats « low-cost », comme nous l'avons évoqué. On craignait ce type de mode opératoire mais on n'avait jamais imaginé qu'il pourrait causer une telle destruction. Comme tous les Français, nous sommes sous le choc. Dans la matinée, j'apprends de plus le décès sur place d'un collègue commissaire, Emmanuel Grout, directeur départemental adjoint de la PAF, emporté lui aussi par le 19 tonnes. Il était venu voir le feu d'artifice avec sa compagne (une commissaire) et l'un de ses enfants. Ses funérailles ont lieu quelques jours plus tard, dans la cour de la caserne Auvare à Nice. Présent, Bernard Cazeneuve lui adresse un bel hommage. Je m'y rends également pour prendre la tête du détachement de l'antenne RAID de Nice. À la fin de la cérémonie, j'assiste une nouvelle fois à la même scène : un cercueil recouvert du drapeau tricolore qui s'en va, porté par des policiers au son de la marche funèbre. Je repense au couple de policiers de Magnanville. Le seau se remplit un peu plus…

32. Saint-Étienne-du-Rouvray

« *Tuer au nom de Dieu est satanique !* »
Le pape François, le 14 septembre 2016,
lors de la messe en hommage au père Jacques Hamel.

Moins de quinze jours après l'attentat de Nice, le 26 juillet, vers 9 h 30, deux djihadistes pénètrent dans l'église de Saint-Étienne-du-Rouvray, en Seine-Maritime, alors que le père Jacques Hamel officie devant quelques paroissiens. Êtes-vous tout de suite alerté ?

De retour d'une réunion de travail à la direction générale de la Police nationale, je suis en train de garer ma moto sur le parking de Bièvres lorsque je reçois un appel du chef d'état-major de ma direction générale dans mon oreillette : « *Il y a deux terroristes dans une église. Ils ont crié "Allahu Akbar".* » Je monte quatre à quatre l'escalier où je croise L3, qui en sait déjà autant que moi :

« *Attaque terroriste à Saint-Étienne-du-Rouvray près de Rouen !*

— *Oui. Confirmé. Départ immédiat avec une colonne d'assaut.* »

Venant tout juste de terminer un exercice d'entraînement, mes adjoints sont déjà tous en tenue d'intervention. Je me change à mon tour en un temps record. Peu après, nous sommes tous lancés à 200 kilomètres à l'heure sur l'autoroute avec gyrophares en fonctionnement. Des informations supplémentaires nous parviennent : « *Les assaillants retiennent des otages dans l'église. L'une des religieuses qui était à la messe a réussi à prendre la fuite. C'est elle qui a averti la police après avoir vu les djihadistes et parlé avec eux.* »

Une cinquantaine de kilomètres nous sépare encore du lieu de l'attaque lorsque Jean-Marc Falcone m'appelle :

« *Où en êtes-vous, Jean-Michel?*

— *À moins de 20 minutes.*

— *Je ne vais pas pouvoir vous attendre. Il faut que je déclenche l'assaut très rapidement. Rejoignez les lieux le plus vite possible. Je compte sur vous.* »

Sur place, la BAC de Rouen et la BRI locale sont à la manœuvre. Armées de fusils d'assaut et munies d'équipements lourds (gilets pare-balles, casques...), les deux brigades donnent l'assaut dans le cadre du nouveau schéma national d'intervention. Savoir que nous ne sommes plus très loin les conforte dans leur détermination.

N'étant pas sur place, je peux difficilement décrire l'opération. On me tient informé du déroulement par radio. Les opérateurs tentent une incursion par une porte latérale mais les terroristes, qui attendent les forces de l'ordre, placent les quatre otages « en rideau ». Les colonnes constituées par les hommes de la BAC et de la BRI pénètrent alors dans l'église par la porte arrière. Les otages courent aussitôt vers les policiers et sont évacués. Les terroristes foncent à leur tour sur les opérateurs. Ces derniers reculent et ressortent par la même porte. Les terroristes les suivent et sont abattus dehors, à la sortie arrière de l'église.

Lorsque nous arrivons, deux ou trois minutes plus tard, les corps des deux terroristes sont étendus au sol. Délivrés, les otages – un couple de paroissiens âgés et deux religieuses – sont pris en charge. L'un d'eux, âgé de 86 ans et grièvement blessé, est confié aux secouristes. Il a reçu quatre coups de couteau dans le cou, les bras et le dos. J'apprendrai plus tard qu'un primo-intervenant lui a sauvé la vie en lui faisant un point de compression. Le père Jacques Hamel, lui, a perdu la vie, mortellement poignardé au cou.

Un périmètre de sécurité assez large est mis en place autour de la paroisse. « *Attention, c'est piégé! J'ai vu des fils suspects sur les cadavres des terroristes* », nous informe un militaire de l'opération « Sentinelle » spécialisé dans le déminage. Derrière leur bouclier, les techniciens du RAID s'approchent des corps au sol. À l'aide d'un appareil, ils brouillent les ondes téléphoniques pour empêcher le déclenchement de mise à feu des explosifs à distance. Les démineurs de la Sécurité civile prennent le relais et lèvent tous les doutes peu de temps après.

L'arme de poing des terroristes est en réalité hors d'usage et les nombreux fils entortillés dans du papier d'aluminium ne sont connectés à aucun explosif. Les trois couteaux, en revanche, sont fonctionnels et ont causé les drames que l'on sait.

La colonne d'assaut du RAID pénètre alors dans l'église par la porte centrale. À l'intérieur, les opérateurs découvrent d'autres paquets suspects. On perd un peu de temps à chaque fois mais il faut sécuriser les lieux avant de procéder aux premières perquisitions.

Le président de la République et le ministre de l'Intérieur nous rejoignent. Ensemble, ils s'approchent de mon véhicule blindé d'un bon pas. Je les avertis : « *Monsieur le Président, Monsieur le Premier ministre, au-delà de cette limite, la zone n'est pas encore sûre !* » Blessé au front par des éjections de cartouches, le directeur départemental de la Sécurité publique, qui était avec la colonne de la BRI pendant l'assaut, leur fait alors le rapport détaillé de l'intervention.

Une fois le lieu sécurisé, mon adjoint et moi entrons à notre tour à l'intérieur de l'église. Nous tombons sur le cadavre du prêtre Jacques Hamel, égorgé au pied de l'autel. Voir un prélat baignant dans son sang dans un lieu de culte est pour nous d'une violence inouïe. Quelques minutes plus tard, nous échangeons avec les autorités en prenant soin de rester en retrait. Car, ce jour-là, ce sont bien les primo-intervenants qui ont mené la partie la plus dangereuse de l'opération.

Nous sommes ensuite immédiatement réquisitionnés par la Police judiciaire et la DGSI pour « taper les perquis'[76] » au domicile des auteurs présumés du massacre[77]. Le soir même, l'assassinat sera revendiqué par Daesh.

Grâce à l'action des primo-intervenants, les otages ont la vie sauve. Cela renforce sans doute vos convictions en la matière ?

Oui, incontestablement. Ce matin, nous avons reçu à Bièvres le directeur général de la Police algérienne et un ministre algérien. Je

---

76. C'est-à-dire perquisitionner.

77. Les auteurs présumés du massacre sont deux islamistes radicaux français de 19 ans. Au moment des faits, le premier est sous contrôle judiciaire et porte un bracelet électronique.

leur ai parlé du RAID, de son fonctionnement, mais aussi du rôle capital des primo-intervenants. À titre d'exemple, j'ai évoqué l'attentat de Saint-Étienne-du-Rouvray, qui illustre parfaitement la nouvelle stratégie d'intervention. Sans nous attendre, les primo-intervenants ont neutralisé les deux terroristes. Le père Jacques Hamel a malheureusement été assassiné mais, sans cet assaut rapide, tous les otages auraient sans doute été tués, eux aussi. À leur arrivée, les opérateurs du RAID ont renforcé le dispositif mais, croyez-moi, aucun n'a manqué de féliciter les hommes de la BAC et de la BRI pour leur travail remarquable. Car, encore une fois, face à des tueurs de masse ou à des terroristes prêts à mourir, que voulez-vous faire ? Le RAID, comme toute autre unité d'élite d'intervention, ne peut être immédiatement sur place. C'est physiquement et matériellement impossible. Mais en formant de plus en plus d'opérateurs dans les BAC et dans les BRI, nous contribuons à un autre mode d'intervention rapide.

Récemment, nous avons fait un exercice d'intervention commun avec des primo-intervenants dans un centre commercial en région parisienne. Quatre terroristes menacent puis blessent des visiteurs. Arrivés rapidement sur place, les primo-intervenants tuent deux kamikazes. Les deux survivants se retranchent dans un magasin avec des otages. La situation est figée. Une fois sur les lieux, le RAID prend le relais en organisant et en dirigeant l'opération. Nous installons en premier lieu nos PC, où sont inclus les postes « commandement » des primo-intervenants mais aussi ceux de l'opération « Sentinelle » (les militaires). Objectifs : délivrer les otages et évacuer les blessés en toute sécurité. Coordonner toutes les actions pour que cela ne parte pas dans tous les sens, c'est aussi le nouveau rôle du RAID.

L'exercice s'est-il bien déroulé ?

Dans ce genre d'exercice, on gagne à tous les coups ! Mais ces entraînements sont nécessaires pour progresser tous ensemble et instituer des protocoles de sauvetage des victimes : sécuriser des espaces, créer les nids de blessés, évacuer les victimes…

Un mot sur ces exercices. Ils nous sont indispensables car ce n'est que dans ces moments-là que nous pouvons améliorer nos process et notre technique. À une condition cependant : qu'on sorte de notre zone de confort et qu'on se mette « dans le rouge ». C'est ce que nous faisons régulièrement quand nous sommes entre nous. Mais quand la présence d'autorités politiques, administratives ou des médias nous est imposée, cela devient impossible car la critique de non-professionnels de l'intervention dessert nos protocoles comme notre image. Nous transformons alors l'exercice en belles démonstrations. Cela fait plaisir à tout le monde mais, opérationnellement, cela ne nous apporte rien.

Magnanville, Nice, Saint-Étienne-du-Rouvray… Les attaques terroristes s'enchaînent les unes après les autres et créent en France un climat très anxiogène. Comment votre unité encaisse-t-elle tous ces coups durs ?

Les lieux de culte sont des cibles hautement symboliques, donc nous nous attendions à une attaque comme celle de Saint-Étienne-du-Rouvray. Souvenez-vous, après les attentats du 13 novembre 2015, la plupart des églises avaient été sécurisées pendant les messes de Noël. Les terroristes nous attaquent toujours dans ce que nous avons de plus précieux : les lieux de prière, les écoles, les sites touristiques, les endroits aimés de nos jeunes…

Au RAID comme ailleurs, tous ces actes de barbarie nous affectent. Nous sommes humains. Mais nous y sommes préparés et nous nous attendons toujours à ce qu'un attentat soit commis sous une forme inédite. À Nice, un homme seul avec un camion a brisé des centaines de vie en quelques secondes, même s'il a bénéficié de quelques soutiens en amont. Il a dépensé moins de 2 200 euros pour commettre cet attentat. Face à ces tueurs isolés, police et gendarmerie doivent encore renforcer leurs process d'intervention pour agir le plus rapidement possible. Les services de renseignement doivent également tout mettre en œuvre pour déceler les réseaux terroristes à temps. Mais, ne l'oublions pas, si de nombreux attentats ont été déjoués cette année, c'est bien grâce au travail en amont des enquêteurs judiciaires et des policiers des services de renseignement, qui furent renforcés par le RAID lors des arrestations.

Prochain rendez-vous mercredi 18 janvier.

33. *RAID* DINGUE

« Après les attentats, c'est devenu important pour moi de faire ce film. Je me suis mis une pression de dingue parce que je voulais valoriser les gens du RAID. Je suis très admiratif de leur courage et de leur humilité. »
Dany Boon, le 4 février dans *TéléStar*.

Mercredi 18 janvier 2017

En France, les fêtes de fin d'année se sont bien passées. Mais la police est restée fortement mobilisée, surtout après l'attaque terroriste islamiste au camion-bélier à Berlin, le 19 décembre, qui a fait 12 morts et une cinquantaine de blessés sur un marché de Noël.

En Turquie, c'est un assaillant déguisé en père Noël qui a semé la mort dans une discothèque d'Istanbul.

Début janvier, Barack Obama a fait ses adieux à la Maison-Blanche avant que Donald Trump ne soit investi 45e président des États-Unis.

Chez nous, l'état d'urgence a été reconduit jusqu'en juillet 2017. Dans les salles de cinéma, on peut voir la bande-annonce du film RAID Dingue, *une comédie signée Dany Boon.*

Dans les librairies, après un très bon accueil dans la presse, le récit du médecin-chef du RAID, Médecin du Raid. Vivre en état d'urgence, *sorti trois mois auparavant, a trouvé son public.*

J'arrive au RAID par un temps glacé. Sur le parking, tous les pare-brise des véhicules blindés sont recouverts d'une bâche antigel et les essuie-glaces sont relevés.

Dans quinze jours sortira dans les salles de cinéma* RAID Dingue. *Quand prenez-vous connaissance de ce projet et y contribuez-vous ?

Courant 2014, Dany Boon et sa coscénariste, Sarah Kaminsky, nous rendent visite à Bièvres. Nous faisons le tour du service. Le metteur en scène semble très impressionné par la technicité des hommes en noir mais aussi par leur gentillesse et leur humilité. Le feeling passe bien. Nous déjeunons ensemble. C'est là qu'ils nous font part de leur projet. Une comédie. L'histoire d'une jeune fliquette (incarnée par Alice Pol), fille du ministre de l'Intérieur aussi gaffeuse que maladroite, qui n'a qu'un seul rêve : intégrer le RAID. Le propos est amusant. Cependant, mes adjoints et moi-même nous interrogeons sur la pertinence d'un tel scénario. Ce film ne risque-t-il pas de tourner notre unité en ridicule ? Dany Boon nous rassure aussitôt : « *Je veux faire rire, c'est certain. Mais avant tout, je souhaite mettre votre unité à l'honneur. Faire ressortir l'esprit d'équipe.* »

De plus, le metteur en scène nous apprend qu'il s'est appuyé sur les conseils de Robert Paturel, un ancien du RAID à la retraite, spécialiste des sports de combat (il tiendra d'ailleurs le rôle du professeur de boxe d'Alice Pol dans le film). Cette dernière nouvelle nous tranquillise. Les codes auxquels nous sommes attachés devraient être respectés. Surtout pour les scènes d'action ! Dany Boon nous confie d'ailleurs une anecdote : « *Pour une séquence dans* Supercondriaque [78], *j'avais fait appel à un vrai groupe d'intervention belge. Pour les besoins de la scène, je leur avais demandé de passer devant une fenêtre au moment où le forcené (que j'interprétais) se trouvait dans la maison et leur tournait le dos, ce qui promettait un effet comique. Mais le chef d'intervention m'a répondu aussi sec : "Ah ça, non ! Impossible ! On ne passe jamais devant une fenêtre. On va passer, oui, mais au-dessous de la fenêtre. C'est à prendre ou à laisser !"* »

Quelques jours plus tard, Sarah Kaminsky nous envoie le scénario. L2, L3 et moi-même le lisons. Nous le trouvons plutôt pas mal et y apportons, comme demandé, quelques observations. Voici la première : au RAID, personne n'appelle le chef « mon comman-

---

78. *Supercondriaque*, comédie franco-belge écrite et réalisée par Dany Boon sortie en 2014.

dant », comme c'est écrit toutes les cinq pages. Non, ici, on dit : « Patron » ! Dany Boon en prend bonne note. Nous restons en contact téléphonique. La confiance s'installe.

Janvier 2015, attentat contre *Charlie Hebdo* et prise d'otages à l'*Hyper Cacher* porte de Vincennes. Très choqué par ces événements, Dany Boon, qui a suivi nos interventions à la télévision depuis l'étranger, nous adresse un mail émouvant. Il salue notre force, notre courage et avoue avoir été très inquiet pour la vie des opérateurs, qu'il connaît maintenant. Avec sa permission, je diffuse son message à l'ensemble du service. Les liens entre les hommes en noir et l'équipe du film se renforcent un peu plus encore.

À la fin du mois, Bernard Cazeneuve vient à Bièvres nous adresser ses vœux et décorer notre drapeau de la médaille de la Sécurité intérieure à l'échelon or. Il y a plus de 800 invités. Dany Boon est là. Je le présente au ministre et les deux hommes sympathisent aussitôt. Quelques mois se passent et l'acteur me rappelle :

« Le ministre de l'Intérieur ne devrait pas tarder à te faire signe pour t'inviter, toi et ton équipe, à déjeuner au RAID !

— Merci, Dany ! C'est une bonne nouvelle. Mais tu veux dire que je dois organiser un repas à Bièvres !?

— Oui, c'est bien cela ! »

Ce n'est pas une blague, ce déjeuner a bien lieu dans les semaines qui suivent. Moment convivial où les plaisanteries fusent de toutes parts. Surtout côté ministre, d'ailleurs ! Dany Boon profite de ce moment pour faire les derniers repérages. Car si le film est principalement tourné en Belgique, certaines séquences le sont dans nos locaux. C'est ainsi que je fais la connaissance de mon homologue : François Levantal, qui interprète le patron du RAID. J'avoue, je suis bien servi ! L'homme est sympathique et se révélera très drôle dans la comédie. Vient ensuite le temps du montage. Le cinéaste invite ceux qui le souhaitent (opérateurs, commissaires, officiers, personnels administratifs) à y assister et à en apprendre ainsi davantage sur les différentes étapes d'un film, du scénario à la sortie en salle en passant par les plans de financement.

La sortie officielle est prévue début mars. Un peu avant Noël, le film est projeté en avant-première à Paris pour les orphelins de la police. Mes adjoints et moi-même sommes conviés. Nous découvrons la comédie et sommes immédiatement rassurés : l'esprit du film est bon. À l'issue de la projection, nous montons sur l'estrade avec Dany Boon. Face aux enfants, avec nos tenues d'intervention, nous apparaissons un peu comme des vedettes. Tous veulent leur selfie ! Je me retrouve alors soudainement à serrer dans mes bras le petit Matthieu, le fils du couple de policiers assassinés à Magnanville. Il est là, lui aussi, puisqu'un jour de juin 2016, un terroriste a interrompu le cours de la vie de ses parents et fait de lui un « orphelin de la police »...

Que ressentez-vous ?

Je suis très ému et très heureux. Je le regarde sourire avec un immense plaisir. Avoir sauvé ce petit garçon donne du sens à ma vie. À mes trente-neuf années d'engagement passées au service de la police. À l'action de tous les gars du RAID ce soir-là.

[Une photo du patron du RAID portant l'enfant contre lui est d'ailleurs accrochée au mur, juste au-dessus de son bureau. Je ne peux m'empêcher de la regarder. Tout sourire, le petit Matthieu enroule ses bras autour du cou de Jean-Michel Fauvergue. Ils se regardent tous les deux. Confiants. Complices. L'image est magnifique.]

En janvier, une autre projection est organisée dans Paris mais, cette fois-ci, pour les hommes du RAID. Dans la salle, mes gars sont tous hilares. C'est un tabac ! Dany Boon continue à présenter son film partout en France. À chaque étape, il fait signe aux opérateurs des antennes régionales du RAID. Et à chaque fois, le même succès.

Que pensez-vous de votre homologue dans le film ?

Je l'aime beaucoup ! Il est assez libre et dit ce qu'il pense. Il refuse de répondre aux ordres du ministre de l'Intérieur (remarquablement interprété par Michel Blanc) lorsque celui-ci lui conjure de retrouver sa fille. J'aime particulièrement le dialogue suivant :

« Où est ma fille !?

— Je ne sais pas, monsieur le ministre !

— Vous ne savez pas où sont vos hommes !?

— Non, pas quand ils sont au repos.

— Alors bipez-la immédiatement sur le bip d'alerte !

— Non, je ne peux pas, monsieur le ministre.

— Comment ça, vous ne pouvez pas !?

— Parce que le bip d'alerte, c'est fait pour les alertes ! D'où son nom : "Bip d'alerte" ! »

J'avoue que cette scène de résistance à l'autorité est ma préférée !

Lui ressemblez-vous un peu ?

Un peu. Oui. Peut-être… J'essaie moi aussi de rester le plus libre possible dans le cadre des contraintes qui me sont imposées. De ne pas répondre à toutes les injonctions lorsqu'elles sont trop paradoxales.

Prochain rendez-vous le vendredi 24 février.

34. Les décideurs

« Tout ce qui inspire la confiance cimente l'estime et augmente la bonne opinion. »
Beaumarchais.

Vendredi 24 février 2017

Dans l'actualité... Le 3 février au matin, des militaires ont été la cible d'une attaque terroriste à la machette au Carrousel du Louvre, à Paris. Le quartier a été entièrement bouclé, les visiteurs confinés et sécurisés à l'intérieur du bâtiment, l'assaillant grièvement blessé dans la riposte. À Montpellier, l'arrestation de quatre terroristes menée par le RAID a permis de déjouer des attentats imminents et importants sur le sol français. En politique, soupçonné d'emplois fictifs concernant des membres de sa famille, François Fillon est pris dans une tourmente judiciaire.

Aujourd'hui, le ciel est radieux. Je monte à l'étage et me rends au secrétariat du RAID, où je suis toujours très bien accueillie. C'est un endroit vivant, où les hommes et les femmes de l'unité passent facilement une tête, racontent une blague, cherchent une écoute après les moments difficiles...

Les traits tirés, le Patron me reçoit à son tour. « On n'arrête pas d'être appelés en intervention ! J'étais l'autre jour à Montpellier. C'est tout le temps. C'est partout. »

Tout au long de votre carrière, vous entretenez des liens étroits avec ceux que vous appelez les « décideurs ». Autrement dit, les politiques. Aujourd'hui, vous tenez ici à leur rendre hommage. Pourquoi ?

Dans sa vie professionnelle, un commissaire de police rencontre beaucoup de femmes et d'hommes politiques, tant sur le plan local que national. Parfois même des ministres. Ce relationnel entre policiers et politiques est fondamental. L'un ne marche pas sans l'autre. Pour ma part, j'ai rencontré des préfets, des élus, de grands indépendantistes, des loyalistes et des ministres en Outre-mer, lorsque j'étais en poste en Nouvelle-Calédonie. Au Mali, j'ai passé une soirée avec Nicolas Sarkozy, alors ministre de l'Intérieur, et son épouse, Cécilia Sarkozy, à l'occasion de la réception qu'ils donnaient à l'ambassade de France… Depuis mon arrivée au RAID, je les côtoie davantage encore et, contrairement à ce que l'on entend trop souvent, la plupart du temps, ce sont des personnes très investies dans leurs fonctions, soucieuses de la vie présente et à venir de leurs concitoyens. Qui luttent au quotidien. En 2015, les politiques ont fait face à des situations sans précédent dans leur vie d'homme et de femme. Après les attentats du 13 novembre, les craintes étaient très grandes. Alors que nous nous demandions tous où ça allait encore frapper et si nous arriverions à garder le contrôle, ils ont été d'un courage exceptionnel. La charge reposait essentiellement sur quatre personnes : François Hollande, Manuel Valls, Bernard Cazeneuve et Jean-Yves Le Drian. Tous ont su prendre les bonnes décisions pour lutter contre un terrorisme à la fois endogène et extérieur au pays. Voilà pourquoi je trouve toujours fort injustes les attaques distillées de façon insidieuse contre eux.

Le RAID est l'un des bras armés du ministère de l'Intérieur. Vos liens avec les politiques ont-ils été renforcés par les attentats ?

Évidemment. Chacun à notre niveau, nous avons vécu les mêmes drames : l'*Hyper Cacher*, le *Bataclan*, Magnanville, Nice, Saint-Étienne-du-Rouvray… « *Jamais*, me confiera Bernard Cazeneuve après l'attentat de Magnanville, *un ministre de l'Intérieur n'aura été autant impacté par des affaires de terrorisme et n'aura entretenu des liens aussi étroits avec le RAID et ses autres services d'intervention.* »

Mais ces liens entre Bernard Cazeneuve et le RAID se sont tissés bien avant la première série d'attentats. Le 13 juillet 2014, quelques semaines seulement après sa nomination, voulant en savoir plus sur nos compétences techniques et tactiques, le ministre de l'Intérieur vient nous voir à Bièvres. Après avoir suivi quelques-uns de nos exercices d'entraînement, nous avons eu une longue discussion sur l'évolution de la menace terroriste. Je lui parle alors du principe de non-réversibilité : « *Désormais, face à des terroristes du type Merah, on ne pourra plus se permettre le luxe de négocier 20 heures ! Nous transformerons cette étape en une simple prise de contact. Et une fois le Top assaut donné, il faudra aller jusqu'au bout rapidement. Ce sera irréversible.* »

À ce moment-là, nous nous entraînons sur ces nouveaux process d'intervention. Il m'importe que le ministre le sache, le comprenne et ne nous oblige pas à négocier en cas de crise terroriste si cela est contraire à la sécurité. Cette discussion portera ses fruits six mois plus tard, le 9 janvier 2015, deux jours après la tuerie de *Charlie Hebdo*. Les auteurs du massacre (les frères Kouachi) sont retranchés dans l'imprimerie de Dammartin-en-Goële tandis qu'Amédy Coulibaly retient de son côté 26 otages à l'intérieur de l'*Hyper Cacher*. Dans le cadre de la FIPN, j'ai le commandement total des opérations et autorité sur le RAID et la BRI. Lorsque Bernard Cazeneuve nous rejoint sur place, porte de Vincennes, je n'ai aucun mal à le convaincre. Il le sait, il l'a compris, la seule solution, c'est l'assaut. Des négociations ne nous mèneraient nulle part. De retour à l'Élysée, il en réfère au Premier ministre et au président de la République. Les politiques me font confiance. Ils valident toutes mes stratégies pour dénouer la crise.

Preuve, une fois de plus, que tout repose sur la confiance ?

C'est exact. Confiance personnelle. Confiance hiérarchique. Confiance administrative. Confiance technique… Avec le recul, je suis persuadé que la discussion que nous avons eue à Bièvres a en effet beaucoup compté dans la résolution de cette crise. Si les politiques m'avaient répondu : « *Non ! Ne donnez pas l'assaut. C'est trop risqué pour les otages* », j'aurais obéi bien sûr mais, j'avoue, trouver une autre stratégie n'aurait pas été simple.

Vous semblez avoir une sincère admiration pour Bernard Cazeneuve.

Je vous l'ai déjà dit : on a tous besoin d'un chef. Pas forcément d'une bête de combat à la Clint Eastwood mais d'un chef dans lequel on se reconnaît. Bernard Cazeneuve est un homme à l'écoute, qui analyse très vite… Un ministre qui prend rapidement des décisions dans les situations les plus extrêmes et qui n'en dévie pas, même au plus fort de la crise. Il est inébranlable. Une fois l'action terminée, il défend ses troupes, quel que soit le résultat. En clair, il prend ses responsabilités et les assume. Il ne manque jamais non plus une occasion de récompenser ou de saluer les policiers. Il a beaucoup de profondeur, une empathie naturelle. C'est essentiel, l'empathie ! Ici, les hommes l'apprécient vraiment.

Il est vrai que le ministre s'appuie beaucoup sur le RAID, surtout depuis les attentats de janvier 2015.

Le ministre s'appuie sur nous, certes, mais il compte sur toutes les autres forces de police et de gendarmerie. Après les attentats du mois de janvier 2015, il cherche surtout à résoudre un problème qui est la quadrature du cercle : comment faire travailler toutes les unités d'élite ENSEMBLE en cas de crise majeure, sans tenir compte des compétences territoriales. Après les attentats du 13 novembre à Paris, il bataille encore plus fort et crée, en avril 2016, le SNI (Schéma national d'intervention). Sa mise en œuvre est immédiate. Quelques mois plus tard, nous réalisons, GIGN, BRI-PP et RAID, un exercice commun d'intervention à la gare Montparnasse. Placée sous mon commandement, et médiatisée, l'opération se déroule bien. Une fois terminée, Bernard Cazeneuve nous retrouve sur place. Je l'accueille. L'espace d'un instant, nous nous retrouvons un peu à l'écart des autres et il me dit :

« *Jean-Michel, je voudrais vous inviter à dîner à la maison avec Hubert Bonneau et Christophe Molmy. Rien que vous trois.*

— *Avec grand plaisir, Monsieur le Ministre.*

— *C'est donc entendu. Ma secrétaire vous appellera rapidement.* »

Deux semaines plus tard, le chef du GIGN, celui la BRI et moi-même nous retrouvons tous place Beauvau, dans les appartements privés du ministre. « *Quand j'ai annoncé à ma famille que je dînais ce soir avec les trois grands chefs d'intervention, elle a trouvé que j'avais beaucoup de chance !* », nous a-t-il dit, façon très polie de commencer la soirée et de nous mettre tous à l'aise. Il est ensuite question de sujets plus sérieux concernant la sécurité du pays. À la fin du repas, il nous invite à nous rendre dans son bureau où des parapheurs sont entassés en piles, la plupart à signer avant le lendemain matin. Là, il sort quelques albums personnels de photos, dont l'un concernant la prise d'otages à l'*Hyper Cacher*. Puis il les commente en tournant les pages : « *C'est le moment où François Hollande prend la décision de l'assaut simultané.* » « *Ici, nous regardons tous les deux la télévision et nous voyons les otages libérés sortir...* » Pour nous, chefs d'intervention, c'est un moment unique. Intime. Jamais nous n'aurions imaginé que le ministre de l'Intérieur conservait des albums photos de nos interventions... Pourtant, j'ai l'impression que quelque chose le chagrine. Mon intuition est bonne. Il tourne soudain son regard vers Christophe Molmy et moi et dit : « *Pouvez-vous me dire en confiance ce qu'il s'est exactement passé dans la salle de maquillage du plateau de TF1 le soir même, après de l'assaut de Saint-Denis le 18 novembre ?* »

Ne voyant pas du tout à quoi il fait allusion, je lui réponds un peu bêtement :

« *On s'est fait maquiller. Pourquoi ?*

— *Ah oui ? Sauf que j'ai des informations sérieuses selon lesquelles vous vous seriez fortement disputés. Vous en seriez même venus aux mains...* »

Christophe Molmy et moi nous regardons, sidérés.

« *Mais à aucun moment, Monsieur le Ministre ! Jamais ! Qu'est-ce que c'est que cette histoire ?* »

On a beau le rassurer, je sens bien que notre éventuelle mésentente le préoccupe. À ses yeux comme aux miens, nous luttons tous dans le même sens, donc il faut que cela marche entre nous.

Ce dîner modifie-t-il vos relations entre vous trois ?

Non. Nous sommes tous des adultes. Certes, j'ai davantage d'affinités avec Hubert Bonneau, le chef du GIGN, mais c'est une question de caractère. Christophe Molmy a été de toutes les batailles et n'a jamais fléchi. Nous étions côte à côte à l'*Hyper Cacher*, au *Bataclan*... Je le respecte énormément.

Après ces attentats, les relations entre le RAID et les décideurs ont-elles évolué ?

Oui, bien sûr. À force d'expérience, de grosses interventions menées ensemble, les relations sont plus fluides. Après l'affaire de

Vincennes, beaucoup de politiques issus de la majorité, de l'opposition, ou encore de futurs candidats à la présidentielle, m'ont contacté pour nous féliciter. Le RAID est devenu un symbole de la République. Aujourd'hui, quand les décideurs pensent sécurité, ils pensent à nous. Mais attention, je ne me fais pas d'illusion : le poste de chef du RAID est un poste à très haut risque et dépend de nos résultats opérationnels.

À l'*Hyper Cacher*, si nous n'avions pas réussi à délivrer les otages, cela m'aurait été imputé et c'est normal. Il faut l'assumer. Se dire qu'on peut partir du jour au lendemain. Malgré toute notre technicité, je ne maîtrise pas tout, bien évidemment. La différence entre le succès et l'échec est parfois aussi fine qu'une feuille de papier. Le chef du RAID est aussi une personne très médiatisée. Peut-être trop. Lorsqu'une intervention est réussie, l'unité prend beaucoup de lumière. C'est très bien. Mais cela crée aussi des réactions d'inimitié. Des jalousies… Et c'est injuste car nous sommes tous très investis dans notre travail : psychologiquement, physiquement, émotionnellement… Nous ne devons pas être maltraités parce que nous prenons, grâce à nos réussites sur le terrain, la lumière des projecteurs.

Vos « succès » créent-ils aussi davantage de solitude ?

Oui, c'est incontestable. De la solitude et une mise en danger. Récemment, on en reparlera plus tard, j'ai été convoqué à l'IGPN où j'ai été entendu pendant 5 heures. Il m'a été reproché de ne pas avoir pu empêcher la sortie du livre de Matthieu Langlois, le médecin-chef du RAID. Un récit pourtant tout à la gloire de l'unité, de la Police nationale, des services de secours et médicaux… Mais à l'évidence, la médiatisation de cet ouvrage ne plaît pas à tout le monde. Affaire à suivre…

Le patron du RAID ne m'en dira pas plus aujourd'hui sur cette dernière affaire mais je le sens contrarié. Agacé, même.

Prochain rendez-vous le vendredi 10 mars.

35. Demain le RAID

« J'aurais pas cru, il y a trente ans, qu'au lieu
de leur balancer des pavés à tour de bras,
j'en serrerais un contre moi. »
Renaud, *J'ai embrassé un flic*,
album sorti après les attentats de 2015.

Vendredi 10 mars 2017

Dans l'actualité… Le 6 mars dernier, une dépêche AFP confirme cette information RTL : « Le patron du RAID va quitter ses fonctions fin mars. … Après quatre ans passés à la tête de la prestigieuse unité d'élite, il s'agit d'une rotation normale. » Validée par la direction générale de la Police nationale, cette nouvelle passe presque inaperçue. Il faut dire qu'à deux mois de l'élection présidentielle, la presse s'intéresse davantage aux futurs candidats, à leur programme, à leurs affaires judiciaires et aux grands débats télévisés qui se préparent.

Quand j'arrive au RAID, l'ambiance est « plombée ». « Pour l'unité, le départ de Jean-Michel, c'est un uppercut ! » m'alerte L3, que je croise dans un couloir. J'entre alors dans le bureau du Patron. « Mon départ est imminent ! », me prévient-il tout en refermant d'un geste énergique les deux portes battantes, « mais je ne tiens pas à en parler aujourd'hui. » Reçu 5/5. Je le connais suffisamment à présent pour savoir qu'il ne dira rien de plus à chaud. Nous poursuivons donc nos entretiens comme prévu.

À quoi ressemblera le RAID de demain, selon vous ?

Il ne ressemblera ni à celui d'il y a dix ans, ni à celui d'il y a deux ans, ni à celui d'il y a six mois. Il continuera à se structurer pour faire face aux nouvelles menaces terroristes, à assurer des missions particulières de Sécurité intérieure (protection de hautes personnalités en déplacements, sécurisation de grands événements, escorte de détenus très dangereux...) et à répondre présent sur tous les types d'intervention : interpellations d'individus dangereux dans des milieux clos, arrestations de malfaiteurs appartenant au grand banditisme... L'an dernier, nous avons réalisé 400 interventions, dont 185 arrestations de terroristes. Mais ces opérations deviennent toutes de plus en plus dangereuses car les délinquants, à l'instar des terroristes, s'arment davantage et n'hésitent plus à faire feu sur les policiers.

La violence terroriste influe donc sur le comportement du grand banditisme et de la délinquance ?

Oui, je le pense. Nous sommes dans une société de plus en plus violente, avec de moins en moins de règles morales. Il n'y a pas si longtemps encore, il fallait tout de même franchir plusieurs marches avant de tirer sur un flic ! Aujourd'hui, pour avoir le pouvoir sur un réseau local de « came », certains dealers tuent leurs concurrents. Policiers et gendarmes deviennent également des cibles privilégiées.

Dans les pays développés, de récentes études démontrent que le terrorisme rejoint la folie et inversement. Je m'explique. Lorsque de jeunes Français reviennent sur le territoire national après s'être rendus en Syrie et avoir vu et participé à des atrocités (égorgements, décapitations, enterrements vivants, viols...), ils présentent de grands troubles psychologiques qui font d'eux un danger potentiel. De même, alors qu'ils se tenaient jusque-là tranquilles dans leur coin, certains individus psychologiquement instables, imprégnés de faits vus ou entendus dans les médias, trouvent des prétextes pseudo-religieux pour se libérer d'un coup et passer à l'acte. À l'évidence, ces deux mondes sont en train de converger. Et les attentats risquent de se multiplier.

Revenons à l'avenir du RAID. Comment votre unité peut-elle lutter encore davantage contre la menace terroriste ?

Durant ces quatre dernières années, le RAID s'est développé très vite. En intégrant les anciens GIPN, qui sont devenus nos antennes régionales, nous sommes passés de 130 opérateurs de terrain à près de 350 et d'une implantation territoriale à 11. Lorsque l'on se développe aussi vite, cela génère inévitablement quelques problèmes structurels. Nous devons donc consolider nos positions, poursuivre nos recrutements, stabiliser l'état-major, bien distribuer les missions opérationnelles, les contrôler, s'assurer qu'elles ont été bien menées et en tirer des enseignements opérationnels… Ce qui est sûr, c'est que nous bénéficions aujourd'hui d'une organisation unique en Europe, à tel point que certains pays nous copient : l'Italie et l'Espagne, notamment. Le GIGN a aussi créé ses propres antennes, ce qui est une excellente chose car ce bon maillage territorial permet de projeter encore plus rapidement les forces d'intervention sur le terrain. Enfin, le RAID continuera à former les primo-intervenants. Ce qui signifie que nous apporterons encore et toujours notre technicité à nos collègues policiers pour faire face à la menace terroriste et porter secours à nos concitoyens.

Alors que l'on parle souvent de « guerre des polices » en France, ce partage de compétences n'est-il pas altruiste ?

En effet, et je le dis de manière très décomplexée. Car si nous avions seulement pensé à l'intérêt de notre propre service, nous aurions traîné les pieds pour remplir ce rôle par crainte de perdre les affaires dites « à haute valeur ajoutée ». Sauf que réagir ainsi aurait été irresponsable de notre part. Pour lutter contre le terrorisme et les attentats meurtriers, il est indispensable que les primo-intervenants puissent intervenir et, si nécessaire, ouvrir le feu sans attendre notre arrivée. Encore faut-il qu'ils soient bien formés, protégés et armés. En ce sens, oui, l'aide qu'apporte le RAID à leur formation est altruiste. Altruiste et moderne.

Moderne ?

Après les attentats de Bruxelles, en mars 2016, j'ai réuni toute mon équipe de management pour réfléchir à l'avenir du RAID : « *Demain, que pourrions-nous faire de plus ? De mieux ?* » Et c'est là qu'une idée a germé : le « *Go and lead* » ! Un nouveau process d'intervention. L'objectif est de projeter une équipe de spécialistes sur les lieux des attentats dans un temps record. Comment ? En faisant partir à la moindre alerte 4 ou 5 opérateurs, dont un officier, depuis l'une de nos implantations. Héliportés, déposés par « posé d'assaut [79] » ou par cordage, ces hommes rejoindraient ainsi les groupes d'intervention déjà constitués, BAC, BRI... Équipés en lourd, ils prendraient alors le commandement des opérations. Ce projet, actuellement en test, est soumis à la validation de la direction générale de la Police nationale. J'échange aussi beaucoup à ce sujet avec le chef du GIGN. Car une fois la théorie expliquée, les exercices d'entraînement effectués, pourquoi ne pas pratiquer le « *Go and lead* » dans toutes les unités spécialisées d'intervention ?

Le RAID, demain, c'est donc plus de rapidité, de modernité et de partage ?

Le RAID est un atout majeur à la disposition de la Police nationale pour lutter contre le terrorisme et le grand banditisme. Tous nos opérateurs sont tendus vers le modernisme opérationnel et émettent souvent de très bonnes idées. Le RAID, ce ne sont pas que les jambes ! Ce sont les jambes... et la tête ! Quand il a fallu protéger et armer les primo-intervenants, notre avis a été sollicité. Quand il a fallu remplacer les pistolets-mitrailleurs Berreta, aussi. Mais le RAID, c'est également du conseil sur la doctrine médicale sous le feu. En réalité, le RAID est un laboratoire d'idées. Un incubateur. Voilà pourquoi nous avons souhaité une meilleure articulation avec l'ensemble de la Police nationale. Actuellement, la BRI de la Police judiciaire protège nos arrières lors de nos interventions ; dans un périmètre un peu plus éloigné, les CRS nous soutiennent aussi ; les services de la Sécurité publique nous avertissent à la moindre crise ; la Police aux frontières met à notre disposition ses moyens aériens, comme le font aussi nos camarades de la gendarmerie avec leurs hélicoptères. De fait, nous sommes tous liés les uns aux autres.

J'en profite pour faire une digression. Lors de l'émission de Michel Drucker [80], qui s'était déroulée en direct dans la cour du ministère de l'Intérieur pour rendre hommage aux forces de l'ordre après les atten-

79. Technique permettant de débarquer rapidement d'un hélicoptère ou d'un avion militaire de transport.

80. Le 12 juillet 2015, l'animateur Michel Drucker a consacré une émission exceptionnelle aux forces de l'ordre françaises.

tats de janvier 2015, nous avions tous été conviés : RAID, GIGN et BRI-PP. Ce soir-là, nous entrons en scène les premiers avec 8 opérateurs cagoulés en tenue noire, 2 maîtres-chiens, un blindé, 2 tireurs de précision de chaque côté et un troisième au-dessus du véhicule. Le GIGN nous suit avec 8 opérateurs, 2 maîtres-chiens, un blindé, 3 tireurs de précision… Puis la BRI apparaît à son tour avec le même dispositif. Ce sont des images très fortes. Mais que disent-elles ? Que nous sommes tous équipés de la même façon car nous faisons tous le même travail ! Que nos process d'intervention sont tous très proches… J'imagine alors très bien les pensées des téléspectateurs à ce moment-là : « *C'est bien beau tout ça mais pourquoi trois groupes différents ? À quoi ça sert ?* »

De fait, comme je l'ai déjà évoqué, il n'y a que deux évolutions possibles. La première : on dissout les deux unités nationales d'intervention que sont le RAID et le GIGN (je ne parle pas de la BRI-PP, qui est à part car elle participe aussi à des dispositifs judiciaires) pour les regrouper en une seule unité composée de policiers et de gendarmes, tantôt commandée par un policier avec un gendarme pour adjoint, tantôt l'inverse. Sauf que cela semble compliqué à mettre en place avec les risques d'attentat qui planent actuellement sur notre pays. La seconde : comme l'a fait l'armée avec ses Forces spéciales, on place un commandement au-dessus de toutes les unités, qui est chargé de prendre toutes les décisions opérationnelles. À mon avis, cette seconde solution est la meilleure car cela nous permettrait de mutualiser notre travail et notre savoir-faire. Le RAID, c'est 11 points d'implantation ; le GIGN, 6. Total, 17 ! Donc, en cas d'alerte à Dijon, qui est en secteur « Police », autant envoyer le GIGN qui a une unité sur place. Et inversement, depuis notre antenne RAID de Nice, on serait plus vite intervenus à Saint-Tropez [81], qui est en secteur « Gendarmerie ». Mais pour transgresser les compétences géographiques, il faut nécessairement un pilotage central.

---

81. Le 24 mars 2016, les policiers de la DGSI, dont le bras armé est le RAID, ont interpellé à Saint-Tropez un homme suspecté de préparer un attentat en France, ce qui a permis « *de mettre en échec un projet … conduit à un stade avancé* », ainsi que l'a expliqué le ministre de l'Intérieur lors d'une déclaration à la presse.

Les attentats de Bruxelles vous avaient ébranlé quant à l'avenir de votre unité mais, à présent, vous semblez confiant.

C'est exact. Les attentats kamikazes de Bruxelles, le 22 mars 2016, ont provoqué en moi un sentiment de découragement. Je me suis dit qu'une unité comme le RAID n'allait plus servir à rien face à ce mode opératoire. Mais ces attentats kamikazes prouvaient bien qu'il fallait donner un rôle plus important aux primo-intervenants, ce que je ne cessais et ne cesse toujours de rappeler. J'évoquais déjà ces questions-là en février 2014 avec l'ancien DGPN, le préfet Baland. De même, lors d'une des traditionnelles réunions du mercredi matin avec des directeurs des services actifs de la Police nationale, j'avais suscité de vives réactions, voire un peu d'hostilité, lorsque j'avais déclaré : « *Je pense que les primo-intervenants devraient pouvoir ouvrir le feu pour empêcher les crimes de masse.* » Seul Thierry Orosco, chef du GIGN à l'époque, partageait cet avis.

Le RAID continuera à se développer parce que c'est un outil extrêmement performant et moderne au sein de la Police nationale mais il devra éviter certains écueils, comme celui de s'isoler. Dire que nous sommes les meilleurs, ça, c'est fini ! Aujourd'hui, aucune unité d'élite ne peut vivre sur elle-même ou se reposer sur ses lauriers. Pour moi, le RAID, c'est la pointe de la flèche et elle doit toujours être tendue vers l'avenir. Il devra également s'appuyer sur l'expérience de tous ceux qui font partie du RAID (opérateurs, officiers, commissaires...) mais de façon à ce que la technicité très pointue des hommes ne supplée pas à la stratégie générale du groupe. Le chef du RAID doit s'enrichir des propositions de ses opérateurs mais il doit garder la main et enrichir à son tour la stratégie du DGPN.

Et vous ? Demain ?

Moi ? Je quitterai le RAID dans quelques jours. J'avais prévu de quitter l'unité en novembre 2017 mais la direction générale de la Police en a décidé autrement. Dans tous les cas, j'aurai fait mon temps. Un temps qui aura compté double en termes d'intervention : l'attentat contre *Charlie Hebdo* suivi de la prise d'otages de Vincennes, en janvier 2015 ; les attentats du 13 novembre 2015 au Stade de France et dans Paris ; Saint-Denis, ce même mois de novembre ; Magnanville, en juin 2016 ; Nice, le mois de juillet suivant ; Saint-Étienne-du-Rouvray, à la fin de ce même mois de juillet 2016… J'espère qu'on parviendra à rassembler d'une façon ou d'une autre en une même unité toutes les équipes d'intervention, en particulier le GIGN, le RAID et la BRI. C'est à mes yeux un axe majeur pour répondre à la menace terroriste.

Un départ « dans quelques jours », dites-vous. Est-ce donc notre dernier entretien à Bièvres ?

Oui. Sans aucun doute.

Nous convenons d'un prochain entretien à l'extérieur sans fixer de date. Je quitte le bureau du patron du RAID non sans une certaine émotion. Lui reste égal à lui-même, calme et souriant. Je passe dire au revoir à sa secrétaire. Les yeux embués de larmes, elle me raccompagne un peu plus loin que d'habitude, me fait une accolade appuyée pour la première fois et me glisse à l'oreille : « C'est moche ce qui arrive. Ça va être triste sans lui ! »

Je passe la grille du RAID en voiture et repense aux paroles d'Éric Gigou, L3 : « Pour l'unité, c'est un uppercut ! On n'a pas le droit de virer comme ça un homme de la trempe de Jean-Michel. Il a été mon meilleur chef. »

Service militaire au 35e RAP (Régiment d'Artillerie Parachutiste) à Tarbes (1978).

Officier de Paix en 1980. Brigade de nuit du district d'Aulnay-Sous-Bois en Seine-Saint-Denis.

Mes premiers pas dans la Police nationale. Formation à l'École Supérieure des Officiers de Paix à Nice, promotion 1978-1980. Sur la photo, je suis le 1er sur la gauche.

Je suis Directeur adjoint de la Sécurité publique en Nouvelle-Calédonie, de 1991 à 1994, et aussi chef du GIPN de Nouméa, créé en 1992 avec mon ami Jean-Louis Fiamenghi (à ma gauche sur la photo). Il dirigera le RAID de 2004 à 2007.

Je suis nommé chef des Groupes d'intervention de la Police nationale de 1994 à 1997. Sur la photo (1996), je suis avec le chef opérationnel du GIPN de Nice. Les GIPN sont devenus des antennes RAID en 2015.

*De 1997 à 2001, j'occupe le poste
de Directeur départemental de la Sécurité publique (DDSP) en Guyane
et chef du commissariat central à Cayenne.*

*Découverte
de la Guyane
à moto…
sur une pirogue !*

En poste au Mali, de 2001 à 2003, je suis avec des responsables de la police malienne à l'occasion de la cérémonie officielle d'ouverture de la CAN (Coupe d'Afrique des Nations de football), en 2002.

Jo Querry me rejoint au Mali pour superviser la sécurisation de cette Coupe d'Afrique des Nations de football.

Nicolas Sarkozy, ministre de l'Intérieur, nous rend visite au Mali, à Bamako, en 2003. J'étais alors Attaché de Sécurité intérieure à l'ambassade de France. Mes deux adjoints sont à mes côtés.

J'occupe le poste d'Attaché de Sécurité intérieure à l'ambassade de France à Libreville, au Gabon, de 2003 à 2007. C'est la cérémonie d'ouverture d'une école de police dans la capitale.

Coup de pied sauté sur mon ami Philippe Zlatkine, professeur de Kung-Fu / Wushu, durant un stage d'arts martiaux sur la plage à Deauville (1988).

Avec mes amis Philippe Zlatkine et Willy Nouchet lors d'une démonstration au parc de la Courneuve en Seine-Saint-Denis, en 1989. Le maniement du sabre traditionnel est une discipline qui fait partie des art martiaux chinois.

Avec mon grand frère Philippe, militaire, qui m'a rejoint à Cayenne à l'occasion de l'une de ses missions dans le département de la Guyane, en 1999.

Avec mon épouse, Véronique, en Nouvelle-Calédonie.

Avec Robert Broussard, légende de la police qui a notamment arrêté Mesrine. La photo a été prise à l'occasion de sa visite à Nouméa. Il était alors préfet et occupait le poste de Directeur central de la Sécurité publique.

Quelques séances d'entraînement durant ma période de commandement des Groupes d'intervention de la Police nationale. Descentes en rappel tête en bas !

À Bièvres, le RAID est installé dans un ancien monastère dont la chapelle a été reconvertie en salle d'entraînement et de sports de combat (2013).

Sur la place d'Armes de Bièvres, avec Bernard Cazeneuve, ministre de l'Intérieur, à l'occasion des vœux de janvier 2015. À la gauche du ministre, le Directeur général de la Police nationale, Jean-Marc Falcone, et mes deux adjoints, L3 (Éric Gigou), et L2 (Éric Heip).

*Intervention porte de Vincennes, le 9 janvier 2015, pour libérer les 26 otages retenus dans l'*Hyper Cacher *par le terroriste Amédy Coulibaly. Dernier briefing avant le TOP assaut.*

Le camion blindé de la BRI a protégé la progression des groupes d'assaut du RAID. L'intervention vient de se terminer. Le terroriste a été neutralisé. Les otages commencent à sortir. Ils seront tous délivrés sains et saufs.

Intervention au Bataclan, le 13 novembre 2015.
C'est l'un des pires massacres auxquels a été confrontée
la Police nationale et un cauchemar pour tous les intervenants.

Après l'intervention à Saint-Denis, le 18 novembre 2015,
je rassemble autour de moi mon équipe de commandement et tous mes
opérateurs pour un briefing entre nous, loin du tumulte médiatique.
L'opération a duré plus de 7 heures. Les terroristes,
dont le commanditaire des attentats du 13 novembre,
viennent d'être neutralisés. On apprendra qu'ils préparaient
un nouveau massacre dans le quartier de la Défense.

Le 12 juillet 2015, Michel Drucker a consacré une émission exceptionnelle aux forces de l'ordre françaises, qui s'est déroulée en direct dans la cour du ministère de l'Intérieur. Ici avec Dany Boon et mon adjoint, Éric Heip.

14 juillet 2015, défilé sur les Champs-Élysées. RAID, GIGN et BRI-PP défilent ensemble derrière leurs drapeaux sous les applaudissements des spectateurs. Le RAID est à droite sur la photo, les drapeaux sont baissés lorsque nous passons devant le président de la République, en marque de respect. Notre délégation est commandée par L4 (Éric B.), à l'extrême droite sur la photo. Parmi eux et pour la première fois, une femme tireur d'élite.

Intervention à Saint-Étienne-du-Rouvray où le père Jacques Hamel a été assassiné alors qu'il officiait lors d'une messe. Le président de la République, François Hollande, et le ministre de l'Intérieur, Bernard Cazeneuve, nous rejoignent sur place. Je les accueille et les conduis au plus près de la zone d'intervention (26 juillet 2016).

Noël 2016. Projection du film de Dany Boon, Raid Dingue, *en avant-première pour les orphelins de la Police. Avec Dany Boon, nous montons sur la scène pour parler aux enfants.*

À Bièvres, avec mon équipe de commandement.
Nous posons devant deux véhicules blindés.

Dans mon bureau, devant la panthère qui symbolise notre unité
et les drapeaux portant notre devise, « Servir sans faillir » (2017).

Avec Matthieu Langlois, le médecin-chef du RAID (2017).

*Sur le plateau de l'*Émission politique*, le 6 avril 2017.*
Interrogé sur les 14 candidats aux législatives investis
par son parti, La République en marche,
Emmanuel Macron se tourne vers nous et nous désigne de la main.

À l'Assemblée nationale, où je siège désormais comme député de la 8e circonscription de Seine-et-Marne.

Soirée à l'Élysée avec d'autres parlementaires pour évoquer le programme Sécurité et la lutte contre le terrorisme (septembre 2017).

36. Savoir partir…

« Sache qu'ici reste de toi
comme une empreinte indélébile. »
Jean-Jacques Goldman, *Puisque tu pars.*

Vendredi 31 mars 2017

Dans l'actualité… Le 16 mars, à Grasse, un lycéen a ouvert le feu sur ses camarades de classe. Il blesse plusieurs élèves et son proviseur. Alertée, l'antenne RAID de Nice est mobilisée. Le 18 mars, à l'aéroport d'Orly, un homme se jette sur l'un des militaires de l'opération « Sentinelle » qui patrouillent, s'empare de son fusil d'assaut, le prend en otage quelques minutes et déclare vouloir « mourir pour Allah ». Il est aussitôt abattu. Dans l'aérogare, 3 000 passagers sont évacués. Le RAID est appelé en renfort pour sécuriser les lieux. Le 22 mars à Londres, sur le pont de Westminster et à l'entrée du Parlement britannique, un attentat terroriste à la voiture-bélier et à l'arme blanche tue 5 personnes et en blesse 50 autres. Des lycéens français de Concarneau sont touchés.

À moins d'un mois de l'élection présidentielle, le débat politique occupe plus que jamais les esprits.

Dans la presse, le départ de Jean-Michel Fauvergue est brièvement évoqué. Certains journalistes prétendent qu'il aurait été limogé.

Je retrouve « l'ex » chef du RAID dans un café en Seine-et-Marne, département où il réside. Le décor a changé mais l'homme est resté le même. Nous revenons sur son départ du RAID et ses causes.

Votre départ est annoncé dans la presse: «Mardi 21 mars, Jean-Baptiste Dulion succédera officiellement à Jean-Michel Fauvergue au cours d'une cérémonie à Bièvres* [82]*.» Comment se déroule cette passation de pouvoir?

Elle doit se dérouler en présence de Bruno Le Roux, le nouveau ministre de l'Intérieur. Mais le matin même, suite aux révélations dans la presse concernant l'emploi de ses filles comme collaboratrices parlementaires, il donne sa démission. Cela ne change rien au programme. Jean-Marc Falcone, directeur général de la Police nationale, présidera la cérémonie. Elle sera simplement écourtée.

En début d'après-midi, toutes les équipes présentes sont réunies dans la cour d'honneur de Bièvres. C'est un moment important. Symboliquement, je confie la destinée de mon unité à mon successeur, Jean-Baptiste Dulion, un commissaire déjà expérimenté. Adjoint de Jean-Louis Fiamenghi, chef du RAID de 2004 à 2007, puis d'Amaury de Hauteclocque, qui occupa la même fonction de 2007 à 2013, beaucoup d'entre nous le connaissent déjà et l'apprécient. J'en fais partie. Le ministre, s'il avait été là, nous aurait très certainement adressé un discours pour saluer l'action du partant et accueillir l'arrivant, comme il se doit. Le DGPN, lui, ne dit rien. Pas un mot. Nous nous dirigeons tous alors vers la salle des gardes, où nous attend un cocktail. Toujours pas de discours. Puis, après avoir pris un verre avec d'autres que moi, Jean-Marc Falcone s'en va. Sans même me dire au revoir.

On a pu lire dans la presse que vous aviez été «limogé* [83]*» suite à la parution du livre de Matthieu Langlois. Serait-ce la raison de ce froid? Voire de votre départ?

«Limogé», je n'emploierais pas ce terme. Mais en effet, la publication en octobre 2016 du livre de mon médecin-chef, *Médecin du RAID, Vivre en état d'urgence*, a déplu à certains. Pourtant, l'ouvrage est excellent et laudatif pour le RAID, la Police nationale et les services de secours. Il est aussi utile et précieux pour les victimes. Il

82. Source: Europe 1.

83. Sources: «Les vraies raisons de l'éviction du patron du RAID», article posté sur le site de *Valeurs Actuelles* le 16 mars 2017. – *Marianne*, article posté sur le site le 22 mars 2017.

n'empêche, ce témoignage est vu d'un mauvais œil par nos autorités qui, dans un premier temps, nous reprochent, à lui et à moi, de l'avoir laissé paraître sans autorisation préalable. Il s'agit sûrement d'un malentendu. Matthieu, je le sais, avait bien pris soin d'avertir le Service d'information et de communication de la Police nationale en temps et en heure.

Lorsque j'étais à la Police aux frontières, j'avais déjà eu un lieutenant écrivain sous mon commandement, Romain Puértolas, ainsi que je l'ai déjà mentionné, dont le roman fut publié en 2013 avec le succès que l'on sait. La question s'était alors posée : avait-il le droit de publier un livre et d'en faire la promotion tout en occupant ses fonctions de policier ? La réponse fut « oui », l'ouvrage étant considéré comme une œuvre de l'esprit. Seuls interdits : attaquer l'institution et ne pas respecter les secrets de l'instruction. Aussi, quand Matthieu m'a fait part de son projet, je n'ai pas éprouvé d'inquiétude. Il souhaitait raconter le plus sincèrement possible son intervention et celle de ses collègues au *Bataclan*. Il ne cherche ni la polémique, ni à donner dans le voyeurisme. J'ai en face de moi un médecin courageux, efficace, entièrement dévoué à sa tâche, qui a sauvé plusieurs dizaines de vies le soir du 13 novembre 2015. Un beau guerrier, qui a besoin d'écrire. De témoigner.

Début septembre 2016, six semaines avant sa sortie en librairie, le pitch du livre se répand dans la presse. Matthieu Langlois et moi sommes aussitôt convoqués chez Philippe Bertrand, le directeur de cabinet du DGPN. Le chef du SICoP, Jérôme Bonet, est aussi présent. Matthieu les rassure quant à l'intention du livre et son désir de porter haut et fort l'image de la Police nationale. Moi qui l'ai lu, je leur garantis à mon tour qu'il n'y a aucun souci à se faire : « *Matthieu n'est pas dans la critique. Bien au contraire. De plus, ayant été de toutes les batailles, depuis l'affaire Merah jusqu'à celle de Magnanville, il est reconnu par tous les gars du RAID pour son courage, son dévouement et son implication.* » Mais après trois quarts d'heure de discussion, Philippe Bertrand me dit : « *Le DGPN ne donne pas son autorisation à cette publication.* » Je suis stupéfait. C'est un peu tard pour ce genre d'annonce, d'autant que Matthieu avait informé la SICoP bien en amont. Je reprends la parole : « *Fort de mon expérience passée, je ne suis pas persuadé qu'il faille une autorisation particulière pour publier. De plus, ce récit étant coécrit avec un journaliste d'un hebdomadaire très connu, empêcher la sortie de l'ouvrage ne risque-t-il pas de donner une mauvaise image du ministère de l'Intérieur ?*» À l'écoute, le directeur de cabinet et le chef du SICoP cherchent des solutions. Tous deux me demandent alors de relire le livre pour les assurer, une fois encore, que rien ne prête à polémique et de gommer tout passage qui irait à l'encontre des intérêts de la Police nationale. Je m'exécute. Mes trois adjoints m'aident dans cette mission. Non vraiment, ce témoignage ne pose aucun problème : il est respectueux, profond, instructif… J'adresse sans délai mon rapport à ma hiérarchie. Aucun retour. La sortie du livre en librairie est prévue pour le 19 octobre.

Début octobre, le SICoP autorise le *Figaro Magazine* à interviewer Matthieu à Bièvres. Signe de détente. Lors de sa venue, le journaliste m'interroge également sur la partie médicale de nos interventions. L'article paraît le 14 octobre, citant de larges extraits de l'ouvrage. Deux jours plus tard, en déplacement à l'antenne RAID de Lille, je reçois ce mail : « *Notifiez à Matthieu Langlois qu'il ne doit plus faire la promotion de son livre dans la presse. Ordre du DGPN.* »

De retour à Bièvres, je convoque mon médecin-chef pour lui faire part de cet ordre et lui demande de le respecter. De son côté, Matthieu, déjà sollicité par de nombreux médias, décide de continuer à communiquer mais en dehors des locaux du RAID. C'est son choix. Est-il en faute ? Sans doute non. Il travaille pour le RAID mais aussi pour une clinique privée à temps partiel. Il a très certainement le droit de s'exprimer publiquement en tant qu'auteur.

Comme prévu, le livre sort en librairie le 19 octobre. Très bien accueilli par les policiers du RAID, la presse, les libraires et les associations de victimes, le livre marche très fort et trouve rapidement son public. Dans chacune de ses interventions médiatiques, Matthieu fait l'éloge de la Police nationale et des services de secours. Il n'empêche, malgré cette communication laudative et le succès de l'ouvrage, côté ministère, ça ne passe pas. Ça grince fort, même. Nous nous demandons tous pourquoi. Quelque temps plus tard, on apprend que le livre d'un autre médecin spécialisé dans l'intervention, proche du cabinet du ministre, doit paraître [84]. Et il semblerait que là, ça ne pose aucun

84. Ce livre paraîtra effectivement en janvier 2017.

problème. Y aurait-il des interférences ? Des jalousies d'auteurs entre les services de police ? On s'interroge…

Deux mois plus tard, en décembre 2016, remplacé par Bruno Le Roux au ministère de l'Intérieur, Bernard Cazeneuve occupe le poste de Premier ministre. Mi-janvier, ainsi que je l'ai dit précédemment, je suis convoqué à l'IGPN pour ce qu'il est convenu d'appeler « *l'affaire du livre de Matthieu Langlois* ». Cinq heures d'audition. Une fois encore, je défends mon médecin-chef : « *Il a risqué sa vie, sauvé des vies, réorganisé le service médical du RAID, imaginé de nouveaux protocoles qui sont aujourd'hui copiés dans le monde entier. On lui doit beaucoup. Et puis, il serait sans doute dommageable qu'il y ait deux manières différentes de traiter le sujet !* » Bien sûr, je fais clairement allusion à la sortie de l'autre livre. Le commissaire divisionnaire qui m'interroge en prend bonne note. Le verdict de l'IGPN tombe : Matthieu Langlois est en faute. Il n'aurait pas dû communiquer dans les médias. Quant à moi, j'aurais dû faire en sorte qu'il respecte les consignes. Un point, c'est tout. J'ai l'impression de faire un mauvais rêve. Après toutes ces opérations terribles et délicates menées à la tête du RAID, j'ai le sentiment d'être traité comme un banni ! Pas mieux qu'un voyou qui aurait piqué dans la caisse ! Je sors de cette audition très déçu, comprenant bien que cette affaire est loin d'être terminée.

Début février, Matthieu est à son tour interrogé par l'IGPN. J'apprends quelques jours plus tard, par mes propres sources, que mon poste est proposé à d'autres collègues sans que l'on m'en ait avisé. Curieuse manière de procéder. Immédiatement, je décide de crever l'abcès. Je prends rendez-vous avec le directeur de cabinet du DGPN : « *D'étranges rumeurs circulent ces jours derniers concernant mon poste. Permets-moi alors de venir en personne m'entretenir de mon avenir.* »

À deux mois de l'élection présidentielle, alors que la menace terroriste est au plus fort, certains souhaitent donc votre départ ? La sortie du livre de Matthieu Langlois est-elle un prétexte ?

C'est en tout cas ce que je pense. Et je préfère parler ouvertement de mon départ pour qu'il ne soit pas ébruité trop tôt ou déformé par les médias. Pour ne pas salir l'image de notre institution et encore moins celle de la police. Mais quitte à partir, j'ai quelques souhaits.

Primo, je voudrais faire valoir mes compétences en termes d'intervention, même si je ne dois pas exercer un commandement actif pendant les quelques mois qu'il me reste à passer au sein de la Police nationale avant ma retraite. Deuzio, j'aimerais qu'Éric Heip, mon adjoint, me succède. Il a l'ancienneté, la connaissance et la compétence. Enfin, compte tenu de son parcours et de son implication, je souhaiterais que la sanction de Matthieu soit minimale. Je ne serai évidemment pas entendu sur tous les points. On m'annonce cependant que je serai nommé commissaire général. Ce n'est pas une promotion, c'est juste la garantie de rester à un niveau équivalent de contrôleur général – ce que je suis en tant que chef du RAID.

Une semaine plus tard, le DGPN me convoque. En face-à-face, Jean-Marc Falcone revient sur le livre. Il me reproche sa sortie et les déclarations de Matthieu dans la presse. Je lui réponds : « *Ce récit est à la gloire de la police, excellent en termes de communication…* » Visiblement, mes arguments l'indiffèrent. Je lui parle alors de Matthieu : « *C'est un homme extraordinaire, il a…* » Cela ne l'intéresse pas davantage. Je me heurte à un mur. Je quitterai mon poste quelques jours plus tard et mon médecin-chef passera en commission disciplinaire. « L'affaire Matthieu Langlois » est réglée.

Bernard Cazeneuve, qui s'est appuyé sur vous dans les pires moments, n'en a rien su ?

Je suppose que non. Occupé à sa tâche de Premier ministre, il avait bien d'autres choses à faire. Et jamais je ne l'aurais dérangé à ce sujet.

Aux yeux des autorités, vous quittez donc le RAID par la petite porte. Mais aux yeux de vos hommes, vous sortez par la GRANDE porte. N'est-ce pas le plus important ?

Au RAID, beaucoup de monde ressent le renvoi de leur chef comme une insulte à l'unité. Deux jours avant mon départ, le service organise pour moi un pot de départ dans la plus stricte intimité. Éric Heip m'adresse un très beau discours, évoque nos quatre dernières années passées tous ensemble, nos liens indéfectibles… Je vois alors tous ces gars si solides d'habitude la larme à l'œil. Ils me tapent sur l'épaule, les secrétaires m'embrassent… J'avoue, je suis bouleversé. Je leur parle à mon tour pour la dernière fois : « *Je sais qu'il y a beaucoup de rugbymen parmi vous. Ainsi vous comprendrez aisément que ma carrière, avec ses trajectoires imprévisibles, ressemble davantage à un ballon de rugby qu'à un ballon de foot. Parce qu'il est ovale, il peut arriver qu'il nous percute fortement la tête ! Mais on est taillé pour cela. Ressasser ne sert à rien. Surtout, restez toujours tournés vers l'avenir.* »

Je préfère de loin sortir par la petite porte de ma direction mais par la grande porte du RAID. L'inverse aurait sûrement été plus difficile.

Ce manque de considération de la part de votre hiérarchie, après quatre années marquées par les attentats, pose tout de même question.

Vous avez raison. D'ailleurs, comment se fait-il que, depuis sa création, cinq chefs du RAID sur huit aient été démis de leurs fonctions de manière précipitée ? En clair, virés ! Comment se fait-il que leurs postes aient été moins importants en quittant l'unité qu'en y entrant ? Que certains aient ensuite passé de longs mois dans des déserts administratifs ? Nous n'avons pas commis de fautes graves, que je sache. Et nous n'avons pas manqué à notre devoir, qui est de protéger nos concitoyens. Nous avons même risqué nos vies. Comment se fait-il alors que nous soyons si mal traités, même après avoir réussi des opérations dangereuses ? Jamais on accepterait cela dans l'armée ou dans la Gendarmerie nationale, où le travail et les fonctions sont valorisés.

Hier, j'ai assisté au passage de commandement de mon ami Hubert Bonneau, le chef du GIGN. Il quitte ses fonctions et va être nommé sous-directeur du service de Sécurité du ministère des Affaires étrangères. Moi, je m'en vais comme « chargé de projet » à la direction générale de la Police nationale ! Lors de cette cérémonie, le directeur général de la Gendarmerie nationale a pris la parole pour lui rendre hommage. Moment important et solennel. Pendant le cocktail, il a renouvelé son discours et de manière plus appuyée encore. Hubert Bonneau s'est ensuite adressé à ses hommes. Puis il m'a remercié à mon tour, en tant que chef du RAID, pour les liens d'amitié et de confiance entretenus entre nos deux unités. En dehors de mon équipe et de mes amis, c'est le seul hommage officiel que j'ai reçu !

Déconsidérer un chef du RAID ou tout autre groupe de police revient à déconsidérer l'unité tout entière. Au sein de la Police nationale comme ailleurs, on devrait pouvoir s'adresser quelques reproches, être en désaccord parfois mais, *in fine*, trouver des solutions communes aux problèmes. Or là, nous sommes dans l'irrationnel. C'est d'une absurdité inouïe.

Comment faire évoluer les rapports, alors ? Changer les regards ?

Comme je vous l'ai souvent dit, les policiers sont dans l'affect. Il faut s'intéresser à eux, à leurs problèmes, à leurs difficultés, à leurs ressentis, faire preuve de plus d'empathie. Bien sûr, il ne s'agit pas de céder à toutes leurs demandes mais il faut les entendre, les accompagner, aller au contact… Ne pas fuir dans une voiture noire aux vitres teintées devant des policiers même très en colère [85]. En clair, il faut un peu de courage et regarder ses troupes droit dans les yeux. Savoir demander, lorsqu'un malaise est perceptible : « *Qu'est-ce qui ne va pas ? Expliquez-moi.* » Le management, c'est avant tout du relationnel. Tout au long de ma carrière, je pense (et j'espère) avoir amené ceux que j'avais sous mon commandement un peu plus loin encore qu'ils ne l'imaginaient au départ. Pendant mes quatre années passées au RAID, j'ai conduit les hommes en noir vers des victoires telles que la police en a très peu connu. Nous y sommes allés tous ensemble. En équipe. Nous avons tous porté très haut les couleurs de la Police nationale pour tenter de sauver des vies. Tout cela n'est pas vain. Nous avons des valeurs.

Enfin, ne l'oublions pas, la plupart des chefs de police payent de leur personne, qu'ils soient commissaires, officiers ou gradés au niveau local ou national, dans la Police judiciaire, la Sécurité publique ou d'autres directions. Ils travaillent 12 heures par jour, souvent 7 jours sur 7, sont joignables 24 heures sur 24, entraînent leurs hommes et les défendent… Or peu sont reconnus et il n'y a aucune dynamique pour les soutenir. Idem pour les policiers. Pourquoi ?

Chaque jour, il y a au moins un flic qui fait preuve de courage en sauvant un enfant en péril ou en solutionnant une situation dange-

85. En déplacement à Évry, dans l'Essonne, après le drame de Viry-Châtillon, Jean-Marc Falcone s'était fait huer à la sortie du commissariat par des policiers en colère. Le DGPN, alors dans sa voiture, a choisi de quitter les lieux le plus rapidement possible.

reuse. La Police nationale est l'un des plus anciens corps constitués mais elle est sans légende. À part le commissaire Broussard, à qui l'on doit l'arrestation de Mesrine, pouvez-vous me citer plusieurs noms de flics célèbres et héroïques ? Sans doute que non et, pourtant, il y en a eu des centaines. Contrairement aux militaires et aux gendarmes, nous n'avons pas su sacraliser nos faits d'armes et les populariser.

Bâtir une histoire, une légende, c'est une piste sérieuse ?

Oui, c'est même l'urgence. Quel message envoie un directeur général de la Police nationale à ses concitoyens lorsqu'il renvoie un chef du RAID qui a affronté avec ses troupes, durant quatre ans, des attentats sans précédent sous prétexte qu'il n'a pas réussi à empêcher la sortie du livre de son médecin-chef ? Comment accepter – c'est une histoire vraie – que l'un de mes adjoints soit obligé de faire ses preuves lorsqu'il demande un poste de direction départementale au sortir du RAID ? Donc oui, je pense qu'il est urgent de valoriser les parcours professionnels des chefs de police, de sécuriser ceux de tous les policiers de terrain et mieux, de les récompenser lorsqu'ils font preuve de bravoure.

D'ailleurs, pourquoi croyez-vous que cela se passe mieux ailleurs ? La Gendarmerie nationale est commandée par un général de gendarmerie, les pompiers par des généraux et des colonels, l'armée par des généraux. Mais la Police nationale, elle, est dirigée par de hauts fonctionnaires qui n'en sont pas issus. Ils dépendent avant tout du politique et, même s'il y a quelques exceptions, la plupart ne connaissent pas le travail de policier. Ils n'imaginent pas à quel point les hommes sont dans la demande légitime de reconnaissance, ne comprennent pas la manière dont nos actions s'orientent et se cristallisent. De plus, ces hauts fonctionnaires obéissent aux ordres. Ce sont des politiques, pas des techniciens. Du coup, lorsque les instructions ne correspondent pas tout à fait à la réalité du terrain, ils n'apportent pas (ou rarement) le correctif nécessaire. C'est donc le chef de police sur place qui doit interpréter ces ordres pour que ses troupes puissent suivre et agir avec leur savoir-faire. Autrement dit, tant qu'il y aura un non policier à la tête de la Police nationale, les policiers seront amputés d'une part de leur histoire.

Comment allez-vous aujourd'hui ?

Je vais bien, car j'ai la faculté de me projeter dans l'avenir et de ne retenir que le meilleur. Est-ce une forme d'insouciance ? De positivisme ? Peu importe. Cela me permet au moins de rester libre.

De ces quatre années passées au RAID, que retenez-vous de plus fort ?

Avoir ramené chez eux en vie tous mes compagnons d'armes. Avoir délivré les otages de l'*Hyper Cacher*, porte de Vincennes. Avoir pu extraire du cauchemar du *Bataclan* des centaines de personnes pour qu'elles soient conduites vers les hôpitaux. Avoir sauvé le petit Mathieu à Magnanville. Avoir aidé des personnes prises dans les tourments de la vie à ne pas commettre l'irréparable…

En novembre 2016, lors de la commémoration des attentats du 13 novembre 2015, je suis retourné au *Bataclan* pour la première fois. Il y avait beaucoup de monde : des officiels, des familles, des jeunes… Une stèle a été posée à la mémoire des victimes. Ému, pris dans mes pensées, je me suis éloigné. Une jeune femme, en pleurs, s'est alors approchée de moi. Ce jour-là, comme je portais en plus ma tenue d'intervention, j'étais parfaitement identifiable.

« *Je tenais tant à vous voir… Il y a un an, j'étais à l'intérieur quand ils ont commencé à tirer. Je suis tombée par terre avec mon ami. Il y avait des morts autour de nous. Nous nous sommes cachés. J'ai dit à mon ami qui était blessé : "Tiens bon ! Le RAID va venir nous sauver…" J'avais vu les images de Vincennes. Je savais que vous viendriez. Puis, après une très longue attente, j'ai entendu : "Ceux qui peuvent marcher, levez-vous et venez vers moi !" Juste après, j'ai vu passer des hommes en noir avec "RAID" inscrit dans le dos. J'ai pensé : "On est sauvés." Aujourd'hui, je voudrais vraiment vous dire merci.* »

Je suis resté silencieux un long moment, pensant qu'en effet, on avait tout donné ce soir-là.

Vous, les femmes, avez le privilège de porter la vie et de la mettre au monde. C'est un beau privilège. Nous, les hommes, n'avons pas cette chance. Nous créons, nous inventons, nous construisons, mais nous ne mettons pas d'être au monde. Nous accompagnons cette naissance… Alors, quand on arrive à sauver une vie, on éprouve une vraie fierté à l'avoir préservée. C'est comme une renaissance pour nous.

Le vendredi 18 mars, vous quittez définitivement vos fonctions de patron du RAID. Que ressentez-vous en passant la grille d'entrée ?

J'éprouve une succession de sentiments mêlés. Avant de partir, j'embrasse d'abord tous mes proches : L2, L3, L4, mes gars, mes secrétaires… Je quitte ensuite mon bureau, descends les escaliers et là, j'ai l'impression de déserter. D'abandonner tout le monde en rase campagne… Je suis désespéré. Je monte dans ma voiture, passe la grande grille du RAID, roule sur la départementale puis sur l'autoroute. Soudain, un sentiment de liberté m'envahit. C'est presque extraordinaire. Un sentiment suscité par des choses essentielles. Ainsi, je ne me sens plus responsable de la vie des hommes en noir. Or combien de fois ai-je tremblé pour mes gars. Éprouvé cette crainte d'en perdre un au combat. Il faut avoir occupé ce type de fonction pour le comprendre. Je n'aurai plus à me précipiter sur un téléphone qui vibre. Je ne vivrai plus en état d'alerte permanent. Je vais pouvoir revenir à un cours plus normal de la vie…

37. Coup de maître !

> *« C'est un grand honneur et une grande responsabilité car rien n'était écrit. Je veux vous dire merci. »*
> Les premiers mots du président Macron le soir de son élection, le 7 mai 2017.

Samedi 17 juin 2017

*Je pensais écrire quelques lignes pour l'épilogue puis m'arrêter là. Mais non. Nous sommes le 6 avril au soir. Comme beaucoup de Français, je regarde l'*Émission politique *animée par David Pujadas et Léa Salamé, qui est consacrée ce jour-là à Emmanuel Macron. À un mois de l'élection présidentielle, le candidat de La République en marche est donné favori. Mais tout le monde s'inquiète : une fois élu, aura-t-il à l'Assemblée nationale la majorité de députés nécessaire pour porter ses idées ? L'invité politique dévoile alors les noms des 14 premiers candidats investis par son mouvement : un agriculteur, une avocate et, surprise, un policier : Jean-Michel Fauvergue.*

Dans l'actualité, en France et au Royaume-Uni, ces dernières semaines sont affreusement marquées par une série d'attaques terroristes, toutes revendiquées par l'État islamique. À Paris, le 20 avril au soir, un homme ouvre le feu sur un car de police en faction sur les Champs-Élysées. Les balles traversent le fourgon par la vitre avant. Un policier est tué, 2 autres sont blessés. L'assaillant est aussitôt abattu. Le 22 mai, à Manchester, un jeune Britannique se fait exploser à la sortie du concert de la chanteuse américaine Ariana Grande. Bilan : 22 morts (dont plusieurs enfants) et plus d'une centaine de blessés.

Le 25 mai, l'état d'urgence en vigueur en France depuis les attentats du 13 novembre 2015 est reconduit pour la sixième fois et ce jusqu'au 1er novembre. Le 3 juin, une camionnette fonce sur le London Bridge, à Londres, et renverse un groupe de piétons [86]*. À bord, les trois terroristes ; ils s'enfuient dans les rues en poignardant des passants au hasard. Bilan : 7 morts et une cinquantaine de blessés. Le 6 juin, sur le parvis de la cathédrale Notre-Dame à Paris, un homme se revendiquant « soldat du califat de Daesh » agresse une patrouille de policiers au marteau. Il est immédiatement neutralisé par des tirs de riposte.*

Le 7 mai, à moins de 40 ans, Emmanuel Macron (LREM [87]*) est élu président de la République avec 66 % des voix face à Marine Le Pen (FN). Les candidats à la députation sont maintenant en campagne. Je retrouve Jean-Michel Fauvergue dans sa circonscription, à la veille du second tour des législatives, pour un dernier entretien. Qu'est-ce qui pousse l'ancien chef du RAID à devenir député ? Éléments de réponse.*

Le 6 avril, vers 21 h 30, Emmanuel Macron révèle en direct dans l'**Émission politique** ***les noms des 14 premiers candidats aux législatives investis par La République en marche. Tous sont présents sur le plateau. C'est alors qu'on vous voit apparaître en gros plan à l'écran. Le futur président ajoute même : « Au premier rang, vous avez Jean-Michel Fauvergue, l'ancien chef du RAID, qui a été toute sa vie policier. Eh bien maintenant, j'espère qu'il sera élu député ! » Trois semaines après votre départ du RAID, c'est une véritable surprise. Un sacré rebondissement !***

C'est vrai ! Mais depuis quelque temps déjà, je suis en contact avec l'ensemble des équipes d'Emmanuel Macron. Compte tenu de ma position de haut fonctionnaire au sein de la Police nationale, c'est une situation inédite et délicate. Je ne peux rien divulguer pour éviter les fuites. Seuls ma famille et mes amis très proches sont au courant de cet engagement et de mon passage prévu dans cette émission. Le directeur de cabinet du candidat Macron en informe tout de même

86. Le 22 mars précédent, un attentat à la voiture-bélier et à l'arme blanche avait déjà eu lieu sur le pont de Westminster.
87. Après l'élection d'Emmanuel Macron, le nom de son parti, « En marche ! », est devenu « La République en marche ! ».

son homologue au cabinet du ministre de l'Intérieur une heure avant la prise d'antenne: «*Jean-Michel Fauvergue va passer à la télévision ce soir car il est candidat pour La République en marche! dans la 8ᵉ circonscription en Seine-et-Marne.*» Très vite, je reçois en retour un SMS du même directeur de cabinet: «*Le ministre est averti. Il accueille plutôt bien la nouvelle. Il nous est reconnaissant de ne pas le mettre devant le fait accompli.*»

J'arrive sur le plateau de l'émission avec les treize autres premiers candidats aux législatives de La République en marche. Ma candidature a été acceptée par la commission d'investiture une semaine auparavant. Rassemblés depuis le matin à l'état-major de LREM, nous savons déjà que nous serons présentés par Emmanuel Macron au cours de ce rendez-vous politique. Nous y avons tous été préparés. Des séances photos et vidéos ont même été réalisées durant la journée. Tout est minutieusement orchestré. La seule chose que nous ignorons, c'est la façon dont les journalistes réagiront à cette annonce. Je croise David Pujadas, que je connais pour l'avoir déjà rencontré lors de magazines télévisés consacrés aux attentats, qui me lance: «*Alors comme ça, vous sautez dans le grand bain? C'est courageux!*» L'émission commence. Nous sommes dans le public, assis aux premiers rangs. Mais nous restons en arrière-plan, «invisibles», jusqu'au moment où cette question est posée par les deux animateurs: «*Emmanuel Macron, si vous ne gouvernez pas avec ceux qui ont gouverné, pouvez-vous alors nous en dire plus sur le profil des députés? Sur ceux qui sont issus de la société civile? Qui? Mais qui?*»

Emmanuel Macron se retourne alors vers nous et nous présente: «*Eh bien, c'est très simple, les parlementaires, les premiers, ont été investis aujourd'hui et ils sont derrière vous! Au premier rang. … Ce ne sont pas des "députés internet". Ils sont là. En chair et en os. Vous pouvez aller les toucher si vous voulez!*»

Je dois l'avouer, cette dernière phrase m'amuse beaucoup. Aussitôt, les caméras zooment sur nos visages et nous sortons de l'ombre.

Le lendemain, je prends rendez-vous avec le directeur de cabinet du DGPN car je suis dans une situation un peu particulière. Jusqu'à présent, aucun policier de haut niveau en activité ne s'était présenté à des élections législatives. Bien sûr, je m'étais discrètement renseigné sur le sujet. J'avais cherché les textes juridiques permettant à un candidat d'exercer son droit politique tout en respectant son devoir de réserve. Je les avais trouvés : l'administration octroie à ses fonctionnaires une vingtaine de jours de détachement pour faire campagne. Mais c'est un chemin très étroit. En ce qui me concerne, ayant pris très peu de vacances depuis quatre ans du fait de mon activité au RAID, je préfère prendre les jours de congé qui se sont accumulés.

Après la diffusion de cette émission, les rumeurs vont aussi bon train. Certains me voient ministre de l'Intérieur, d'autres, chef de la *task force* [88]… Or à aucun moment il n'a été question de cela. En revanche, j'interviens auprès des équipes d'Emmanuel Macron sur la gestion de crise, je contribue à renforcer son programme en matière de sécurité et je fais le « go-between » entre les équipes du futur président et les unités d'élite d'intervention. Par exemple, lors d'un meeting à Nantes où je l'accompagne, nous profitons du déplacement pour saluer l'équipe du RAID qui se trouve en renfort à Nantes. Les opérateurs y sont sensibles. Le candidat s'intéresse sincèrement à eux et à leur travail. La visite est médiatisée.

À quand remonte votre rencontre avec Emmanuel Macron ? Et pourquoi vous lancer en politique ?

Je m'intéresse à la politique depuis toujours. Dès le début de la campagne présidentielle, je lis tous les programmes des candidats. Je les annote, les souligne, les surligne… Évidemment, je m'intéresse plus particulièrement aux thèmes liés à la sécurité et à la lutte contre le terrorisme. Le livre d'Emmanuel Macron, *Révolution*, sort un peu plus tard que les autres [89]. Je l'étudie aussi. Le mouvement En Marche recueille depuis plus d'un an les doléances et les observations de nos concitoyens. Il monte un programme en tenant compte de la réalité de chacun et cela me plaît. De plus, l'homme est très dynamique. Enfin, son programme en matière de sécurité est déjà bien abouti.

Coïncidence, Emmanuel Macron et moi-même avons une connaissance en commun. Cette personne organise une rencontre avec

---

88. Après l'attentat à Manchester, le président Emmanuel Macron veut accélérer la création de la « *task force* » (« force opérationnelle ») anti-terroriste qui dépendra de l'Élysée. Il l'avait évoquée durant sa campagne.
89. En novembre 2016.

le candidat au mois de novembre. Ce premier rendez-vous doit durer une demi-heure. J'apporte avec moi *Révolution,* que j'ai bien sûr annoté. Il y a même, comme pour la plupart de mes lectures, quelques post-it qui dépassent. Le candidat m'accueille chaleureusement. Nous engageons la discussion et je l'interroge sur son programme. Lui s'intéresse à mon travail, à mon vécu et à celui du RAID pendant les attentats. Il m'écoute, prend des notes. J'avoue que je suis impressionné par son intelligence, tranchante et, plus encore, par son dynamisme. À la fin de notre échange, surpris et amusé de voir son livre couvert d'annotations, il m'en fait porter un neuf qu'il me dédicace dans la foulée. Ce rendez-vous marque le début de notre collaboration. Ses équipes et moi restons ensuite en contact, surtout pour les sujets liés au terrorisme.

Le candidat à la présidentielle entre en campagne officielle. Étant donné mes fonctions au RAID, je mets un point d'honneur à ne pas m'engager tout de suite à ses côtés. Cela ne correspond pas à mon éthique. À ce moment-là, je ne m'attends d'ailleurs pas à quitter le RAID si rapidement, même si, venant d'être entendu cinq heures durant par l'IGPN au sujet du livre de Matthieu Langlois et n'étant pas dans les meilleurs termes avec le DGPN, je me doute qu'il risque d'y avoir du changement. S'offrent alors à moi deux solutions. Soit je reste au RAID jusqu'à la fin du mois d'octobre, date officielle de mon départ à la retraite. Soit l'affaire du livre de Matthieu Langlois tourne mal, auquel cas autant aller de l'avant et m'engager pleinement sur le chemin de la politique. C'est cette deuxième option qui va s'imposer à moi.

Est-ce à partir de là que naît en vous l'idée de la députation ?

Pas exactement. Elle germe un peu plus tard, au mois de février. Après plusieurs échanges, l'équipe d'Emmanuel Macron m'invite à y réfléchir sérieusement. Je trouve l'idée intéressante. Pour moi, les députés ont un rôle très utile. Ils sont dans le cœur de chauffe de la transformation de notre pays. Ils doivent gagner la confiance des citoyens, les défendre, proposer des idées nouvelles... Ne serait-ce pas là une belle façon de continuer à servir mon pays ? Un nouveau défi ? Après mûre réflexion, je me présente en Seine-et-Marne dans la

8e circonscription, où je réside depuis vingt ans, sous l'étiquette « En Marche ».

Début avril, au lendemain de l'*Émission politique*, vous entrez donc à votre tour officiellement en campagne. Comment cela se passe-t-il ?

J'entre très vite dans mon rôle de candidat. En tant qu'ancien chef du RAID, les médias me sollicitent beaucoup. Cela me donne évidemment un avantage en termes de visibilité. Par ailleurs, comme tous les autres candidats « novices » en politique, je suis entouré et coaché par les équipes d'En marche. Avec eux, j'apprends beaucoup, notamment en matière de communication politique. Nous ne sommes plus, comme j'en avais l'habitude, dans l'opérationnel. Il faut penser de manière plus globale. Faire passer ses idées, notamment en matière de sécurité, sans travestir le programme du candidat à la présidentielle.

Sur le terrain, l'emploi du temps est bien chargé. Résidant en banlieue, dans la deuxième couronne, je vais tous les matins au contact des électeurs. Je me poste à l'entrée du RER et je parle avec ceux qui partent au travail. Très souvent, je les retrouve le soir, fatigués de leur journée. Je passe aussi du temps sur les marchés, je fais du porte-à-porte chez les commerçants, du « boîtage » (mise dans les boîtes aux lettres de documents de campagne) chez les particuliers… À chaque fois, je me présente clairement : « *Bonjour. Je suis Jean-Michel Fauvergue, l'ancien chef du RAID. J'ai occupé mes fonctions pendant les attentats. Aujourd'hui, je porte les couleurs de la République en marche parce que je crois…* » Alors les discussions s'engagent. Souvent, on m'offre un verre, on me raconte l'histoire de la maison, de la famille. Je suis toujours bien reçu. Comme il fait beau à cette période, certains m'accueillent dans leur jardin. Ils ont plaisir à me parler de leurs fleurs, de leurs arbustes, puis on en vient rapidement à des questions d'actualité, de fond. Les week-ends ne sont pas plus reposants. Généralement, je me rends dans les clubs de sport, au sein des associations sportives… À mes côtés, ma directrice de campagne, Véronique N., m'aide énormément. Nous rencontrons les maires des 22 communes de ma circonscription, les représentants des communautés de communes, ceux de l'université, les différentes organisations…

L'exercice me plaît. Ces rencontres m'enrichissent beaucoup. À l'évidence, les citoyens ont de nombreuses attentes. J'ai plaisir à les écouter, à discuter avec eux, à chercher des solutions à leurs difficultés. Sans ergoter. Sans être dans la compromission. Car pour être efficace, il faut que chacun prenne ses responsabilités.

Pendant cette période, quel que soit leur grade, beaucoup de policiers m'adressent aussi des marques de sympathie, me félicitent et m'encouragent. Cela me touche beaucoup. Les équipes de la République en marche, de leur côté, n'hésitent pas à faire appel à moi à la moindre alerte ou en cas d'attentat.

Le 11 juin 2017, le soir du premier tour, j'obtiens 42,1 % des voix dans ma circonscription. Je ferai donc face au second tour à une candidate Les Républicains, ex-maire et ex-député LR.

Vous êtes en ballottage très favorable. Que ressentez-vous à l'annonce de ces résultats ?

Je m'en réjouis, bien sûr ! Mieux vaut être largement en tête pour assurer au second tour. Mais par expérience, je sais aussi qu'une bataille n'est jamais gagnée d'avance. Ce n'est surtout pas le moment de relâcher nos efforts. Je n'oublie jamais de tirer les leçons de notre opération porte de Vincennes. Entre un échec total et une victoire totale, la marge est faible. Je reste donc très vigilant. Mon équipe de campagne et moi continuons à travailler. Nous sommes aujourd'hui, alors que je vous parle, à la veille du second tour de ces législatives. Je prends les choses les unes après les autres, étape par étape. Je ne fantasme pas. Je reste concentré.

Élu ou non, on peut supposer que vous aurez l'oreille du président de la République pour lutter contre le terrorisme.

Je reste évidemment intéressé, et très préoccupé, par toutes les questions qui touchent à la sécurité. Mais, député ou non, je me vois mal m'immiscer dans un dispositif déjà existant. Si je l'emporte dans ma circonscription, j'apporterai davantage à mon pays en occupant pleinement mon poste de parlementaire. Toutefois, je le reconnais, dès qu'il y a un nouvel attentat, je suis aussitôt contacté par les politiques. Mais aussi par les médias car, n'étant plus soumis à un devoir de réserve, j'ai la possibilité de prendre la parole librement.

Depuis notre dernière rencontre, deux nouveaux attentats terroristes se sont produits au Royaume-Uni. Comment les interprétez-vous ?

Hélas, je ne suis pas surpris. Deux mois jour pour jour après l'attaque survenue le 22 mars 2017, à Londres, sur le pont de Westminster et à l'entrée du Parlement, l'attentat de Manchester, qui s'est produit dans une salle de spectacle lors du concert d'Ariana Grande, rappelle un peu celui du *Bataclan*. Seule différence (nous attendons encore les résultats de l'enquête) : il semblerait que cette opération suicide au gilet explosif ait été conduite sur place et par un seul individu. Par ce que les médias appellent « un loup solitaire ». Souvent à tort, d'ailleurs, car les loups ne sont jamais solitaires. Comme beaucoup d'autres, avant de passer à l'acte, ce jeune kamikaze de 22 ans a très certainement bénéficié de l'aide de plusieurs complices.

Mais ce qui me marque le plus dans ce dernier attentat, c'est la manière dont la foule réagit après l'explosion de la bombe. Une grande partie du public fait exactement l'inverse de ce qu'il aurait fallu faire. L'attentat a eu lieu à la fin de la représentation, à l'extérieur de l'Aréna, sur un lieu de passage qui relie la salle à la gare, où passent les trains et les métros. À l'intérieur de la salle, on le voit bien sur les vidéos amateurs qui ont été rendues publiques, il y a d'abord un bref mouvement de foule puis tout le monde se met à courir dans tous les sens pour sortir de l'Aréna. Sauf qu'à l'intérieur de l'enceinte, il n'y a pas de terroriste, pas de fumée, pas de danger visible. Les spectateurs se précipitent donc du mauvais côté, quitte à se faire piétiner, à l'endroit même où le risque de sur-attentat est le plus fort. Ce soir-là, la meilleure des solutions pour les spectateurs aurait été de rester assis à leur place et d'attendre les forces d'intervention et les secours pour évacuer. Bien sûr, c'est facile à dire après coup. Courir, chercher des issues, tout faire pour quitter les lieux… Ce sont des réflexes humains, parfois très adaptés, parfois moins.

Éduquer les citoyens pour faire face aux attentats, c'est votre prochain défi ?

Au *Bataclan*, avant que la BRI et le RAID neutralisent les deux terroristes qui s'étaient retranchés à l'étage, nous avons fait évacuer plusieurs dizaines de personnes qui se trouvaient au rez-de-chaussée de la salle de spectacle. Parmi celles qui étaient les moins blessées, quelques-unes sont sorties spontanément les bras en l'air, chemises ou pull-overs relevés pour nous montrer qu'elles n'étaient pas armées et ne portaient pas de gilet explosif. Elles provenaient principalement d'Israël et de certains États des États-Unis, où beaucoup savent comment réagir en cas d'attentat. Sachant qu'il faut malheureusement s'attendre à de nouvelles attaques sur notre territoire dans les mois et les années à venir, je pense qu'il est en effet urgent, et de notre devoir, d'éduquer les citoyens et les foules. De leur enseigner les meilleures conduites à tenir en cas d'explosion dans un lieu clos, comme une salle de spectacle, ou ouvert, de leur donner des conseils pour être un « citoyen vigilant », attentif à son environnement.

Il ne s'agit pas de faire peur aux gens mais de les préparer le mieux possible. On apprend bien à ceux qui le souhaitent les gestes de premiers secours. C'est pareil. Cette année, des exercices de sécurité ont d'ailleurs été effectués dans les établissements scolaires. C'est une très bonne chose. Sensibiliser tout le monde permettra de sauver plus de vies encore. Le RAID s'est engagé à former les primo-intervenants pour faire face aux attaques terroristes. De la même façon, je souhaiterais aider mes concitoyens à mieux réagir face aux nouvelles menaces. Car il n'y a pas de secret, pour retrouver notre sérénité dans notre pays, nous devons tous nous sentir concernés. Responsables.

J'ai une dernière question. Que représente ce livre pour vous ?

Ce livre va bien au-delà d'une simple histoire de vie… C'est la trace de tout ce que mon unité et moi-même avons vécu pendant quatre ans, pendant l'une des périodes les plus troublées en France depuis plus de vingt ans. Je voulais témoigner. Je voulais raconter de l'intérieur. Pour moi, c'était une nécessité. Une façon de poursuivre ma mission et de rendre hommage à tous ceux qui font le RAID. Un devoir de mémoire, en quelque sorte… Mais par-delà, je voulais aussi montrer à travers mon expérience qu'à la haine déployée lors de ces heures crépusculaires ont répondu la fraternité, l'engagement et le courage des citoyens comme des forces opérationnelles et policières. Ce livre est un chant d'espoir en l'avenir et il prouve que l'amour sera toujours plus fort que cette haine…

Cette fois-ci, ce sera bien notre dernier entretien.

Je quitte l'ancien chef du RAID avec le sentiment qu'il clôt là l'un des plus importants chapitres de sa vie professionnelle mais qu'il s'apprête déjà à en ouvrir un autre avec la même détermination.

Épilogue

Élu avec 67,19 % des voix au second tour des législatives, ce 18 juin 2017, Jean-Michel Fauvergue est bien en marche pour de nouvelles aventures. Comment relèvera-t-il ce nouveau défi, la politique ? Impulsera-t-il de nouvelles mesures durant son mandat de député ? Aura-t-il l'oreille du président Macron en matière de sécurité ? Entraîné à gérer les situations de crise, saura-t-il éviter, ou prendre, les mauvais coups mieux que d'autres ? Nul ne connaît l'avenir…

Une chose est sûre, je suis heureuse et fière d'avoir rencontré ces hommes, de les avoir écoutés et de leur avoir donné la parole. Tout au long de ces entretiens, j'ai été impressionnée par leur courage, leur rigueur, leur simplicité, les liens d'amitié qui les unissent et, surtout, par la force de vie qui les anime. Sans doute est-ce pour cela qu'ils tiennent tant à nous protéger. À protéger nos vies. À protéger la VIE…

Merci à Jean-Michel Fauvergue de m'avoir accordé sa confiance.

Remerciements

« Par un ordre éternel qu'on voit en l'univers
Les plus dignes objets sont frêles comme verre,
Et le ciel embelli de tant d'Astres divers,
Dérobe tous les jours des Astres à la Terre.

Sitôt que notre esprit raisonne tant soit peu
En l'avril de nos ans, en l'âge le plus tendre,
Nous rencontrons l'Amour qui met nos cœurs en feu,
Puis nous trouvons la Mort qui met nos corps en cendre.

Le Temps qui, sans repos, va d'un pas si léger
Emporte avec lui toutes les belles choses
C'est pour nous avertir de le bien ménager
Et faire des bouquets en la saison des roses. »

François Tristan L'Hermite,
Consolation à Idalie sur la mort d'un parent.

L'unité du RAID se cimente autour de quelques valeurs sûres que nos modes de vie modernes n'ont pas réussi à mettre à mal : l'amour de la nation, de son hymne et de son drapeau, les valeurs de notre République, celles de la Police nationale, mais aussi l'amour de la famille et l'intimité des vies et des cœurs.

Au plus fort de la tourmente comme au quotidien, l'amour de nos proches nous aide à garder le cap. Comment, à mon tour, ne pas remercier « la femme de ma vie » qui eut la bonne idée, un jour de juin 1983, de devenir « ma femme pour la vie ». Comme tous les compagnons et compagnes de policiers, elle a partagé mes combats en me faisant grâce de ses tourments. Elle m'a rendu plus fort dans l'action, elle m'a apaisé dans le doute. De retour du *Bataclan*, elle m'a accueilli dans ses bras pour épancher ma peine et mes larmes.

Son amour infini a atténué pour un temps des visions de fin du monde, qui me revisitent périodiquement.

Mon clan m'est source de force, de courage et de vie. Comment ne pas me battre pour ma fille et mon fils, pour ceux qui partagent leur vie et la nôtre ainsi que pour leurs enfants présents et à venir ? Comment ne pas lutter pour toute ma famille installée dans notre beau pays catalan ou disséminée aux quatre coins de notre belle nation française ? Comment ne pas rendre grâce à mes parents pour ce qu'ils m'ont appris, pour ce qu'ils m'ont donné, ces valeurs si solides au plus fort des combats ?

Comment ne pas être à la hauteur de la confiance et de l'espérance de tous mes amis de France et d'ailleurs, dont l'affection me porte et m'empêche de fléchir dans cette lutte de tous les jours ?

Comment ne pas être digne de ces femmes et de ces hommes policiers que j'ai côtoyés avec un bonheur immense durant près de quarante ans, en métropole, en Nouvelle-Calédonie, en Guyane et à l'étranger, mais aussi ceux que je ne connais pas et qui, jour après jour, avec courage et abnégation, se consacrent à la sécurité de tous ?

Comment ne pas m'incliner avec respect et affection devant mes guerriers du RAID de Bièvres et des antennes, qui m'ont suivi et qui m'ont porté jusqu'au bout, et dont ma crainte permanente d'en perdre un au combat m'a bien souvent torturé ?

Comment ne pas remercier mon équipe de commissaires, d'officiers, de médecins, ceux qui, pendant plus de quatre années, à Bièvres ou dans les antennes, m'ont entouré, conseillé, apporté leurs forces aux moments les plus durs, mais aussi au quotidien quand il s'est agi de hisser le RAID à la hauteur des enjeux et des menaces dans toute la France ? Merci aussi aux combattants de l'ombre, sans qui rien ne serait possible, aux administratifs, aux personnels techniques, à nos secrétaires attentives qui ont bien souvent tremblé pour leurs chefs ?

Depuis nos interventions de 2015 contre le terrorisme, j'ai recueilli de nombreux témoignages de soutien à notre unité. Il n'est pas rare, en marge d'un échange, que l'on m'interpelle pour me remercier, pour remercier le RAID. Les mots sont toujours sincères et forts. Ils font référence au courage, à l'abnégation et au risque mortel encouru au service de la France, à la fierté de pouvoir compter sur une équipe d'élite devenue un rempart contre les nouveaux barbares et emblème du combat pour notre liberté. Mal à l'aise face à ces compliments, je me souviens avoir répondu des banalités peu dignes de cette sympathie et de ces élans du cœur. Ces remerciements me donnent l'occasion de m'excuser ici pour ces réponses trop pudiques. Chers amis qui soutenez le RAID, merci pour votre chaleur, merci pour vos encouragements, merci pour votre amitié mais surtout, merci pour ce que vous êtes, généreux et résistants, défenseurs inlassables de nos valeurs. Nous sommes forts de votre soutien et bien décidés à vous « *servir sans faillir* ».

Une pensée particulière à Alain, du Gabon, qui m'a tant appris, et à Jo, mon plus grand fan.

Gloire à nos anciens, Robert Broussard, Ange Mancini, Jean-Louis Fiamenghi, Jo Querry..., ces grands flics qui m'ont montré la voie.

J.-M. F.

Annexes

I. Liste des sigles

ASI : Attaché de Sécurité Intérieure
BAC : Brigade Anti-Criminalité
BRI : Brigade de Recherche et d'Intervention
BRI-PP : Brigade anti-commando de la Préfecture de police de Paris
BSPP : Brigade de Sapeurs-Pompiers de Paris
COS : Commandement des Opérations Spéciales
CRS : Compagnies Républicaines de Sécurité
DCPJ : Direction Centrale de la Police Judiciaire
DCRI : Direction Centrale du Renseignement Intérieur
DCSP : Direction Centrale de la Sécurité Publique
DDSP : Direction Départementale de la Sécurité Publique
DGPN : Direction Générale de la Police Nationale
DGSI : Direction Générale de la Sécurité Intérieure
DRPJ Paris : Direction Régionale de la Police Judiciaire
ERI : Échelon Rapide d'Intervention (RAID)
FIPN : Force d'Intervention de la Police Nationale
FIR : Force d'Intervention Rapide (BRI)
GIGN : Groupe d'Intervention de la Gendarmerie Nationale
GIPN : Groupes d'Intervention de la Police Nationale
IGPN : Inspection Générale de la Police Nationale
OCRIEST: Office Central pour la Répression de l'Immigration irrégulière et de l'Emploi d'Étrangers Sans Titre
PAF : Police Aux Frontières
PI2G : Peloton d'Intervention de Deuxième Génération
PJ : Police Judiciaire
PJPP : Police Judiciaire de Préfecture de Police
PP : Préfecture de Police
RAID : Recherche Assistance Intervention Dissuasion
SAT : Section Anti-Terroriste de la Brigade criminelle
SCTIP : Service de Coopération Technique Internationale de Police
SDAT : Sous-Direction Anti-Terroriste de la Police judiciaire

SICoP : Service d'Information et de Communication de la Police nationale
SNI : Schéma National d'Intervention
UCoFI : Unité de Coordination des Forces d'Intervention

II. Présentation du RAID *

1. Les missions du RAID

Le RAID (Recherche, Assistance, Intervention, Dissuasion) est une unité d'intervention hautement spécialisée en gestion de crise. Le RAID est composé d'un échelon central du RAID et de 10 antennes territoriales. Placée sous l'autorité du Directeur Général de la Police Nationale, l'unité, fondée en octobre 1985, participe sur l'ensemble du territoire national à la lutte contre toutes les formes de terrorisme, de criminalité organisée et de grand banditisme.
Sa devise est « *Servir sans faillir* » et son emblème, la panthère.

Le RAID se doit de répondre aux missions prioritaires suivantes :
- La gestion de crises majeures ou complexes portant gravement atteinte à l'ordre public.
- La gestion de grands événements par la protection des sommets et événements sensibles.
- Les arrestations dans les milieux clos, en assistance des autres directions de la Police nationale.
- La protection des missions diplomatiques sensibles.
- L'assistance au Service de la Protection lors de missions à risques.

Le RAID n'a pas compétence pour les suites judiciaires des faits sur lesquels il est intervenu.

2. La structure du RAID

Le RAID, dirigé par un Contrôleur général et deux fonctionnaires du Corps de conception et direction, comporte 320 personnels dont 278 opérationnels. Il est composé :
• **d'un État-Major**, qui coordonne l'activité de toutes les unités du RAID sous le commandement opérationnel du chef du RAID.
Le chef d'État-Major, basé au RAID, assure la gestion quotidienne de la coordination opérationnelle et dispose d'une permanence opérationnelle H24 ; d'une cellule Audits, aide à l'intervention et protocoles d'assis-

tance; d'une documentation opérationnelle; du groupe Formation; d'une assistance de la cellule Études et prospectives du RAID; et d'une assistance de la section administrative et financière.

• **de la Section d'Intervention de l'échelon central**: son cœur de métier est l'intervention. Elle est composée de 4 groupes de policiers spécialisés dans l'intervention, répartis en 2 brigades, sous la responsabilité d'un chef de section. Chaque groupe est composé de spécialistes, véritables experts dans leur domaine dont la compétence est une réelle plus-value dans la réussite des actions du RAID:

– Tir de haute précision, contre-sniping, tirs spéciaux.
– Techniques de cordes: franchissement.
– Groupe nautique, plongeurs.
– Parachutisme.
– Effraction: mise en œuvre d'explosifs, ouverture fine.
– Intervention en milieu toxique (NRBC).
– Techniques de combat.

• **des 10 antennes du RAID** réparties sur tout le territoire français: Bordeaux, Lille, Lyon, Marseille, Montpellier, Nancy, Nice, Rennes, Strasbourg et Toulouse. Elles ont les mêmes missions que la Section d'Intervention de l'échelon central.

• **de la Section d'Appui opérationnel**: expertise technologique au service de l'intervention comprenant:

– le Groupe Opérationnel de Soutien Technique: il est composé de techniciens de haut niveau mettant en œuvre du matériel technique sophistiqué au profit de l'unité ou des services demandeurs; il concourt d'autre part à la recherche et au développement au travers d'essais de nouveaux matériels innovants.

– le groupe Tireur Haute Précision: composé de snipers, experts dans le domaine de tir à longue distance, qui disposent d'un panel d'armes très large.

– Le groupe Cynotechnique: expert, d'une part, dans le domaine de l'intervention avec ses chiens d'assaut et, d'autre part, dans la sécurisation de sites et de convois avec des chiens dédiés à la recherche de substances explosives, au profit essentiellement du Service de Protection.

– L'armurerie: elle est composée de 3 armuriers diplômés qui assurent la gestion et l'entretien des armes du RAID et participent à la recherche et au développement de l'armement et des munitions.

– Le stand de tir.

• **de la Section Administrative et Financière**: elle a pour mission d'assurer la gestion budgétaire de l'unité, la gestion des ressources humaines et le pool informatique. À sa charge également : traduire administrativement les décisions et orientations données à l'unité par le chef du RAID.

Sont directement rattachés au chef du RAID :
• Le groupe Négociation (5 policiers criminologues et un psychologue)
• La cellule Relations Internationales et Communication
• Le groupe médical d'Intervention : il est composé de 6 médecins urgentistes qui assurent l'assistance médicale spécialisée et rapprochée en intervention. Ils sont soumis à une astreinte H24 et intégrés au dispositif opérationnel.

3. Les chefs du RAID

Ange MANCINI : premier chef du RAID, de 1985 à 1990, qu'il a créé avec le préfet Broussard
Louis BAYON : de 1990 à 1996
Gérard ZERBI : de 1996 à 1999
Jean-Gustave PAULMIER : de 1999 à 2002
Christian LAMBERT : de 2002 à 2004
Jean-Louis FIAMENGHI : de 2004 à 2007
Amaury de HAUTECLOCQUE : de 2007 à 2013
Jean-Michel FAUVERGUE : de 2013 à 2017
Jean-Baptiste DULION : de 2017 à –

* © RAID.

CRÉDITS PHOTOS
Collection personnelle de Jean-Michel Fauvergue : p. 1, 2, 3, 4, 5, 6, 7, 8, 9, 10, 12 haut, 13 bas, 15, 16 bas. AFP : p. 11 haut, 12 bas, 13 haut. DICOM – J. Groisard : p. 11 bas. DEROUBAIX : p. 14. ASSEMBLÉE NATIONALE 2017 : p.16 haut.

Achevé d'imprimer par Corlet en octobre 2017 pour Mareuil Éditions.
N° d'imprimeur : 192618 - Dépôt légal : octobre 2017.